Début d'une série de documents en couleur

LE
SENS COMMUN

ÉTUDES DE PHILOSOPHIE RELIGIEUSE

PAR

CHARLES POIRÉE

DE GARCIN

Avec une préface de M. A. RÉVILLE

PROFESSEUR AU COLLÈGE DE FRANCE

PARIS
LIBRAIRIE FISCHBACHER
(SOCIÉTÉ ANONYME)
33, RUE DE SEINE, 33
1894

Tous droits réservés.

LIBRAIRIE FISCHBACHER, 33, rue de Seine, à PARIS

OUVRAGES DE M. ALBERT RÉVILLE :

Essais de critique religieuse. L'Église chrétienne aux deux premiers siècles. — L'Épitre de Clément Romain. — Néron l'antéchrist. — De l'Histoire du Dogme. — Le Cantique des Cantiques. — La Légende aux bords du Rhin. — Curiosités théologiques. — Renaissance des études religieuses en France. — Nouvelle édition. 1 vol. in-8° . . . . 7 fr. —

Études critiques sur l'Évangile selon saint Matthieu. 1 vol. in-8° (épuisé). . . . . 25 fr. —

Histoire du dogme de la Divinité de Jésus-Christ. 1 vol. in-12 . . . . 2 fr. 50

De la Rédemption. Études historiques et dogmatiques. 1 vol. in-8°. . . . . 1 fr. 50

La Résurrection de Jésus-Christ. Conférence donnée à Neuchâtel, au Temple du Bas, le 22 avril 1869. In-8° . . 50 c.

Réponse aux partisans de la Résurrection ou contre-notes à propos du supplément de la brochure de M. le prof. Godet, intitulée l'Hypothèse des visions. In-8° . . . . 25 c.

L'Enseignement de Jésus-Christ comparé à celui de ses Disciples. In-12. . . . . 1 fr. —

La Vie de Jésus de M. Renan devant les orthodoxies et devant la critique. 2ᵉ édition. In-8°. . . . . . 1 fr. 50

Théodore Parker, sa vie et ses œuvres. Un chapitre de l'Histoire de l'abolition de l'esclavage aux États-Unis. 1 vol. in-12. . . . . 3 fr. 50

Manuel d'Instruction religieuse. 2ᵉ édition. 1 vol. in 8° 2 fr.

Quatre conférences sur le Christianisme, prêchées à Strasbourg, à Nîmes, à Montpellier, à Montauban, à Clairac et dans plusieurs autres Églises réformées du Midi de la France. In-8°. . . . . 1 fr. 50

Douze Sermons. 1 vol. in-8° avec portrait . . . 6 fr. 50

Le Sel de la Terre. Sermon prêché en 1864 dans plusieurs Églises réformées de Hollande et de France, et qui n'a pu l'être à Genève ni à Paris (même année). 2ᵉ édit. In-8° 50 c.

Notre Christianisme et notre bon Droit. Trois lettres à M. le pasteur Poulain au sujet de sa critique de la Théologie moderne. In-8° . . . . 1 fr. 50

Le major Frans. Scènes de la vie néerlandaise. Réduction d'après Madame Bosboom-Toussaint. 1 vol. in-12 . 2 fr. 50

Leçons d'ouverture du Cours d'Histoire des Religions au Collège de France. Brochure in-8° . . . . . 1 fr. —

Prolégomènes de l'Histoire des Religions. 4ᵉ édition. 1 vol. in-8°, 1886. . . . . 6 fr. —

Histoire des Religions. I. Les Religions des Peuples non-civilisés. 2 vol. in-8° 1883 . . . . 12 fr. —

Histoire des Religions. II. Les Religions du Mexique, de l'Amérique centrale et du Pérou. 1 vol. in-8°, 1885 7 fr. 50

Histoire des Religions. III. La Religion chinoise. 1 volume in-8°. . . . . 12 fr. —

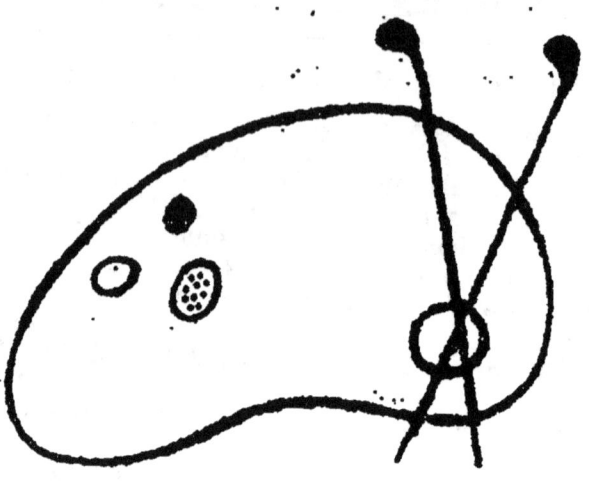

Fin d'une série de documents en couleur

LE
SENS COMMUN

ÉTUDES DE PHILOSOPHIE RELIGIEUSE

LE
SENS COMMUN

ÉTUDES DE PHILOSOPHIE RELIGIEUSE

PAR

CHARLES POIRÉE
DE GARCIN

Avec une préface de M. A. RÉVILLE

PROFESSEUR AU COLLÈGE DE FRANCE

PARIS
LIBRAIRIE FISCHBACHER
(SOCIÉTÉ ANONYME)
33, RUE DE SEINE, 33
1894

Tous droits réservés.

STRASBOURG, TYPOGRAPHIE DE G. FISCHBACH

AVANT-PROPOS

CHARLES POIRÉE DE GARCIN

Déférant au désir d'une fille pieusement dévouée à la mémoire d'un père bien-aimé, j'écris cet avant-propos pour présenter aux lecteurs de ce livre un homme d'une haute distinction intellectuelle et morale, d'un caractère éminemment sympathique, trop peu connu de ses contemporains, et dont les idées religieuses, bien à lui, sont marquées au coin d'une admirable franchise. Je déclare en même temps que je ne saurais sur tous les points adopter ses opinions et que je ne me dissimule pas les lacunes de son érudition technique. Poussée plus avant, moins étrangère aux travaux qui, déjà de son temps, commençaient à percer la couche de notre indifférence nationale, son érudition mieux armée eût certainement modifié plusieurs de ses appréciations, je ne dis pas dans un sens plus conservateur, mais dans un sens plus scientifique.

J'ajoute immédiatement que, s'il prête à ce genre de critiques, ce n'est pas précisément sa faute. C'est celle de la société cultivée tout entière de son temps. Tout concourait pendant sa jeunesse et la plus grande partie de son âge mûr à entretenir l'antagonisme des études religieuses et de ce qu'on appelait la culture classique. L'Église et l'Université malgré leurs luttes prolongées, la philosophie dominante elle-même et jusqu'à un certain point le tempérament du pays se trouvaient d'accord pour reléguer ce genre de recherches dans la région des inutilités, fastidieuses ou dangereuses selon le point de vue. En cette matière la théorie du « bloc » régnait en souveraine. On croyait ou l'on ne croyait pas, et tout était dit. Ceux qui croyaient se souciaient fort peu d'analyser les objets de leurs croyances ; ceux qui ne croyaient pas jugeaient absolument oiseux de se rompre la tête à étudier des chimères. C'est dans cette atmosphère, si peu propice aux progrès de la science religieuse, que grandit et vécut Charles Poirée. C'est parce qu'il était à la fois ami passionné du vrai et tourmenté de besoins religieux qu'il voulut, au mieux de ses lumières, dresser le bilan de ses croyances, et au lieu de lui reprocher les lacunes dont je parle, il faut plutôt admirer qu'à chaque instant son remarquable talent de pénétration devine ou devance les résultats acquis par une critique plus savante, moins polémique et plus désintéressée.

En un mot, je considère ce livre, laissé en manuscrit par son auteur, — qui l'aurait certainement revu et corrigé, de forme et de fond, s'il avait pu présider lui-même à sa publication, — comme un monument historique en son genre. Voilà, dirons-nous, ce que pouvait penser de la foi traditionnelle sous le dernier empire un homme instruit, sérieux, d'une haute moralité, très libéral, très religieux, n'ayant rien à espérer ni à craindre en ce monde, vivant paisiblement au milieu des siens, dans cette honnête aisance qui est une des conditions de l'indépendance du jugement, catholique de naissance et de foi première, ayant même passé par une période de ferveur assez rare dans sa génération — et qui, sous le coup de rudes expériences, voulut savoir en quoi et pourquoi il croyait. En tant que signalement d'un état d'esprit qui fut, pas toujours avec autant de loyauté courageuse envers soi-même, celui d'une quantité de Français du même temps, ce livre a sa place marquée dans l'histoire religieuse de notre pays.

Charles-Antoine-Joachim Poirée naquit à Agen le 16 juin 1809. La famille était originaire de Chelles (Oise). Son père Joachim Poirée et l'un de ses oncles, Martin Poirée, furent connus et estimés de Lavoisier, leur cousin, dont la protection fit entrer le premier dans l'administration des finances en 1774 et qui patronna les études chimiques du second, mort jeune encore en 1794 à Compiègne, où il soignait les blessés de l'hôpital militaire. Sa veuve, demeurée avec deux enfants dans une position difficile, fut nommée « dame de Saint-Denis » lors de la reconstitution de la célèbre maison, et resta dans ce poste éminent jusqu'à son décès à elle-même sous la Restauration malgré ses sympathies avouées pour le régime tombé. Son fils fut un ingénieur très distingué, dont le buste est à l'École des Ponts et Chaussées.

Joachim Poirée, père de l'auteur de ce livre, fut envoyé en 1781 à Valence d'Agen comme entreposeur des tabacs, puis s'occupa de leur fabrication, enfin devint inspecteur des contributions directes à Agen. C'est ce qui fixa définitivement la famille dans le sud-ouest.

Ceux qui ont visité la région connaissent la physionomie de ce joli coin du Lot-et-Garonne, où le sol ondulé, sillonné de fraîches et profondes vallées, contraste par sa nature souriante et sans prétention avec les scènes plus imposantes et plus graves des Pyrénées, dont on aperçoit déjà dans le lointain les sommets bleus. Petites villes, petits villages, métairies disséminées d'aspect quelquefois seigneurial, tout cela modeste et riant, s'épanouissant au plein soleil sous le plus beau ciel de France, exempt habituellement des ardeurs desséchantes de la Provence et des pluies interminables du nord-ouest. Le sol très fertile se prête à une grande variété de cultures, céréales, vignes, fourrages, fruits de toute sorte. L'espèce bovine y est largement représentée par une race indigène de couleur uniforme, tirant sur le jaune-paille et ponctuant les verts pâturages de son pelage extrêmement doux à l'œil. C'est une des contrées les plus favorisées de notre pays. Peu d'industrie, du moins pour le voyageur qui passe, mais une vie rurale très active à la fois et très paisible, inspirant le goût de l'existence sédentaire. Les travaux des champs en rompent au cours des saisons l'uniformité, et elle doit plaire aux esprits sans ambition qui aiment à se recueillir et à étudier loin du fracas énervant des grandes cités.

Joachim Poirée, père de l'auteur, avait acheté le joli domaine de Garcin, situé sur la hauteur entre Astaffort et Lamontjoie ; en termes moins précis, mais probablement plus familiers au lecteur, entre Agen et Condom. La maison de maître, flanquée de métairies, communique avec la grande route par une belle avenue, et se cache près d'un bois derrière d'immenses tilleuls, au milieu des jardins, des vignes et des vergers. Garcin fut depuis lors le centre proprement dit de la famille. Joachim avait épousé en 1808 sa nièce Julie Poirée, née en 1787, sœur de l'ingénieur mentionné plus haut. C'était, nous dit-on, une femme très intelligente, très aimable, et d'une sensibilité joyeuse « qui aurait fait parler des murailles ». Girondin de tendance politique, il fut noté comme suspect sous la Terreur. Il fut toutefois de ceux qui boudèrent l'avènement du régime impérial, auquel il finit par se rallier sans enthousiasme. Mais il ne désarma pas, en se ralliant ainsi, les inimitiés que ses sympathies pour la Révolution lui avaient attirées dans la société réactionnaire et cléricale de son département. En 1814, lors du passage du duc d'Angoulême à Agen, il fut tout à coup dénoncé comme ayant été l'un des assassins de la princesse de Lamballe. Cette inculpation saugrenue, absolument démentie par ses principes et son caractère, n'en fut pas moins colportée, accueillie en haut lieu, bien qu'il eût fourni la preuve formelle qu'il était bien loin de Paris lorsqu'eut lieu la scène sanglante à laquelle on l'accusait d'avoir pris part. En 1815 il fut destitué, et ce fut seulement en 1818 qu'il parvint à faire reconnaître officiellement son innocence. Il mourut à Garcin en 1833.

Son fils Charles, l'auteur du présent livre, fit ses études au Collège royal de Toulouse, où il entra en 1819. Il s'y fit remarquer comme un bon travailleur, de conduite excellente, et il y remporta de brillants succès. Ses maîtres ne tarissaient pas en éloges sur son compte. Il faillit pourtant être expulsé de l'institution à la suite d'un conflit juvénile entre un groupe d'élèves libéraux dont il faisait partie et des condisciples appartenant aux familles nobles, ultra-royalistes, du ressort académique. A la distance où nous sommes, nous avons de la peine à comprendre l'âcreté des sentiments qui animaient les légitimistes du Midi contre la bourgeoisie libérale opprimée par l'Empire et condamnée à le regretter. On eut de la peine à obtenir de l'autorité universitaire que les adolescents compromis ne vissent pas leur avenir brisé.

D'un certain côté, Charles Poirée aurait dû trouver grâce plus aisément aux yeux des légitimistes cléricaux. L'esprit de l'enseignement public dans la France d'alors, particulièrement à Toulouse, était exclusivement, rigidement catholique. La réaction contre la philosophie du siècle précédent battait son plein. Et Charles Poirée, bien que très libéral en politique, était bon catholique, enclin à la mysticité, très convaincu de la vérité triomphante des doctrines religieuses que ses maîtres lui avaient inculquées, très décidé à vivre comme sa foi l'exigeait. On pouvait observer déjà chez lui un caractère concentré, taciturne, et en même temps très impressionnable. Il refoulait à l'intérieur les sentiments qui l'agitaient, n'aimant pas à les laisser paraître, ne faisant aucune parade de dévotion, mais s'abandonnant avec délices aux émotions que lui faisaient éprouver les cérémonies et les pratiques de l'Église. A l'âge de 13 ans il perdit sa mère. Son père — nous le lisons dans des lettres conservées — ne fut pas moins inquiet de l'intensité de la douleur qu'il comprimait en lui-même qu'étonné du calme extérieur qu'il s'imposa avec une énergie de volonté extraordinaire [1].

---

[1] « Mon fils pourra beaucoup souffrir, et ne se plaindra pas », lisons-nous dans une de ces lettres.

Pourtant il ne songea pas à entrer dans les ordres. On peut présumer que ses tendances politiques et son amour filial l'en détournèrent. Bachelier en 1827, il était licencié en droit en 1830, stagiaire à Paris, puis à Agen, de 1831 à 1833. Il avait choisi la carrière d'avocat, parce qu'elle lui semblait assurer plus d'indépendance que toute autre à ceux qui l'avaient embrassée.

En 1837 il épousa Mlle Sophie Vacqué, sa voisine de campagne (car il continuait de gérer sa propriété de Garcin), charmante et spirituelle jeune femme qui fut le rayonnement et le bonheur de sa vie. Son libéralisme politique, malgré sa ferveur pratiquante, s'était accentué au point de faire de lui un républicain ardent. Comme on peut s'y attendre, il ne trouvait guère parmi ses amis politiques d'esprits disposés comme lui à goûter les charmes de la piété catholique, ni parmi ses frères en dévotion de partisans de ses convictions démocratiques. Ce fut pour lui une cause de chagrin et de froissements pénibles. Mais il persista dans cette synthèse hardie d'un catholicisme et d'un républicanisme également fervents, mettant un soin jaloux à ne dissimuler ni l'un ni l'autre sans jamais en faire ostentation. Sa conscience était délicate et impérieuse. L'étude et l'application du droit étaient toujours les objets préférés de ses recherches, et il collaborait à la rédaction d'un recueil de jurisprudence. Mais en 1842, à tort ou à raison, il crut s'apercevoir que son républicanisme avoué nuisait à sa carrière d'avocat. Peut-être sa délicatesse eut-elle à souffrir de devoir professionnellement défendre des accusés peu sympathiques. Il quitta le barreau et se retira dans son domaine de Garcin pour en diriger l'exploitation, suivre de près l'éducation de ses filles et assaisonner cette vie de travail modeste et utile en y associant les joies de l'étude absolument dégagée de toute arrière-pensée.

Le moment le plus heureux de sa vie fut certainement celui qui suivit immédiatement la révolution de 1848. Il crut voir se lever l'aube de la réalisation de son rêve, l'étroite union de la foi catholique et de la démocratie républicaine. Pie IX était encore au début de son pontificat et semblait vouloir inaugurer une ère nouvelle de l'Église et du monde. En France le clergé paraissait rallié d'enthousiasme au nouveau régime, et il n'était question que d'arbres de liberté arrosés solennellement d'eau bénite par des curés républicains. Charles Poirée, il nous l'apprend lui-même, entonna dans son cœur le cantique de Siméon. Ses yeux avaient vu le salut.

Son enchantement fut de courte durée. A Rome et en France le vieil antagonisme ne tarda pas à reprendre possession de la scène publique. Ce fut bien pis encore pour notre honnête républicain-catholique, lorsque le coup d'État de 1851 eut égorgé la République et que le même clergé qui avait psalmodié l'hosannah de 1848 se mit avec plus d'empressement encore à chanter le *Te Deum* en l'honneur du sombre parjure dont le trône impérial se dressait sur les cadavres des défenseurs de la loi.

C'est ce qui détermina la crise religieuse dont il ne sortit qu'en abjurant, après examen consciencieux, les croyances qui avaient charmé sa jeunesse. Il voulut se rendre compte, étudier de plus près les fondements d'une foi où des impressions d'adolescent et des joies mystiques tenaient plus de place que des adhésions raisonnées. La philosophie, contre laquelle il avait des antipathies d'ancienne date, ne le satisfaisait pas. Elle lui paraissait, de nos jours comme dans l'antiquité, se consumer en vains efforts pour atteindre l'inaccessible. Celle qui prédominait alors, l'éclectisme de Cousin, lui déplaisait par sa complaisance politique pour le pouvoir du jour et pour le succès. Il trouvait ses démonstrations insuffisantes. D'autre part, le sentiment religieux était chez lui trop vivace pour qu'il s'emprisonnât dans un positivisme morose. La foi en Dieu, la confiance filiale dans une puissance suprême, arbitre souverainement sage, juste et bonne de nos destinées, était restée solidement ancrée au fond de son âme. Bien que détaché dans son for intérieur de l'Église qu'il n'aimait plus, il eût accepté pieusement une révélation émanée du Père de tous les êtres, si des raisons convaincantes l'eussent persuadé de sa réalité. Il se résolut donc à étudier de près la Bible que jusqu'alors il n'avait connue que d'une manière très fragmentaire, s'en rapportant, pour ce qu'il n'en connaissait pas, aux affirmations de ses maîtres favoris. Il partait du principe que la raison ordinaire, le «sens commun», devait en pareille matière servir de critérium. La raison qui est en l'homme peut être dépassée, mais non contredite, anéantie par la raison divine dont elle est la fille. C'est donc en critique impartial qu'il étudia les livres de la Bible, au mieux de ses lumières et la conscience toujours en éveil.

La seconde partie du présent ouvrage contient l'énoncé de ses surprises qui deviennent parfois des indignations. Elles eussent été probablement moindres, s'il était parti, pour juger la Bible, d'un autre point de vue que celui de l'orthodoxie. Celle-ci ne saurait accepter le principe d'une genèse historique et toute humaine des livres, divers par l'origine et la date, qui étaient destinés à former un jour le recueil canonique. Malgré quelques assertions discutables, il est dans le vrai quand il démontre textes en mains que le dogme orthodoxe attribue à ce recueil une valeur de révélation directe et absolue que son contenu ne justifie pas. Sa critique eût été plus vigoureuse encore au fond, et pourtant moins acerbe, s'il avait pu s'initier aux travaux de la théologie protestante libérale dont il n'avait qu'une connaissance très vague. On peut constater chez lui, comme chez tant d'autres de nos compatriotes les plus libéraux, une sourde répugnance, fille de vieilles antipathies, qui l'éloigne du protestantisme et de son principe individualiste. Cependant lui-même est un protestant à sa façon.

Sa conclusion dernière est un théisme, rationaliste en soi, mais plein d'aspirations et de mysticité chrétiennes. Il a cru trop facilement, selon notre sentiment du moins, à la possibilité de fonder, à notre époque d'analyse et de critique réfrigérante, une religion populaire séparée radicalement des traditions nourrissantes et savoureuses du passé.

On peut faire des observations analogues sur sa critique de la philosophie ancienne et moderne. Ingénieuse et décisive sur bien des points, elle souffre de lacunes regrettables. Il ne paraît pas s'être fait une idée claire de la révolution philosophique dont Kant fut le promoteur. Schelling et Hegel ont passé sans creuser leur sillon dans sa pensée. Ses connaissances en histoire religieuse sont très imparfaites. Il n'en pouvait être guère autrement à l'époque et dans les conditions où il écrivait, quand Max Müller commençait seulement à saisir le grand public européen des questions si ardemment étudiées depuis sa féconde initiative [1].

---

[1] Par exemple, p. 91, il fera de Lao-Tseu un disciple de Confucius. Il n'a pas aperçu la pluralité des écrivains réunis dans la Bible sous le nom d'Ésaïe. Son plaidoyer contre l'inspiration divine du Pentateuque est écrasant. Il voit bien que l'ensemble ne saurait remonter à Moïse; mais il n'a aucune idée précise sur la formation graduelle du recueil. Il ne se doute pas du drame charmant caché sous les chants idylliques du Cantique. Il discerne très bien la vanité des preuves que l'apologétique traditionnelle tire du livre de Daniel, mais il ne sait pas faire rentrer ce livre dans son cadre historique,

On remarquera toutefois les efforts consciencieux qu'il fait pour rester équitable à l'égard de ce passé religieux qu'il rejette avec la vivacité de l'amour déçu. En particulier, la personne de Jésus demeure chez lui l'objet d'une admiration tendre, qui n'est pas le culte dû à un Dieu, mais qui est le sincère hommage d'une conscience émancipée, sensible à tout ce qui est beau, pur et d'accent divin.

Son travail de recherches et d'annotations a dû être considérable. Il en reste, paraît-il, un grand monceau. Il est certain qu'il comptait un jour publier le manuscrit qu'il avait déposé sur un rayon de sa bibliothèque, non moins certain qu'il se réservait de le revoir une dernière fois. Dans le paisible pays qu'il habitait, n'aimant pas plus à faire étalage de son changement d'idées qu'il n'avait cherché à se pavaner dans son orthodoxie première, les bonnes gens remarquaient bien qu'il n'était plus

---

au moment des persécutions ordonnées par Antiochus Épiphane (164 av. J. Chr.). Il rabaisse trop le prophétisme d'Israël, parce qu'il n'en saisit pas le développement et l'épuration graduelle. Il peut parler de l'encens dans le culte des premiers chrétiens (p. 438). D'autre part, il saisit très bien la nature de la *glossolalie* (don des langues, p. 423). Il a très judicieusement senti la différence profonde qui sépare le 4ᵉ évangile des trois premiers, mais il n'en tire pas les conséquences qui s'imposent. Ses erreurs sont celles d'un « autodidacte », d'un homme qui étudie solitairement sans avoir passé par la filière et ce que j'appellerai la technicité des travaux antérieurs. Ses découvertes sont d'un esprit très sagace et très pénétrant.

ce qu'on appelle « un pratiquant ». Mais cela est bien fréquent dans la société catholique française, et ils ne se doutaient pas de la révolution qui s'était accomplie en lui. Charles Poirée eut plus à souffrir de son libéralisme républicain que de ses opinions religieuses. Ayant été de ceux qui tâchèrent d'organiser la résistance lors du coup d'État de 1851, il fut inscrit sur la liste de proscription du Lot-et-Garonne. Il n'a jamais su à qui ou à quoi il dut d'échapper à la déportation. Cela ne l'empêcha pas de combattre autour de lui le régime impérial dans la mesure du possible, soit en plaidant pour les candidats libéraux que l'action administrative écrasait régulièrement, soit en se laissant porter lui-même, d'ailleurs sans succès, au Conseil général de son département.

Sa vie du reste s'écoulait paisible entre ses chères études et ses travaux agricoles. En 1855 il protestait énergiquement contre les théories matérialistes et athées du Congrès de Bruxelles. En 1867, à l'occasion d'une statue érigée à Voltaire, il publiait une brochure dénotant combien il avait étudié de près l'œuvre immense de ce dieu du siècle passé. Il insistait sur cette idée que, pour ne pas tomber dans un fétichisme aussi superstitieux que les erreurs combattues par le grand écrivain, il fallait faire un départ raisonné des magnifiques principes de tolérance et d'émancipation qu'il avait si brillamment inculqués dans la conscience universelle, et des inconséquences frivoles, des faiblesses, des taches morales de cette merveilleuse intelligence. Il était très aimé des braves paysans au milieu desquels il vivait. Progressiste pratique en agriculture, il étudiait les questions du libre-échange et de l'association agricole. Il avait découvert un excellent procédé pour traiter une maladie de la vigne qui sévissait alors, et il ne songea pas un instant à tirer de sa découverte un profit personnel. Sa connaissance approfondie des lois et de la jurisprudence lui permettait d'offrir un arbitrage bénévole et gratuit auquel on recourait volontiers dans les différends d'intérêt privé. Il s'attachait alors à remplir le rôle de conciliateur. J'ai encore trouvé vivante chez les gens du pays la mémoire des nombreux et éminents services qu'il rendit par là aux individus et aux familles. En 1865 il accomplit ce qu'on peut appeler un trait d'héroïsme. Un enfant du hameau de la Croix-Blanche, près de Garcin, avait été mordu en plusieurs endroits de son corps par un chien enragé. Charles Poirée ne craignit pas de sucer l'une des morsures en invitant la mère de l'enfant à en faire autant des autres. La malheureuse, paralysée par la terreur, ne put s'y décider. Il les suça toutes, et l'enfant fut sauvé [1].

C'est dans les derniers jours de l'année 1867 qu'il ressentit les atteintes de la maladie qui devait

---

[1] Charles Poirée ne s'en vanta pas. Le fait ne fut divulgué que quelque temps après. On le trouve raconté dans le journal *La Gironde* du 23 août 1865.

l'emporter. La poitrine se prit peu à peu de manière à laisser prévoir une fin prochaine. Il demeura fidèle à ses idées et les maintint aussi longtemps qu'il put énoncer sa volonté. En fait, le 28 janvier 1868, il mourut théiste spiritualiste, confiant à l'immortalité, croyant dans l'Amour infini. — Depuis 1851 il n'était plus catholique et se croyait moins chrétien qu'il ne l'était.

Son domaine de Garcin est encore plein de son cher souvenir. Je me refuse à blesser la modestie de sa fille qui continue à le gérer comme son père et à joindre comme lui l'étude à ses occupations champêtres. Autrement, je dirais ce que j'ai appris dans le pays de sa générosité, de l'esprit élevé, libéral et sérieux qui fait d'elle la bonne fée des villages d'alentour. Les enfants des écoles, les pauvres et les orphelins le diraient mieux que moi. L'œuvre de Charles Poirée se perpétue ainsi par des mains qui lui furent chères. J'ai vu dans le salon de famille un remarquable portrait de lui, dont on m'a affirmé la parfaite ressemblance. C'était une belle tête pensive, bien française par les traits, encadrée de cheveux abondants, d'un ovale régulier, avec de grands yeux noirs dont l'expression est singulièrement douce et mélancolique. La bouche fine et légèrement contractée a le sourire ébauché de l'homme qui savoure de grandes joies dans ses affections, dans ses travaux utiles, mais qui vit beaucoup replié sur lui-même, qui lutte et souffre intérieurement.

Il est bon qu'après la mort d'un tel homme on connaisse le témoignage rendu par lui-même à ce qui fut pour lui la vérité conquise au prix d'un grand labeur et de cruels déchirements.

Albert REVILLE

LE SENS COMMUN

INTRODUCTION

Que suis-je? d'où viens-je? où vais-je? Terribles questions, que chacun de nous s'est adressées. Incertitudes, qui m'ont environné dès ma jeunesse, qui ont arrêté mes pas dans toutes les carrières, qui m'ont tourmenté dans mon âge mûr, et dont, enfin, je ne suis sorti qu'en y laissant la meilleure partie de moi-même.

Si je pouvais éviter à quelqu'un une partie des souffrances que j'ai éprouvées par cet état maladif de l'âme, je ne croirais pas avoir perdu toute ma vie. J'ai écrit ces pages dans ce but; travail inutile peut-être! Mais l'intention est bonne; car ce n'est pas vanité, c'est devoir.

Je vais parler sur les plus grandes questions qui agitent les hommes : des affaires de ce monde, et aussi de l'autre. Mais que suis-je, pour oser entreprendre un semblable ouvrage?

Religion, morale, politique ne sont au fond qu'une même chose, le développement d'une même idée. Ces trois directions de l'esprit nous conduisent aux rapports des hommes entre eux et avec Dieu. Elles nous donnent des règles de conduite ; elles se soutiennent, s'éclairent l'une par l'autre, et ne doivent faire qu'un seul corps de doctrine. Il faut sans doute un grand génie pour pénétrer dans leurs profondeurs et leurs mystères, pour voir leur suite et leurs conséquences dans les obscurités de l'histoire, pour appliquer leurs règles, si diverses, aux faits, quelquefois si compliqués, de la société humaine. Mais pour le gros et pour l'essentiel, comme elles regardent tous les hommes, qu'elles doivent les diriger dans leur conduite, leur faire atteindre un résultat utile de leur vie, il faut qu'elles soient à leur portée, qu'il suffise, pour les saisir, de la raison commune, par laquelle nous sommes des hommes et non de simples machines vivantes. Ces dernières considérations m'ont décidé à élever la voix.

La vérité est aussi aisée à démontrer, plus facile même dans les sciences morales que dans les sciences exactes, à condition que l'on suive le procédé de ces dernières, que l'on ne prenne pas une question au hasard pour la traiter suivant les circonstances, mais que l'on procède par ordre, jetant un coup d'œil d'ensemble sur l'homme tout entier, ne négligeant pas de l'étudier ensuite dans les principales actions de sa vie. Celui qui voudrait résoudre les problèmes sociaux sans avoir étudié l'homme et sa nature, ressemblerait à l'élève qui voudrait aborder les questions les plus élevées des mathématiques sans avoir passé par les premiers principes.

Mais une intelligence bien faite ne suffit pas dans les études que nous entreprenons ; il faut encore y apporter un cœur pur, dégagé de passions.

Le libertin qui n'obéit qu'au vice, le riche qui ne compte que sur son or, le pauvre qui écoute la misère et l'envie ne seront pas de justes appréciateurs de ce qui est bien pour eux et pour les autres ; mais qu'ils s'éloignent de l'idée qui les préoccupe, de la passion qui les aveugle, qu'ils descendent dans leur conscience, ils y trouveront une lumière qui ne les trompera jamais.

Mais surtout ne vous abandonnez pas aux opinions toutes faites. Secouez les préjugés. Usons tous de notre raison ; par elle, nous serons éclairés et vraiment libres. Si elle vient à nous découvrir des erreurs dans notre ancienne croyance, ne craignons pas de brûler ce que nous avons adoré. Bannissons toute fausse honte. Dans le cours de la vie, il n'est pas rare de changer d'opinion ; si ce n'est pas affaire d'intérêt, la profession de foi nouvelle est toujours bonne. Je sais qu'il y a des gens qui se flattent d'être immuables ; et moi aussi j'avais cru l'être ! Mais, triste retour des choses d'ici-bas, palinodie que j'avais tant reprochée aux autres, il a fallu te chanter !

Né d'un père Girondin rallié à l'empire, dès mon enfance je fus républicain, comme on peut l'être dans une monarchie, sans conspirer, mais aussi sans fléchir devant l'ardente jeunesse royaliste du Midi. Élevé dans un collège sous l'influence du clergé tout-puissant aux premières années de la Restauration, j'étais catholique, jeûnant, priant, communiant, faisant montre de ma foi sans respect humain, même à l'encontre de mes amis politiques. Ce n'était pas sans trouble, sans hésitation que j'étais arrivé là; comme la plupart des hommes de mon siècle, après avoir écouté les défenseurs de la philosophie et de la religion, mon indécision avait été grande. Je n'avais pas jeté ma croyance au sort; mais je m'étais dit qu'il était plus prudent de se présenter en chrétien en face de la mort. Cependant, je l'avoue, mes idées vivaient mal ensemble : d'un côté, liberté, indépendance; de l'autre, soumission, dépendance, autorité. A la révolution de Février, j'eus un tressaillement; je crus arriver à la conciliation de toutes mes pensées. Je vis le prêtre bénir l'arbre de la liberté, marcher au scrutin à la tête des fidèles, s'élancer à la tribune nationale. Mais illusion bientôt perdue! Ce n'était chez l'Église que rancune contre la monarchie bourgeoise et universitaire. Elle fait un signe, Lacordaire descend de la tribune; puis, en décembre, croix et bannière en tête, elle passe au vainqueur. Pape, évêques, cardinaux, tous ensemble jettent l'anathème sur les catholiques qui restent républicains. Il fallut opter entre mes opinions politiques et mes opinions religieuses. Sous le feu de la persécution, mes sentiments républicains devenaient des idées précises, claires, évidentes, s'identifiant de plus en plus avec moi; et cependant j'aurais eu le courage de les abandonner, s'il m'avait été démontré que l'Église avait réellement mission et autorité.

Il me fallut alors repasser toutes les raisons qui m'avaient fait chrétien. Sans écouter les discours éloquents ou ironiques, les louanges ni les satires, je voulus revoir les pièces du procès, lire la Bible. Quel fut mon étonnement! Le livre me tombait des mains, et je suis à me demander comment j'ai pu croire. Ce n'est pas sans un grand déchirement intérieur que je me suis séparé de la foi que j'avais choyée, à laquelle j'avais sacrifié. Mais, ô mon Dieu, je vous remercie du bonheur que vous m'avez accordé! je renie une partie de mes opinions quand elles sont triomphantes; je conserve les autres quand elles sont persécutées!

Et puis, j'eus une grande joie: j'avais perdu mon père et ma mère qui étaient philosophes; chrétien, je ne pouvais pas m'empêcher de les voir dans une obscurité menaçante pour eux; mais philosophe, je les vois rayonnants et heureux de l'autre côté de la vie, car ils ont été honnêtes, bons et aimants!

Garcin, 1858.

C. POIRÉE.

PREMIÈRE PARTIE

QUESTION RELIGIEUSE

Sens commun.

L'homme est un animal religieux. Les autres animaux suivent leur instinct, éprouvent des sensations, se livrent à leurs besoins, à leurs passions; ils ont de l'amour, de la haine, même de la reconnaissance. Nous ne savons pas ce qui se passe au dedans d'eux; mais par leurs actions nous pouvons penser qu'ils sont tout entiers dans le fait présent, même lorsque ce fait dénote une certaine prévoyance. L'homme, au contraire, vit peu dans le moment présent; du fait, il cherche à tirer quelque chose, à abstraire une idée générale de ce qu'il a sous la main. Il veut savoir d'où viennent les choses, où elles vont; il s'occupe de sa destinée et de celle de ses semblables; il veut faire meilleure sa condition, il travaille pour lui et l'avenir; il voit la mort avec appréhension, il cherche à se rattacher aux hommes, à Dieu ; il est religieux. Nous allons l'étudier sous cet aspect.

Lorsque l'homme veut se connaître et qu'il descend au fond de sa conscience, il y trouve une lumière qui éclaire sa pensée, qui se traduit par la parole, et qui devient sa raison ; elle lui est arrivée pure, entière, lorsqu'il mérite le titre d'homme, par la bouche de sa nourrice, de ses parents, de ses amis, de ses connaissances, par un instinct inconnu, par un effort qu'il a fait sur lui-même, sans que les erreurs, les préjugés aient pu la ternir, la détruire, du moins pour les choses importantes de la vie. Cette raison est une chose bien précieuse, mais en même temps bien fragile ; le sommeil la suspend, la maladie l'affaiblit, la folie la détruit ; mais lorsqu'elle existe, l'homme en a conscience, il est sûr de ce qu'elle lui dit ; il marche à sa voix sans crainte, sans hésitation. C'est ce que je vais faire dans l'étude de l'homme, appuyé d'abord sur ma seule raison, bien sûr de ne pas me tromper, parce que je ne puis que trouver là la vérité, et que si la certitude ne se trouvait pas au fond de mon âme, elle ne serait pour moi nulle part.

D'ailleurs, je suis homme, je dois être fait comme eux ; ma raison est semblable à la leur ; et sans vanité, lorsque je parlerai de ce que mon sens intime, mon bon sens m'aura appris, je pourrai invoquer le sens commun, m'exprimer en son nom. Ma raison est la raison de l'homme, de l'humanité, ou elle n'est rien.

Dieu.

Nous vivons, nous pensons, nous sommes. Si nous étions plongés dans les ténèbres du vide, nous aurions peine à avoir foi en nous-mêmes. Si rien ne venait réveiller nos sens endormis, nous n'aurions pas le sentiment complet de notre existence. Mais dès les premiers moments de la vie, à peine apercevons-nous que nous existons, que nous nous sentons environnés d'êtres dont quelques-uns sont semblables à nous. Ces deux impressions sont simultanées ; nous ne nous connaissons bien que parce que nous nous voyons pressés par d'autres. Sitôt que ces deux idées contemporaines sont nées, il nous en survient une troisième qui vient des deux autres, mais qui est tellement liée avec elles que nous ne pouvons l'en séparer. Nous voyons, nous sentons que nous n'existons pas par nous-mêmes. Nous ne trouvons rien en nous qui ait pu nous appeler à l'existence. Et quant aux êtres qui nous environnent, nous nous savons semblables à un certain nombre d'entre eux, supérieurs à la grande majorité des autres ; ils n'ont donc pas influé d'une manière invincible sur nous, ils ne sont pas notre raison, notre cause à nous, pas plus que nous n'avons pu les faire naître, les faire sortir du néant. Nous comprenons donc qu'il y a hors de nous et des autres une force, une puissance supérieure par laquelle nous et le monde sommes; nous ne la voyons pas, nous ne la touchons par aucun de nos organes; notre âme seule voit la nécessité de son existence, mais elle ne saurait atteindre jusqu'à elle, la saisir, la deviner. Cette chose mystérieuse, incompréhensible, inconnue, c'est Dieu. Nous sommes aussi certains de son existence que de la nôtre, puisque nous appelons Dieu la cause, la raison de notre existence. Nous ne pouvons douter de Dieu pas plus que de notre raison, puisqu'il est l'auteur, la raison de notre raison. Nous croyons aussi certainement en lui qu'au monde qui nous crève les yeux, puisque nous nommons Dieu le soutien, le promoteur, le créateur du monde.

Ce triple sentiment, que nous inspire la conscience de nous-mêmes, des êtres et de Dieu, tout ce qui a vie doit l'éprouver à des degrés bien différents sans doute, mais à sa manière. Confus, vague, zéro dans les degrés inférieurs des êtres vivants, il se développe avec l'organisme et éclate dans toute sa force avec l'homme. Les poètes ont exprimé cette idée en l'exagérant, lorsqu'ils donnent une âme à la nature même, aux fleuves, aux montagnes, aux arbres. Ils ne faisaient qu'embellir par leurs fictions ce qui existe. Ne pourrait-on pas les justifier par l'exemple de ce qui se passe en nous-mêmes? Nous passons en effet par les différents degrés de l'être, plante d'abord pour ainsi dire dans le sein de la mère, puis animal au berceau, enfin homme complet. Dans ces différents états nous sommes vivants ; nous avons l'existence avec ses conséquences. Nous sentons d'une manière bien faible dans les premiers temps ; mais le sentiment, que nous appellerons humain, commence à poindre dans l'enfant, s'augmente avec l'âge, s'illumine par l'expérience, et proclame dans la conscience de tous les hommes que nous, le monde et Dieu existons.

Cette idée de Dieu grandit, se développe dans l'humanité, comme dans chaque homme en particulier. Le sauvage, l'enfant de la civilisation, voient partout le grand esprit dans les profondeurs des forêts. Le barbare, dans la fougue de l'âge, met Dieu à la tête des armées ; dans nos sociétés civilisées on s'en fait une idée plus pure ; cependant, là encore on l'y trouve à tous les degrés de développement, vague, confuse chez cette classe réprouvée qui ne s'élève guère au-dessus de la brute ; enveloppée de superstitions chez l'ignorant, crédule comme l'enfant. Mais pour tous, la foi en Dieu est également certaine ; peut-être même est-elle plus robuste chez ceux qui l'entourent d'une crédulité puérile que dans l'esprit de ceux qui la reçoivent par les subtilités du raisonnement.

Ainsi, Dieu existe, au moins comme dernière raison de ce qui est : on nous passera bien cela. Mais cette vérité ne nous suffit pas ; il faut savoir quelque chose de Dieu, de ce qu'il est, de sa nature, si nous ne voulons pas avoir dans notre esprit une pure abstraction. En descendant au fond de notre âme, nous y trouvons de quoi comprendre un peu quelle doit être la nature divine. On nous reprochera, lorsque nous chercherons Dieu dans nous-mêmes, de vouloir le faire à notre image. Nous n'avons pourtant pas d'autre moyen d'approcher de la divinité; il est juste et légitime, si l'on s'en sert avec mesure.

Dieu est notre cause, nous venons de lui; il doit donc avoir au moins les qualités qu'il nous a données, mais à un degré bien supérieur. Nous connaissons quelques-unes des choses qui existent; nous savons quelques vérités. Nous voyons la convenance, la relation que certains êtres ont entre eux, nous en apercevons la beauté. Nous nous livrons à certains actes de l'esprit et du corps, et nous comprenons que nous avons, pour les faire, une volonté plus ou moins libre, une puissance plus ou moins grande. Dieu donc doit être comme nous, intelligent, ayant en lui toute vérité et toute beauté; il est puissant, faisant tout ce qu'il lui plaît avec une liberté entière.

Nous avons au dedans de nous non seulement une lumière qui nous éclaire, mais un feu qui nous anime; nous sentons en nous des mouvements affectueux qui nous rapprochent les uns des autres; nous sommes bons, lorsque les passions ne viennent pas à la traverse. Comment Dieu ne serait-il pas la bonté même, lui qui a le monde à aimer?

Il est encore dans le cœur de l'homme un autre sentiment qui fait sa grandeur, mieux que toutes ses autres facultés : c'est celui de la justice. Nous aimons l'ordre partout, mais surtout dans les actions humaines que nous savons libres. Nous l'admirons quand nous l'y rencontrons ; nous souffrons quand il n'y est pas ; nous en appelons au principe, à l'auteur de toute justice, à Dieu.

Intelligence, vérité, beauté, puissance, bonté, justice, sont en Dieu, sont ses attributs ; mais ressemblent-ils en rien aux mêmes qualités de l'homme ? Non sans doute. Dieu est l'auteur de la matière ; il n'est pas matière, il est au-dessus. De même, il est plus intelligent que l'intelligence, meilleur que la bonté, en supposant l'intelligence et la bonté élevées à un degré infini.

Dans le fond de notre âme, nous avons entrevu quelques-unes des perfections de Dieu, sortons-en ; jetons les yeux de toutes parts, nous les verrons luire dans la nature entière, son ouvrage. Il nous donne pour preuve de sa puissance cette poussière de soleils qu'il a semée dans l'espace, et ces mondes organisés et vivants qu'il a jetés sous nos pieds. Il nous a montré sa bonté, en donnant la vie et le plaisir à cette multitude sensible, distribuée sur la surface de notre globe, et sur celle, sans doute, de toutes ces terres qu'éclairent ces soleils.

Toutes les générations des hommes ont admiré, en passant, ces merveilles de la nature et y ont trouvé Dieu. Aux premiers jours, elles ont frappé les imaginations simples par leur grandeur et leur nouveauté ; aux derniers jours, elles ont surpris les esprits éclairés par leur magnificence et leur ancienneté toujours nouvelle.

De la Providence.

Dieu est. Le monde est son ouvrage ; mais après avoir créé la matière, l'avoir divisée en globes qui s'agitent, se meuvent, se soutiennent mutuellement ; après avoir organisé la vie avec la matière, l'esprit avec le corps, a-t-il laissé l'œuvre de ses mains suivre des lois immuables? Est-il rentré dans son repos ? Non. Il est resté présent dans le monde ; nous en trouvons la preuve dans nous-mêmes. Nous pensons, nous avons des idées, c'est notre manière à nous de créer. Mais aussitôt que nous ne sommes plus à notre œuvre, elle disparaît ; notre volonté ne s'occupe plus de son invention, elle n'est plus ; ainsi Dieu a toujours le monde sous sa main, devant ses yeux ; autrement, il s'évanouirait comme un songe d'une nuit d'été à notre réveil.

Je sais qu'il ne faut pas comparer notre pouvoir de faire à celui de Dieu. Nous ne pouvons nous occuper que d'une chose à la fois, et il pense à tout en même temps ; nous ne pouvons apporter que quelques légers changements aux êtres, caractères que nous imprimons sur la poussière, et que le plus léger souffle du temps fait disparaître, et il fait ces mêmes êtres pour le temps qu'il veut, même pour l'éternité ; à peine avons-nous voulu réaliser notre pensée, à peine l'artiste a-t-il taillé dans la pierre la statue qu'il avait dans son esprit, qu'il se sépare de son œuvre, et elle dure malgré lui, parce qu'il a été obligé d'emprunter la dureté de la pierre, force et matière qui lui sont étrangères. Dieu a tout fait, tout est à lui, il est donc toujours présent dans l'univers, son ouvrage ; nous ne concevons pas même comment il pourrait s'en séparer, l'abandonner, car il doit l'aimer. Jugeons-en par nous-mêmes. Nous tenons à l'arbre que nous avons planté, à la maison que nous avons bâtie ; nous aimons de toute notre puissance l'enfant que nous avons nourri, que nous avons élevé, et, cependant, nous sommes pour bien peu de chose dans leur existence. Comment Dieu n'aimerait-il pas ses créatures qui sont toutes à lui, qui ont manifesté sa gloire, sa puissance, sa bonté ! Soyons rassurés, il les aime ; il ne nous oublie pas. Jetons les yeux sur cette terre, et nous verrons ce qu'il fait pour nous.

Il a fait tourner la terre sur elle-même, devant la face du soleil, afin de nous faire jouir, à courts intervalles, des splendeurs du jour et des magnificences de la nuit, de faire succéder le travail au repos, et de montrer en même temps, aux uns la lueur de l'aurore, aux autres le coucher du soleil.

Il a fait circuler notre planète autour de cet

astre, afin que nos yeux vissent tous les autres astres du firmament et que nous jouissions des biens variés que nous offrent les diverses saisons de l'année.

Il a séparé les eaux de la terre et il les a réunies par les pluies, les nuages que la mer envoie, par les flots que les montagnes font descendre de leurs flancs.

Il a semé l'herbe dans les champs, planté les arbres de la forêt; l'une a vécu peu de jours, l'autre a vécu des siècles; il a confié leur reproduction aux vents, aux eaux, à la terre, et les générations des plantes sont venues s'entasser pour fertiliser l'écorce terrestre.

Il a donné la vie aux animaux, avec un instinct pour la conserver; il a mis leur nourriture à leur portée, ou il les a doués de la faculté de l'aller chercher; il leur a donné le pouvoir de se reproduire et de conserver leur espèce.

Et toutes ces choses, il les a faites pour manifester sa gloire et sa puissance, et ensuite pour l'homme qui les admire et qui en jouit, qui est l'œuvre chérie de ses mains. Dieu ne l'a pas traité comme les autres animaux. Il l'a jeté nu sur cette terre, sans arme contre les dangers, sans couverture contre les intempéries des saisons; mais il lui a donné une âme intelligente, susceptible d'apprendre et de se perfectionner, de vouloir, de choisir. Il a uni la faiblesse de la femme à la force de l'homme, il a mis entre eux l'enfant; il l'a suspendu longtemps au sein de sa mère, il l'a laissé plus que les autres petits aux soins de ses parents, afin de mettre entre eux plus d'amour et de reconnaissance. Et avec cela, l'homme est parvenu à se nourrir d'aliments préparés, lui qui ne trouvait pas sa table toute servie. Il s'est vêtu des dépouilles de la nature, lui qui n'avait pas été magnifiquement orné, comme le lys de la vallée et l'oiseau du ciel. Il s'est bâti des chaumières et des châteaux pour abriter sa naissance, son repos, son travail, ses plaisirs, ses maladies et sa mort. Il a fondé des villes, des empires ; et, de plus, il a découvert quelques lois du monde et de son âme. Il a mis à son service les forces de la nature ; tous les jours il a fait de nouvelles conquêtes, et cependant Dieu ne l'a pas perdu de vue. Lorsque, abusant de la liberté, l'homme s'est livré à tous les excès qui peuvent détruire sa santé, qu'à la mort et aux fléaux il a ajouté l'homicide et la guerre, qu'à l'ignorance il a ajouté l'erreur, fille des passions, Dieu n'a pas permis que la population de la terre diminuât ; il l'a fait croître en même temps que la civilisation. Il a réparé les vides de la mort ; et quels qu'aient été les caprices des hommes dans l'union des sexes, il a su faire naître les filles et les garçons en nombres égaux ou qui se font équilibre.

Ces vérités ont frappé tous les esprits et tous les cœurs ; que leur ont-elles inspiré ?

Du culte et de la religion.

Nous passons tous les jours devant les merveilles de la nature qui s'élèvent sur nos têtes et qui s'étendent sous nos pas, sans nul souci, sans nulle attention. Nous aurions trop à faire, c'est d'ailleurs vieux pour nous, nous y sommes trop accoutumés. Mais que la mer soulève ses flots, que le ciel se couvre de sombres nuages sillonnés par la foudre, qu'un volcan lance ses laves brûlantes, qu'une douce matinée de printemps nous surprenne à notre réveil, après les sombres journées de l'hiver, que, parvenu au sommet d'une montagne, notre vue aperçoive tout à coup les rayons d'un soleil pur, éclairant l'azur des cieux, l'immensité des mers, et à nos pieds des vallées, des plaines, des hameaux, des villes, au milieu de fleurs et de verdure, notre âme s'élève, il s'échappe de nos poitrines un cri d'admiration vers l'auteur de ces beautés.

Que nous soyons en proie aux douleurs, aux maladies, qu'un malheur imprévu nous atteigne, que nous ou ceux qui nous sont chers, nous nous sentions tomber dans la mort au milieu des flots, des flammes, que le secours des hommes nous échappe, nous crions du fond de l'abîme pour implorer le secours suprême. Entraînés par une force invincible dans les horreurs de l'inconnu, nous nous confions à la bonté divine.

Toutes les fois que nous éprouvons une grande joie, ou une profonde tristesse, que nous sommes témoins des grandes scènes de la nature, que nous avons admiré les ouvrages sublimes ou les actions vertueuses ou les belles découvertes des hommes, nos pensées s'élèvent, nous avons un sentiment de reconnaissance pour notre Créateur. Nous l'adorons, nous le prions. Nous avouons être à lui ; nous nous soumettons à lui. Rien de plus juste. Mais afin que notre hommage soit digne de lui, il faut le dégager de ce qui lui est étranger ; il faut qu'il soit pur. Nous ne saurions trop louer sa grandeur, reconnaître notre petitesse. Nous ne devons pas craindre de mettre de l'excès dans nos actes d'adoration. Mais nous faisons plus, nous le prions, c'est-à-dire nous lui adressons des demandes ; qu'elles ne soient pas indiscrètes ! Dieu, dans sa providence, règle les choses de ce monde par des vues d'ensemble, sans toutefois négliger les détails, qui souvent ne nous apportent pas le plaisir que nous voudrions. Allons-nous demander à Dieu qu'il fasse attention à chaque instant à nous ? qu'il s'occupe surtout de ceux qui lui demanderont avec le plus d'insistance ? Non, sans doute. Un peu plus, un peu moins de bonheur à notre guise n'est pas ce qui doit déranger Dieu. Il a une seule chose qui l'intéresse, c'est le bien ou le mal que nous faisons. Demandons-lui donc de faire un bon usage de notre liberté. Nous ne savons comment il peut nous diriger vers le bien, et nous laisser libres en même temps ; mais nous avons le sentiment de notre faiblesse. Il peut ôter de devant nos pas la pierre d'achoppement, et lorsque nous avons failli, nous ne devons pas craindre de trop nous humilier devant lui, de lui demander pardon. Nous avons au fond de la conscience la certitude qu'il nous pardonnera, c'est ce que nous éprouvons à l'égard des autres hommes ; nous voyons que le repentir est la vertu des mortels.

Ne cessons donc pas de crier : Mon Dieu! notre père! ne nous laissez pas succomber à la tentation, et pardonnez-nous nos offenses! Nous serons exaucés. En marchant toujours ainsi, en la présence de Dieu, nous sentirons augmenter en nous les forces pour le bien, et un salutaire usage de notre liberté!

Il ne suffit pas d'invoquer Dieu, il faut l'aimer ; c'est notre père, notre Créateur ; mais notre amour pour lui ne ressemble en rien à celui que nous avons pour les créatures. Il n'est pas l'amitié des hommes, l'attachement des parents, l'amour de l'homme et de la femme ; il est l'amour de la Vérité, de la Beauté, de la Justice que nous entrevoyons quelquefois sur la terre, et vers lesquelles nous nous élevons de toute notre ardeur et que nous espérons atteindre un jour en Dieu, la Vérité, la Beauté et la Justice suprêmes.

Nous rendons ainsi, dans nos âmes, un culte intérieur à la divinité. Lorsque nous sommes préoccupés de ces grandes pensées, notre attitude est grave, recueillie, nos genoux fléchissent, nos bras et nos yeux se lèvent vers le ciel. Les hommes, à notre seul aspect, savent que nous prions. Les pensées débordent au dehors de nous, en paroles, en exclamations. Nous faisons part à nos semblables de nos joies, de nos tristesses. L'artiste se sent animé d'un Dieu dans ses œuvres; le poète le chante dans ses poèmes; l'orateur s'inspire de lui. Lorsque la faiblesse de notre génie ne nous fait pas trouver des expressions dignes de l'objet de nos vœux, nous empruntons celles du prophète, de l'inspiré. Nous mettons ainsi au dehors, en spectacle, nos sentiments religieux. Nous nous excitons mutuellement; la piété des uns grandit au contact de celle des autres. Notre âme se trouve bien d'être en harmonie avec d'autres âmes humaines, respirant le même Dieu.

Ces grandes occasions, où nous nous sentons pour ainsi dire entraînés par une force invincible hors de nous-mêmes, sont rares; mais il y a bien des circonstances dans la vie où nous éprouvons des envies de prier. Ainsi, à la naissance de l'homme, il y a autour de son berceau beaucoup de joie, d'amour et d'espérance. Prions que cet enfant soit heureux, qu'il soit juste. Lorsque la jeune fille se sépare de sa famille pour suivre l'homme de son choix, prions pour qu'ils soient heureux et sages. Et lorsqu'un des nôtres quitte cette terre, accompagnons sa dépouille, prions, remettons avec confiance cette âme aux mains de son Dieu. Nous lui rendons ainsi un culte privé et domestique.

Il y a des moments où la Providence se manifeste pour les nations d'une manière toute particulière: elles ont une vie, une existence presque pareille à celle des hommes. Lorsqu'elles ont de ces moments de tressaillement et d'enthousiasme à l'arrivée de ces idées nouvelles qui se manifestent par des révolutions, elles sont poussées par un instinct secret à s'adresser à l'Être suprême, lui offrant leurs travaux, leur bonheur, leurs espérances, le priant d'adoucir leur malheur. Elles sentent alors plus que jamais qu'elles sont sous la dépendance de Dieu; elles lui offrent un culte solennel. Ces époques où il apparaît si ouvertement sont rares, mais on le sent toujours présent au milieu des nations. Qu'elles le glorifient donc dans toutes les choses d'importance, et si un jour le rêve de quelques-uns vient à se réaliser, que les hommes ne forment plus qu'un seul peuple, on pourra célébrer la grande fête de l'humanité. Tous les hommes n'auront qu'un même cœur pour Dieu, et, par la joie qui éclatera, il sera donné de voir combien l'homme est religieux par son propre fond.

C'est ainsi que je l'avais jugé par mon cœur, avec ma seule raison. Si je regarde l'histoire de l'homme, son passé me répond de son avenir, j'y lis à chaque page qu'il a toujours cru en Dieu, qu'il l'a toujours mis devant lui comme son guide, qu'il lui a adressé ses vœux. Partout, en effet, dans les luttes des nations, dans leurs croyances, dans leurs monuments, éclate le témoignage irrécusable de leur inébranlable conviction de l'existence de Dieu. Mes contemporains pensent de même. Je le vois dans leurs actions, leurs paroles, jusque dans leurs regards. Ma raison s'est rencontrée avec la raison de mes semblables. Je marche en bonne compagnie. Nous suivons ensemble le chemin du Sens commun.

Nous sommes donc certains de nous-mêmes, du monde, de sa cause et de la nôtre, de Dieu. Mais si nous voulons aller au delà de cette foi naïve, de cette vérité simple, gravée dans tous les cœurs, que Dieu existe, qu'il gouverne le monde, il pourrait nous arriver ce qui arrive à ceux qui fixent le soleil : leur vue se trouble, leurs yeux s'affaiblissent, et, aveuglés, ils n'aperçoivent pas la lumière la plus éclatante. Cependant, si nous voulons pénétrer les mystères de l'existence de Dieu, que ce soit avec prudence, sans nous perdre trop loin.

De l'essence de Dieu.

Dieu a toujours été ; il est partout. Ces mots bien simples cachent des choses bien grandes ; l'éternité et l'immensité. Que pouvons-nous en comprendre ?

De l'étendue.

Qui, dans une belle nuit d'été, n'a pas laissé aller ses regards dans les profondeurs des cieux, au delà de ces étoiles, de ces mondes, que la vue seule ou armée du télescope nous découvre, se demandant si au delà il y avait quelque chose encore, et reculant par l'imagination les bornes de l'espace sans trouver où s'arrêter, sans pouvoir atteindre la fin qui fuit toujours devant nous. Il ne saurait en être ainsi, notre esprit n'a aucune idée d'un tel espace, auquel on ajoute toujours et qui n'est jamais complet.

Est-il un tout unique, remplissant tout, sans limites? Mais pouvons-nous mieux nous en rendre compte? Notre esprit se perd. Plus il s'élance, plus il retombe épouvanté devant ce vague noir et profond. Lorsqu'il veut le définir, les mots lui manquent, aussi bien que les idées. L'immensité, l'étendue, l'espace, donnent à entendre ce dont on veut parler sans le préciser. On a dit que c'était une sphère dont le centre était partout et la circonférence nulle part. Et on a admiré ces expressions, si absurdes qu'elles soient. Qu'est-ce qu'une sphère qui n'a pas de circonférence? Un triangle sans côtés? Un cercle carré? On représente ainsi d'une manière vague, mais saisissante, l'incompréhensibilité de l'espace.

De l'éternité.

Nous n'avions pas de mots pour exprimer l'infinité de l'étendue, nous en avons un pour l'infinité des temps, c'est l'éternité. Serons-nous plus heureux pour nous en rendre compte? Quelle est cette chose dont l'éloquence s'est emparée pour en faire de si belles, de si grandes, de si terribles descriptions? Est-ce un temps qui s'ajoute à un temps, une seconde à une seconde, un siècle à un siècle? Mais alors, au moment où nous pensons, une infinité de temps s'est écoulée. Pour aussi grand que soit le nombre dont on se servira pour l'exprimer, je puis ajouter une seconde à ce nombre; et ce nombre ne sera pas infini, il pourra se compter; si je remonte au commencement, je n'y trouve rien, et cependant mon esprit y met des millions de siècles.

L'éternité indéfinie, successive, nous échappe. Faisons comme pour l'espace, représentons-nous un tout, une boule. Mais comment y mettre en même temps le présent, le passé, l'avenir? Ils n'existeront plus; ils seront confondus pêle-mêle dans la grande unité. Et cependant, toutes les forces de mon âme se refusent à anéantir ainsi la différence entre le passé et le futur. Pas d'idées plus claires, plus certaines, plus enracinées que celle que j'ai de mon existence successive d'hier, d'aujourd'hui, de demain. Le passé est bien passé, anéanti, ne reviendra pas avec mes jeunes années ; et cependant, il faut qu'il existe encore. N'est-ce pas vouloir l'impossible, l'absurde, le contradictoire ? Nous ne comprenons donc pas mieux l'éternité qui marche que l'éternité immobile.

Lorsque nous avons cherché la cause de notre existence, nous avons trouvé l'idée d'une chose plus grande, plus forte, au delà. Dieu est la raison de l'espace, du temps, de l'éternité. Il est donc plus immense que l'immensité, plus éternel que l'éternité, plus infini en tout que l'infinité, et par conséquent doublement incompréhensible à notre faible raison.

De la création.

Dieu a créé le monde ; c'est facile à dire, sans doute aussi à comprendre.

L'étendue et l'éternité, ces liens des êtres, n'existaient pas. Dieu commence par les créer. Mais avant où vivait Dieu ? Dans quel point mathématique, abstrait, résidait-il ? Peut-être que Dieu, l'infini des temps et des espaces, étaient contemporains, identiques. Passons.

Dieu était dans son éternité et son immensité. Nous ne pouvons concevoir comment il était là, atteignant l'un et l'autre bord de l'espace, sans être composé de parties. Notre âme est bien dans notre corps, mais au moins a-t-elle des parties où s'appuyer. Dieu était soutenu par lui-même, il était dans sa puissance, son repos absolu. Tout à coup il se réveille sans cause, sans nécessité, arbitrairement ; il appelle les mondes à l'existence, et tout à coup ils apparaissent et disent : Nous voilà !

Dieu a-t-il fondu l'univers d'un seul jet ? S'y est-il pris à plusieurs fois ? Nous l'ignorons, nous ne savons si, après avoir créé, il est rentré dans son repos, ou bien, si architecte éternel, il lance sans cesse les créations dans les profondeurs de l'espace, cet infini vide, néant que rien ne saurait assouvir, où la vie n'aurait pas encore pénétré.

Avant la création, Dieu était déjà ; il remplissait tout de son immensité. Il crée ces mondes, ces soleils, soit qu'il les ait clairsemés dans le vide, soit qu'il les ait fait nager dans quelque matière subtile. Toujours est-il qu'il a dû faire place à la création ; il s'est donc diminué, amoindri, ce que nous ne pouvons croire.

Quoi qu'il en soit, le monde existe. Mais d'où vient-il ? d'où Dieu l'a-t-il tiré ? De l'espace et du temps ? mais ils n'existent pas. Du néant ? mais il n'y a rien. De lui-même, de son sein, de sa propre substance ? Mais lui n'est qu'esprit, force, puissance, volonté, unité. Comment a-t-il pu produire ce qui n'est pas de lui ? De l'esprit ne peut sortir la matière, de la lumière les ténèbres. L'idée de création emmène avec elle celle de destruction. Nous ne pouvons pas concevoir l'une plus que l'autre. Dieu peut réduire tous nos mondes en poussière, les disperser aux quatre régions du ciel ;

mais ce petit atome de poussière, comment le détruira-t-il? Il le lance dans l'infinité de l'espace, mais il y continuera son existence. Il le voue au néant; mais où est ce néant? Il ne sera plus du moment où il aura cet atome. Dieu donc ne peut anéantir le monde qu'en l'absorbant en lui-même, comme il l'a tiré de son propre sein. Saturne dévorant ses enfants; idée inconcevable! Et nous sommes amenés par cet atome invisible à l'éternité de la matière.

De l'éternité de la matière.

Ce n'est pas tout; Dieu est la raison des êtres, leur cause; aussitôt que nous les concevons, nous concevons Dieu; ce sont eux qui nous ont amenés à le supposer, à le connaître. Il est éternel, ils partagent donc son éternité; ils ne peuvent en être séparés. Ils en sont contemporains, coéternels. La création, en effet, est l'exercice même de Dieu, il n'a pu vivre d'une vie abstraite dans les profondeurs du temps et de l'espace, pouvant, devant créer, étant la cause, la cause qui n'existe complète que par son effet, et néanmoins se reposant sans se compléter, se perfectionner afin d'exister réellement, complètement.

Mais une telle création, une création nécessaire n'en est pas une. Nous avons réellement deux éternités en présence, Dieu et le monde. Notre esprit ne peut s'y faire. Nous sommes amenés à penser qu'en réalité ce n'est qu'un tout. Dieu deviendra alors la loi, la règle, la raison du monde ; mais une loi abstraite, une existence abstraite liée au monde, un attribut, une qualité du monde, un être mathématique.

Ou bien, nous verrons en lui l'âme de l'univers, son intelligence, sa puissance, sa conscience. Nous n'aurons plus qu'un grand tout existant éternellement dans ses infinis changements, ou se développant, grandissant successivement dans le temps et l'espace. Nous aussi, nous faisons partie de ce grand tout ; par notre corps nous sommes une partie de son corps, par notre âme une partie de son âme. Malheureusement nous ne pouvons trouver en nous la conscience de notre divinité ; nous ne nous sentons pas vivre de sa vie, participer à sa puissance, à son intelligence. Nous nous sentons, au contraire, nous-mêmes vivant, existant bien seuls, non par nous-mêmes, mais par autrui.

Le monde est éternel : hé bien ! soit. Lorsque nous avons réfléchi à l'étendue, à l'éternité, que nous les avons trouvées seulement pleines de Dieu, chose si légère, si peu embarrassante, occupant si peu de place, se laissant pénétrer par toute chose, nous avons eu bien de la peine à les concevoir venues jusqu'à nous ; mais maintenant, comment l'espace et le temps chargés du monde pourront-ils nous arriver ? Nous ne pouvons plus en faire un tout qui n'a plus d'avenir, ni de passé. Le monde a une existence nécessairement successive. Je puis moins que jamais concevoir son éternité. Je ne sais pas non plus comment il peut être créé. Je ne sais donc rien, cela passe ma raison ; il me faudrait un autre sens. Je ne puis avoir que des songes, des imaginations, et les autres hommes sont comme moi. Pour peu que l'on fasse attention à ce que les peuples ont imaginé pour expliquer Dieu, on n'y trouve que des fables dont il ne faut pas trop s'étonner ; une impossibilité d'expliquer ces mystères des choses y a fait recourir les hommes. Brahmâ est sorti du repos pour s'incarner dans le monde, parce que l'on n'avait pas compris un Dieu distinct de la création. Les Grecs ont donné le Ciel pour père à leurs dieux, parce qu'ils n'imaginaient pas que l'espace, l'étendue eussent été créés ; ils avaient plusieurs dieux, un seul ne suffisant pas à régir l'immensité de la nature. N'allons pas nous perdre avec eux ; contentons-nous d'adopter avec eux tous, ce qu'ils ont de commun, l'idée d'un Dieu qui s'occupe de nous. Étudions-nous, pour nous rendre dignes de lui ; cette étude sera assez ardue encore, et nous y trouverons d'autres mystères, tant en nous mêmes que dans la manière dont la Providence nous traite.

L'homme.

L'appui qui nous soutenait vient-il à manquer, nous tombons, entraînés par une force irrésistible, que nous nommons attraction, pesanteur : nous sommes corps.

Parmi les êtres qui nous entourent, quelques-uns sont saisis par nous, introduits dans nos organes ; là ils sont décomposés dans leurs éléments, mélangés à toutes nos parties. Une force inconnue, de morts, insensibles, inertes qu'ils étaient, les rend vivants, organisés, sensibles ; ils viennent augmenter notre être ou remplacer nos vieilles chairs ; et ce qui était nous s'en va, s'évapore, est rendu à l'air, à la terre. Il en est ainsi depuis le germe imperceptible qui s'assimile ce qui n'était pas lui, puis de l'enfant qui grandit, se développe, jusqu'à l'homme fait qui s'arrête, meurt, se décompose : nous vivons.

Le soleil colore de ses rayons les nuages du matin, l'azur des cieux, la verdure des champs, le sombre des rochers, nous marchons, nous sommes environnés, repoussés par les branches des arbres, les pierres du chemin, la main saisit le fruit, en sent la douceur, le palais en goûte la saveur, les fleurs exhalent leurs parfums, les oiseaux font retentir leur chant : nous sentons.

Une fois éveillés ainsi par nos sensations, nous

portons notre attention sur tous les objets présents en nous, nous les examinons, nous les comparons entre eux; nous voyons qu'il nous est donné de connaître ce qui est hors de nous, et en même temps nous avons conscience de nous-mêmes, de notre existence, de la cause de notre vie; il nous arrive des idées de rapport des choses entre elles, de nous avec les choses, de Dieu avec nous : nous pensons.

Mais parmi nos sensations, les unes nous ont fait plaisir, nous cherchons à les renouveler; les autres nous ont fait souffrir, nous cherchons à les éloigner. Parmi nos pensées, les unes se rattachent à notre manière de voir, nous les examinons, les étudions; les autres nous sont antipathiques, nous ne nous y arrêtons que le moins possible, et nous conformons autant qu'il est en nous nos actions à nos désirs : nous voulons.

L'usage de nos sens et de notre pensée nous a révélés à nous-mêmes, et nous a fait connaître nos semblables; si nous en avons repoussé quelques-uns, nous nous sommes sentis attirés vers d'autres, et puis, il nous a appris à deviner Celui par qui nous sommes; sa grandeur et sa beauté nous ont appelés vers lui par un penchant irrésistible : nous aimons.

Ainsi corps, vie, sensation, pensée, connaissance, volonté, amour : c'est tout l'homme.

De l'Ame.

Pour faire toutes ces actions, pour présider à ces diverses fonctions, je sens en moi une force, une puissance, quelque chose qui me semble constituer tout mon être ; un souffle divin, un dieu, raison du monde de la pensée qui est en moi, qui est moi.

J'ai conscience de ce moi, comme de quelque chose de distinct, de séparé, de supérieur à ce corps. En un mot, je suis une âme, un esprit, une intelligence, une volonté unie à un corps, à de la matière. Cette distinction d'un être double en moi, me paraît évidente ; tous les hommes qui ont le moindre sentiment de raison témoignent par leurs actions, leur langage, qu'ils pensent comme moi, et qu'ils s'expliquent à leurs propres yeux par cette division de la matière et de l'esprit. Avec eux, j'ai une foi pleine et entière à mon âme. Mais, si je veux pénétrer les mystères de ma nature, je me sens arrêté dès le premier pas. Qu'est-ce que la matière ?

Cette pierre s'oppose à mes pas ; elle tient sa place, rien ne peut l'en ôter pour se mettre avec elle, dans elle. Je la brise, je la réduis en poussière ; ma main la saisit et devine une autre propriété de ce corps ; celle d'exister, quoique réduit à un état de division infinie. Il n'est pas toujours aussi facile de s'apercevoir de la présence des corps matériels. Lorsque l'air est calme, je ne devinerais pas que je suis noyé dans l'atmosphère. Il faut que le mouvement de l'air vienne me révéler sa présence.

La lumière éclaire les objets qui m'environnent, leur donne à mes regards une existence nouvelle; je ne puis comprendre ce qu'elle a répandu sur eux. Leur a-t-elle ajouté quelques particules, quelques atomes lumineux, ou bien a-t-elle seulement éveillé en eux une force, une propriété qu'ils avaient déjà? De même, lorsqu'une douce chaleur a pénétré mon corps, j'ignore ce qui est venu en moi, et dans tous les corps échauffés. Il en est ainsi de ces autres agents, ou fluides incoërcibles comme on les appelle, magnétisme, électricité; placés, comme la lumière et la chaleur, entre la vraie matière, la matière apparente, impénétrable, divisible, et ce qui n'est que force, puissance, mouvement.

Cette force elle-même passe notre pouvoir de conception. Ainsi, les corps ont en eux, ou hors d'eux, quelque chose qui les repousse, ou les attire ou les tient en suspension les uns vis-à-vis des autres. La science a donné un nom à cette force; elle l'a soumise au calcul, mais elle n'a pas su nous dire ce qu'était cette attraction. Est-ce une espèce de fluide enveloppant tous les corps? ou bien une propriété de la matière? ou est-ce un esprit, une âme, un je ne sais quoi ajouté aux atomes, un principe de mouvement hors d'eux? Nous l'ignorons.

Si nous examinons cet arbre qui est sous nos yeux, qui se couvre de feuilles et de fleurs, qui attire à lui de la matière qu'il fait sienne, cherchant l'air dans les cieux avec sa tige, plongeant ses racines dans la terre pour en tirer les sucs, nous trouvons là une nouvelle force, la vie, chose incompréhensible à notre esprit. En effet, une graine est tombée. Il y avait là quelque chose outre la matière, suite ou cause de l'organisation, un principe, une cause, une semence de vie, qui se développera sous l'influence de la chaleur et de l'humidité, de l'air et de la lumière. Ce mouvement, qui donne naissance à un nouvel être, est-il une substance existant indépendamment? ou bien n'existe-t-il que parce que les corps existent avec leur organisation? Et cette organisation elle-même, d'où viendrait-elle?

La vie dans la plante a un certain développement; mais elle s'arrête après avoir donné un être immobile dans son ensemble. Dans l'animal, elle met un principe de mouvement: la sensibilité. Il a des besoins, des sensations, des impressions; il va, il vient pour satisfaire son instinct. Une nouvelle force vient s'ajouter à celles que nous examinons. Le sentiment n'est pas une force inerte, grossière, pour ainsi dire matérielle comme les autres, c'est une force qui se sent, qui jouit, qui souffre, qui a une conscience d'elle-même, vague, obscure, sans doute. Nous sommes dans un autre ordre d'idées; mais nous ne voyons pas d'où vient cette sensibilité; s'il y a comme un mode de sensations existant par lui-même, d'où sort ou rentre la sensibilité, la vie de chaque animal; si, au contraire, cette vie est distincte pour chacun d'eux; si elle existe par elle-même hors le corps de l'animal; si elle est le résultat de son organisme ou si c'est elle qui lui a donné le corps. De toutes ces causes, nous ne voyons que les effets. Nous arrivons à l'homme, à nous, où nous pouvons les voir, les étudier plus à l'aise, à meilleur titre, puisque nous sommes toujours sous les yeux de notre conscience.

Nous trouvons d'abord en nous quelque chose dont nous ne sommes pas les maîtres, qui agit sans nous, malgré nous, que nous pouvons briser, détruire par nos excès, mais qui est en soi indépendant de nous. Cette chose, on l'appelle la force vitale, la vie. En étudiant notre corps, on est parvenu à connaître comment cette force agit dans nos organes, se développe et meurt. Tout cela d'une manière bien imparfaite sans doute, mais on ne peut pas la connaître en elle-même; elle est hors de l'atteinte de notre réflexion. Nous nous sentons bien vivre, mais nous ne savons pas comment; nous voyons les effets, nullement la cause.

Nous avons enfin, dans nous, une propriété qui nous fait sentir ce qui nous environne et nous-mêmes; une faculté qui nous permet d'observer nos sensations, de les connaître, de réfléchir sur nous-mêmes, de penser, de vouloir; cette force, la plus dégagée, la plus subtile, la plus puissante en nous, la seule par laquelle nous sommes réellement, puisqu'elle nous révèle à nous-mêmes, qu'elle nous donne conscience de nous-mêmes, c'est l'âme. Mais qu'est-elle en elle-même, dans son essence? Est-ce le développement, la continuation de notre vie, de cette force qui nous fait naître, grandir, nous assimiler une partie de l'extérieur et qui, plus épurée, plus dégagée, nous fait sentir et puis penser? Ou bien, avons-nous en nous l'âme de la vie, l'âme de la sensation, l'âme de la pensée, de la volonté? Nous ne pouvons nous en assurer; seulement nous sommes sûrs qu'elle n'est pas matière, sans pouvoir néanmoins connaître les degrés, liaisons, transitions, qui la séparent de ce qui n'est pas elle.

Cette âme immatérielle, spirituelle, existe par elle-même, est une substance; elle ne saurait être le produit de notre organisation. En effet, nos organes sont multiples, variés, ayant des destinations diverses; l'œil voit, la main touche, l'estomac digère; ils sont d'abord liés entre eux par une force, la vie; mais ils ne produiraient pas de sensations s'ils n'avaient pas un être pour les recevoir; ils ne donneraient que des notions diverses s'ils n'avaient pas au-dessus de chacun d'eux en particulier une force pour les relier. Le jeu des organes ne produirait que confusion, désordre, si l'âme n'était pas là pour les régir, coordonner, en tirer parti, leur donner l'unité, la vie intellectuelle.

Si notre âme est le produit, l'accident, la qualité de notre corps, lorsque nous sentons la présence de l'âme, lorsque la pensée est la plus ardente, la plus active, nos organes devraient se trouver dans leur action la plus énergique. Cependant, lorsque nous sommes dominés par une passion, si nous éprouvons un ravissement mystique, notre âme seule semble exister, notre corps a disparu ; on pourrait le martyriser sans douleur pour nous appréciable. D'autres fois, au contraire, l'âme semble avoir quitté le corps : cet homme est plongé en léthargie ; réveillé, il n'aura plus le sentiment de ce qui s'est passé, son âme aura été comme morte. Un autre homme est devenu fou, stupide, n'a plus une âme raisonnable ; et cependant, tous les deux pourront avoir un corps robuste, dont certaines fonctions ne se sont peut-être jamais mieux exercées.

Nous rêvons ; le rêve paraît parfois approcher de la réalité ; cependant, il y a toujours quelque point obscur qui nous avertit au réveil. Pendant que nous rêvons, nous conservons toujours un sentiment de nous-mêmes, de notre existence, parfois défiguré, incomplet, qui nous avertit que pour avoir toute notre raison, nous avons besoin de tout notre corps éveillé ; mais il n'en reste pas moins certain que notre âme agit pendant le repos des sens. Je sais que pendant le sommeil le sang circule, la digestion s'opère ; mais ces fonctions se font toujours indépendamment de notre volonté et ne nous ont jamais donné aucune idée. Il faut donc qu'il y ait en nous quelque chose qui reçoive l'impression des sens et la garde pendant que ceux-ci sont endormis. Nous devons avoir une âme distincte des sens, quoique dans le corps.

Si l'âme venait des sens, elle devrait recevoir les mêmes impressions par les mêmes objets. Et cependant, parmi des nations différentes, les mêmes objets, les mêmes sons éveillent des idées bien diverses, provoquant des sentiments de haine ou d'attachement, suivant les mœurs, les convictions, les habitudes ; et dans le même homme lui-même, suivant ses dispositions morales, il éprouvera de la crainte ou de l'espoir, il aura de l'amour ou de la haine, du plaisir ou de la peine, quoique ses sens aient subi des impressions identiques. Il y a donc chez lui un être pour recevoir, modifier ce qui vient du dehors.

Si notre âme n'est que la suite du jeu de nos ressorts, si elle n'est que le son d'un clavier, d'un instrument, elle doit être tout entière dans le moment présent, dans la sensation actuelle ; elle n'est que série d'émotions, d'impulsions, elle ne pourrait se rappeler le passé, qui n'est rien pour elle, puisqu'elle n'est que dans le moment présent ; elle ne pourrait réfléchir sur ses sensations, puisqu'elle ne les éprouverait plus ; elle ne penserait pas, elle serait tout entière dans l'instant mathématique où l'effet se produit.

Cela est démenti par le sens intime. Nous avons des pensées qui se rapportent au passé, à l'avenir ; et pour soutenir de telles pensées, il faut une substance qui dure et se perpétue. Notre âme est donc quelque chose à part, un être et non une qualité, un mode, un accident. Considérée ainsi, sa nature nous est encore incompréhensible.

Elle est spirituelle, c'est-à-dire sans parties. Comment donc peut-elle exister dans le corps matériel, qui n'est qu'un composé de parties? Est-elle dans tout notre corps? Loge-t-elle dans un seul membre? Il nous faut une main pour saisir un objet. Avec quoi l'âme prendra-t-elle notre corps? Elle le fait agir, mouvoir; mais jamais nous ne connaîtrons la cause de sa puissance, les moyens qu'elle emploie, la manière dont elle agit.

Autre difficulté : l'âme est simple, sans parties, indivisible; elle est une. Ce qui est un ne saurait être différent. Les âmes devraient être les mêmes, se ressembler; et cependant, quoi de plus divers dans ce que nous pouvons connaître de leur force, de leur grandeur et de leur développement! Où pourra se trouver, s'imaginer cette différence des âmes?

L'âme pendant la vie est toujours la même, toujours une; elle devrait toujours être semblable à elle-même. Il n'en est rien; nous nous savons bien toujours la même personne, mais nous changeons avec le temps, l'âge et les circonstances. Nous sommes meilleurs ou pires. Comment notre unité se perpétue-t-elle dans l'infini changement? Nous trouvons des difficultés semblables dans l'idée que nous avons de la divinité. Dieu est toujours le même dans les infinies révolutions des mondes, pendant l'éternité, malgré qu'il crée, qu'il détruise, qu'il donne la vie et la mort; nous ne concevons pas plus comment il conserve son unité, son immutabilité. Dieu est aussi dans le monde ; esprit dans la matière, il la remue comme notre âme notre corps.

Ce ne sont pas là des raisons, ni même des comparaisons exactes; mais c'est une manière de nous faire entrevoir les mystères de l'homme dans les mystères de Dieu.

Des idées.

Les objets qui nous environnent nous envoient des émanations, des effluves; nous nous élançons à leur rencontre, nous touchons à la nature par tous nos sens. Les nerfs qui se déploient sous la peau reçoivent ces mouvements, ces impressions, pour les transmettre au cerveau; là, dans sa substance, se produit une transformation que nous ne saurions suivre; ces mouvements deviennent des choses présentes en nous, et cependant hors de nous; nous les voyons, nous les sentons, nous en prenons connaissance.

Si nous venons à rêver pendant le sommeil, nous voyons ces mêmes objets, dans leur série, leur ordre naturel ou bien dispersés, découpés, arrangés dans un ordre fantastique; et cependant les objets ont disparu, quelquefois depuis de longues années. D'où nous paraissent-ils ainsi, comme si nous les avions présents, tandis que lorsque nous sommes éveillés, nous ne pouvons pas nous en faire une peinture aussi vive ? En effet, quand les objets que nous avions vus, touchés, goûtés, ont disparu, il n'en reste plus la même image que lorsque nous les avions sous nos yeux, ou que nous les voyions dans nos songes. Il nous en reste ce que nous nommons une idée, espèce de fantôme, par lequel nous les connaissons, mesure, moule dans lesquels viennent se reposer, se mesurer les objets connus que nous revoyons et qui nous font dire : voilà l'arbre que j'avais vu, la statue que j'avais touchée, qui nous permettent d'apprécier la différence avec d'autres objets à peu près semblables et qui ne concordent pas en tout point avec notre type.

Cela est merveilleux, mais ce n'est rien encore. Toutes ces choses ainsi vues, touchées, s'accumulent dans notre âme, y restent quelquefois des années, et puis par le hasard, les circonstances, notre volonté, reviennent présentes ou s'éloignent, se perdent pour revenir encore. Les objets extérieurs ne se sont pas présentés eux-mêmes dans notre pensée ; il ne s'en est pas détaché des parties qui soient venues s'imprimer dans notre cerveau. Pour aussi impalpables que nous les supposions venues de tous les coins de l'horizon, se succédant avec rapidité, s'accumulant pendant des années, elles l'auraient bientôt encombré de leur diversité confuse. Nos nerfs ne se sont pas modifiés non plus à chaque chose qui les a frappés ; ils ne pourraient plus recevoir des formes si contraires et si diverses, les conserver en en prenant de nouvelles ; ils n'ont pas reçu non plus des vibrations, qui se seraient mêlées en nombres infinis et qui n'auraient pu donner que des ondulations confuses, indistinctes, auxquelles l'âme ne saurait jamais se reconnaître. Nous ne savons donc pas comment nous avons les idées des choses, comment les objets matériels ont fait impression sur notre âme ; cela n'est pas étonnant, impuissants que nous sommes à concevoir comment notre corps lui-même communique avec son guide, son maître.

Il est difficile que la connaissance des corps puisse se loger dans l'âme immatérielle ; combien cette difficulté va augmenter à mesure que les idées vont se dégager elles-mêmes de tout ce qui tombe sous les sens !

La lumière a inondé de ses rayons la prairie dont nous avons admiré la verdure. Nous avons cueilli la rose, respiré son parfum ; nous avons promené nos doigts sur le satin de ses pétales, mais nous avons été piqués par ses épines. Nous avons aperçu la pierre détachée du rocher, tomber de chute en chute au fond du précipice. Les oiseaux dans les cieux, les animaux sur la terre se sont livrés à leurs ébats, ont parcouru l'étendue d'un vol ou d'une course plus ou moins rapide, ont fait retentir l'air de leurs chants ou de leurs cris. Nous avons examiné chacune de ces circonstances ; à tous ces êtres nous avons successivement ôté leur couleur, leur mouvement, leur odeur, leur son. Considérant ces parties d'eux-mêmes ainsi séparées, abstraites, nous avons dit qu'ils étaient lourds, légers, colorés, sonores en eux-mêmes; mobiles, stables par rapport aux autres corps, et, pour nous, bons, mauvais, doux, rudes, attrayants ou repoussants.

Nous allons bientôt plus loin. Nous ne faisons plus attention aux choses dont nous avons abstrait les qualités, mais nous formons quelque chose d'existant de ces abstractions; nous avons les idées générales de couleur, d'odeur, de son, de repos, d'activité, de bon, de mauvais qui sont dans notre esprit sans soutien, sans image particulière.

Par un procédé analogue, nous nous sommes procuré d'autres connaissances. Faisant abstraction de tout ce qui constitue un être, de toutes ses qualités, nous nous sommes attachés à la seule chose dont on ne puisse le dépouiller, son existence, son unité, et nous sommes arrivés au nombre.

Nous avons désiré mettre la main sur le fruit de l'arbre, il a fallu se mouvoir. Arrivés là, nous avons aperçu d'autres objets séparés de nous, et il a fallu faire de nouveaux pas pour les atteindre. Otant alors tous ces divers êtres, nous avons compris qu'il y avait, pour les recevoir, un espace, une étendue.

Parmi les êtres qui nous entourent, il y en a

qui nous apparaissent sous une certaine forme, avec certaines qualités ou propriétés; puis, qui disparaissent pour faire place à d'autres êtres semblables. Pour expliquer cette succession, nous avons imaginé qu'il y a là, préexistants, indépendants, des types, des moules, qui ne sont rien, rien du moins de matériel, et qui cependant viennent se fixer dans notre esprit.

Une pierre a été lancée, nous demandons le bras qui a la force de lui donner le mouvement. Une maison a été bâtie, nous savons qu'il y a une force qui a mis l'ordre dans ses matériaux. Une graine a germé, est devenue un arbre, là-dedans était caché une autre force. Nous avons l'idée de cause, d'action, succédant à une force.

Les sensations reçues avaient éveillé notre attention; notre esprit a travaillé là-dessus et en a extrait des connaissances, des idées générales.

Continuons le même travail sur ces dernières.

Au delà de cet être qui nous a donné l'idée du nombre, nous en supposons d'autres, et puis d'autres encore. Ce qui nous mène à l'infinité des nombres.

Au delà de tels et tels corps, qui nous ont donné la notion de l'étendue, nous concevons toujours de nouveaux espaces, et nous en concluons que l'étendue est infinie.

Lorsque nous avons vu des choses disposées avec ordre, avec convenance pour l'objet de leur destination, des forces allant à un but noble, nous y avons trouvé de la beauté ; lorsque cela concourait à notre bien, nous y avons trouvé de la bonté. Et cela nous a conduits à dire, qu'il y avait là une bonté et une beauté infinies.

Éveillés par nos sensations, nous les avons démêlées, nous avons pris connaissance de nous et du monde ; entraînés par elles d'un côté et d'un autre, nous avons fait effort pour choisir les meilleures directions, et nous nous sommes trouvés intelligents et libres. Ce qui nous a fait affirmer au-dessus de nous une intelligence et une liberté infinies.

Nous nous savons faibles, ignorants, misérables, mais nous avons une certitude de nous et des autres; nous savons donc qu'il y a des vérités, des choses qui sont, et au delà, des vérités éternelles, infinies.

Que nous sommes loin, dans ces raisonnements, d'affirmer que tout est matière ! Il n'y a plus de doute, au delà il y a une force, une puissance, pour comprendre, saisir, s'assimiler ces abstractions, ces généralités, ces vérités. Mais comment sont-elles dans nous, dans notre âme? Mystère ! Nous n'en savons rien ; nous sommes ainsi, parce que Dieu l'a voulu.

La connaissance, la vérité ou l'erreur sont dans nous; mais pour nous en rendre compte à nous-mêmes, il faut que nous ayons comme un signe, un geste, un son articulé intérieur, qui nous fasse apparaître nos pensées à nous-mêmes. Et puis, lorsque ce geste a été fait à l'extérieur, que notre parole s'est fait entendre, que des signes ont été tracés, notre pensée a été pénétrée par un autre esprit, une autre intelligence. Comment ainsi deux inconnus peuvent-ils se connaître? Deux impalpables se toucher?

Immortalité.

Nous avons vu que l'homme était composé d'une âme et d'un corps ; leur union est bien intime, mais durera-t-elle jusque dans la mort? Le corps entraînera-t-il l'âme? ou bien, aurons-nous d'un côté le cadavre, l'inanimé, le rien, et de l'autre l'intelligence, la force, la vie?

Si l'on voulait que l'âme ne fût que le produit de l'exercice de nos organes, sans doute la mort du corps pourrait entraîner la mort de l'âme, et encore cela ne serait pas certain. L'instrument qui a produit un son est brisé, l'onde sonore qui porte ce son peut vibrer encore; notre âme pourrait encore vibrer, exister dans le temps. Mais la supposition, qu'elle ne soit qu'un accident du corps n'est pas admissible; dès lors, notre esprit n'est pas une abstraction, c'est une substance qui peut durer par sa propre force, et c'est ce qu'elle fait pendant la vie.

Aussi loin que l'homme peut remonter dans ses

souvenirs, que sa vie ait été agitée par toutes les vicissitudes humaines, que, parti des derniers rangs, il se soit vu porté aux plus grands honneurs et précipité du faîte, loué et persécuté, ou que, né dans une tranquille médiocrité, il n'ait point quitté le vallon solitaire qui l'a vu naître, marquant sa vie par les feuilles qui tombent des arbres; il se voit, enfant, suspendu au cou de ses parents, bégayant leur nom, puis, jeune homme, aux pieds d'une personne chérie, contant sa passion, puis, homme sérieux occupé, disputant sa place au soleil aux autres hommes; mais toujours, du berceau jusqu'à la tombe, il se sait, il se sent la même personne, le même individu, il a la conviction intime que son moi a toujours été. Le genre humain pense de même; il sourirait de pitié si on voulait en douter. Cependant, ce n'est pas nous tout entiers qui avons vécu ainsi immuable. Notre corps s'est accru, agrandi, s'est fortifié, est devenu plus faible, il ne nous reste rien de notre corps primitif. Avant que la science l'eût démontré, l'ignorant même pouvait bien s'en douter, rien qu'en voyant l'homme inonder la terre de ses sueurs, assez abondantes dans le cours d'une longue vie, pour avoir épuisé et renouvelé jusqu'à la moelle de ses os. Ce n'est donc pas dans cette partie de nous-mêmes, changeante et variable, que nous devons chercher la permanence de notre moi, de notre existence. Nous savons donc que nous ne sommes pas liés, nous, notre esprit, notre âme, dans une chair toujours la même; que notre prison change, qu'au lieu d'être d'os, de sang, elle pourrait devenir de l'air, du feu, de la lumière, et que nous pourrions y être aussi à notre aise. Nous pouvons donc espérer, à la mort, d'être encore, malgré que notre corps ne soit plus. De la chrysalide peut sortir le papillon. L'idée de résurrection avec un corps glorieux est vieille dans le monde, et ce n'est pas sans raison. Une autre vie se rend plus croyable pour nous, avec quelque chose qui nous entoure, nous soutienne de quelque matière subtile, éthérée, que si notre âme s'y trouvait nue et toute seule dans sa spiritualité.

Nous sommes donc susceptibles d'une autre vie, d'immortalité. Nous pouvons ajouter que, d'un autre côté, nous en sommes certains. Lorsque nous avons cherché à nous rendre compte de la création, il nous semblait que Dieu ne pouvait détruire un atome de matière qu'en l'absorbant. De même, de notre âme. La voilà créée; il nous paraît impossible que Dieu même puisse l'anéantir. Il l'a tirée de lui, de sa propre existence, puisqu'il ne pouvait la tirer de rien autre chose qui eût une vie antérieure à la sienne. Il peut sans doute l'envoyer dans les mondes illimités et infinis, où elle continuerait d'être. Mais il ne peut la faire disparaître qu'en lui-même; alors nous vivrions de sa vie, nous participerions de son éternité.

D'un autre côté, nous mourons, il est vrai, mais notre existence fugitive, passagère, est la seule qui disparaît. L'homme ne meurt pas avec nous, l'humanité qui nous a précédés nous survit. Notre vie se confond, se mêle avec sa vie; nous participons aussi à sa vie séculaire, peut-être immortelle.

Toutefois, si nous n'avions que ces deux vies abstraites, générales, nous n'aurions guère à nous en occuper, nous ne nous en mettrions pas plus en peine que de l'éternité que peut avoir notre corps enveloppé, dispersé dans des millions d'autres corps.

Nous n'avons jusqu'ici que des espérances d'immortalité, des possibilités; on veut en trouver des preuves dans la nature même de l'âme.

Elle est simple; ce qui le prouve, c'est qu'elle est le siège de la pensée, qu'une des premières opérations de la pensée est de comparer les idées; ce qui ne pourrait jamais se faire, si les idées ne se trouvaient pas dans une même partie, indivisible, inséparable.

La conséquence ne paraît pas rigoureuse. La vie est une chose simple s'il en fût, et cependant elle maintient notre corps, le fait ce qu'il est, quoiqu'il soit composé d'une infinité de molécules; la diversité des fonctions du corps n'empêche donc pas l'unité de la vie.

Dire que l'âme est simple, n'éclaire pas le mystère de la pensée; car, comment notre âme, si elle est simple, peut-elle être contenue dans notre corps composé, l'unité dans la variété? De plus, ne pourrait-il pas y avoir des parties spirituelles de l'âme? On admet qu'il y a des différences dans les âmes, depuis la plus petite dans l'échelle des êtres vivants jusqu'à la plus grande, celle de Dieu. Comment l'une est-elle plus grande que l'autre, si elle n'était pour ainsi dire composée de plus de parties spirituelles?

Mais soit, l'âme est simple, grande ou faible, sans parties, sans dimensions ; mais est-ce une raison pour qu'elle ne meure pas ?

On dit que la mort n'arrive que par la séparation des parties, et qu'elle ne saurait atteindre l'âme. La mort des corps est la division ; mais est-elle la mort de l'âme ? Elle n'est pas née par agrégation, elle a une autre naissance, sa mort est aussi différente. Si Dieu ne peut la faire mourir, il n'aurait pu la faire naître ; il peut aussi bien l'un que l'autre.

L'âme est simple, voilà pourquoi elle ne mourra pas ; mais combien de choses simples qui meurent ! Une force de vie maintient dans un tout unique les parties du végétal ; il meurt et il ne reste rien de lui, quoique sa vie fût une chose bien simple.

Jetez les yeux sur les animaux ; leur physionomie, leurs cris, leurs regards ne nous permettent pas de douter qu'eux aussi, comme nous, n'éprouvent de la peine, du plaisir, de la crainte, qu'ils ne connaissent les objets extérieurs, qu'ils ne sentent ; ils revoient les objets qui se sont éloignés d'eux, ils ont de la mémoire. Tour à tour ils sommeillent, ils rêvent. Ils éprouvent aussi des sentiments d'affection les uns pour les autres. Ils ont de la reconnaissance pour le maître qui les soigne, de la colère contre ceux qui les maltraitent. Qui peut éprouver tout cela en eux si ce n'est une chose différente de leurs parties grossières, matérielles, une âme faite pour sentir, souffrir, même connaître et aimer dans un degré infiniment éloigné de nous, une âme faite par conséquent à l'image de la nôtre, simple, spirituelle, comme la nôtre ? Cette conclusion est dure pour nous, même offensante ; nous nous trouvons ravalés par cette comparaison ; mais nous ne croyons pas l'âme des animaux immortelle, parce que rien ne nous y autorise ; nous n'en voyons pas la nécessité.

Destinée de l'homme.

Nous sommes sûrs que nous pouvons être immortels ; dans notre nature intime, métaphysique, nous ne trouvons rien qui nous en rende certains. C'est dans un autre ordre d'idées que nous devons chercher nos titres.

Nous avons vécu au milieu du parfum des fleurs, d'un jardin de délices, nous avons savouré ses fruits ; nous nous sommes enivrés d'amour ; nous voyons une nombreuse postérité se jouer heureuse autour de nous. Nous avons occupé notre esprit des attributs de Dieu, élevé notre cœur vers lui. Nous avons admiré les merveilles de la nature, dont nous avons pénétré quelques secrets, soumis quelques forces. Puis un beau soir d'automne nous nous endormons, nous nous éteignons, sans douleur et sans crainte.

Dieu pourra bien nous réveiller ailleurs ; mais s'il ne le veut pas, il est quitte avec nous, car il nous a donné le bonheur avec la vie, qu'il ne nous devait pas. Nous avons fini, comme finit la plante qui meurt, après avoir donné sa graine à l'air, aux eaux, à la terre, comme l'animal qui revit dans ses descendants. Nous aurions atteint notre but, l'ordre général ne serait pas dérangé. Nous pouvons admirer, remercier l'auteur de toutes choses.

Mais nous nous calomnions ; nous valons mieux que cela, du moins nous avons de plus hautes prétentions. En effet, prenez un homme, entourez-le de toutes les jouissances de la vie, que les arts embellissent sa demeure, que le luxe lui prodigue toutes ses voluptés, qu'une société choisie l'entoure, que près de lui tout respire le bonheur, que la nature soit riante et lui offre les plus magnifiques paysages, que, de plus, il soit vertueux, qu'il éprouve les plus nobles sentiments. Eh bien ! cet homme ne sera pas heureux, vous ne lui aurez donné qu'un paradis terrestre, vous ne l'aurez mis que dans les Champs Élysées païens ; il lui faut mieux que cela. Les plaisirs que vous lui offrez n'ont qu'un temps, il en voit la fin avec inquiétude ; cette idée le trouble dans toutes ses jouissances ; il ne veut pas d'une chose qui passe. Vous le mettez à même de connaître, d'instruire son esprit ; mais quelles vérités peut-il atteindre? Il ne voit rien que d'incomplet, et il voudrait la vérité pleine et entière. Vous lui présentez des objets d'affection, mais ils ne peuvent assouvir son besoin d'aimer ; les uns sont grossiers, il s'en dégoûte ; les autres périssables, et il souffre de s'en détacher ; il voudrait un amour qui durât toujours. Il ne veut que ce qui ne passe pas, que ce qui n'est pas borné ; il aspire à l'infini.

Ce n'est pas lui qui s'est donné cette ambition ; il l'a trouvée dans son cœur, où Dieu l'a déposée. Ce Dieu lui doit donc de la satisfaire un jour, de lui donner l'objet de ses vœux, l'infini lui-même.

Mais sommes-nous bien sûrs que nous n'élevons pas trop haut nos pensées? Nous avons ici-bas des désirs étranges, extraordinaires. Nous voudrions que la fortune sourît à nos vœux les plus ambitieux ; et lorsque notre attente est trompée, nous jugeons souvent que nous n'avons à nous en prendre à personne. De même, ne faisons-nous jamais des châteaux en Espagne pour l'autre monde? Ne nous réveillerons-nous jamais qu'hommes mortels comme avant? Non. Nos désirs peuvent nous exagérer peut-être ce que nous serons, nous donner des illusions de bonheur, de grandeur ; mais nous ne serons pas trompés. Notre imagination nous a tenus

sur nos gardes, nous a élevés au-dessus d'ici-bas.
C'est un désir, une prescience qui vient de Dieu,
et qu'il réalisera à sa guise et dans son temps.

Du mal.

Nous avons fait un grand pas vers notre but. Nous
savons que l'immortalité est possible ; nous avons
entrevu qu'elle est probable ; maintenant elle va
devenir certaine, car elle est juste ; nous ne l'avions
pas trouvée dans le bonheur, le malheur va nous
la donner.

Il y a des moments où je me trouve assez heureux ; lorsque les jours coulent doucement, je serais tout disposé à demander que le moment présent durât toujours. Mais bientôt viennent les soucis de la vie, les inquiétudes de fortune, d'entreprises, les dettes, vrais cauchemars, la mobilité des idées et des projets, la colère de n'être rien, de ne pouvoir rien faire ; alors une mélancolie indéfinissable se répand sur ma vie et me rend au sentiment du malheur. Quand la maladie vient me saisir, qu'elle tourmente mes proches, que je les vois souffrir sans pouvoir les soulager, je vois bien que tout n'est pas rose ici-bas, que le bien et le mal sont mélangés. Je me désespère ; je ne sais à qui m'en prendre. Je ne vois à qui attribuer mes souffrances, mon malheur. Je n'ose lever les regards vers Dieu. Dans la création, il a été bien facile de le regarder comme l'auteur de tout bien, de toute beauté; mais comment le mal, la laideur ont-ils pu sortir de lui? Il est parfait; son œuvre devrait lui ressembler, ne pas l'égaler sans doute, mais former au moins un tout harmonieux; et surtout elle ne devrait pas être en proie à la douleur; c'est lui faire payer bien cher le bienfait de l'existence.

On a dit que l'être créé ne peut être parfait, qu'il est limité dans le temps et dans l'espace, que le malheur, le mal, n'est qu'un bonheur moindre, une limite, que ce n'est rien en lui-même, qu'il n'existe pas, qu'il n'est pas une substance, et n'est quelque chose que dans notre imagination; il est seulement la privation d'un état meilleur. Oh! que j'abandonne volontiers tout idéal, plus grand, plus beau! Je ne demande pas que ma main s'étende où vont mes yeux; je ne veux pas des sens plus nombreux, meilleurs, une pensée plus pénétrante dans les mystères des choses; je ne désire même pas des siècles au lieu des jours que j'ai à vivre. Je ne me plains même pas de la mort, si tout ce qui naît doit finir; mais je me révolte contre le mal, la douleur. J'ai beau me raisonner, me tourner de tout côté, le mal est le mal, la douleur est bien la douleur. C'est quelque chose de positif, de réel, ce n'est pas seulement une privation. Le cri, que la souffrance m'arrache, tout être vivant le pousse avec moi. Il retentit dans la nuit des âges et de l'histoire, parmi tout ce qui a vie. On insiste.

Dieu nous a donné des organes délicats qui devaient nous faire éprouver des impressions de plaisir, mais qui devaient aussi nous faire éprouver des sensations douloureuses. Il ne pouvait pas nous mettre dans du duvet, éloigner de nous toute atteinte ; nous marchons, c'est à nous d'éviter la pierre qui nous fait broncher. Nous savourons un mets délicat, c'est à nous de prendre garde qu'il ne contienne pas un suc vénéneux. La douleur est là pour nous avertir, nous enseigner.

Je le veux ; mais ne pouvions-nous pas nous passer de cette terrible maîtresse? Dieu ne pouvait-il pas nous instruire d'une autre manière? Nos sens ne pouvaient-ils pas être disposés seulement pour le plaisir? Si la douleur nous avertit d'éviter quelques dangers, bien souvent elle nous arrive sans raison ; nous souffrons pour souffrir, sans utilité ; elle ne fait que nous faire perdre jusqu'au souvenir du bonheur que nous avons eu.

Du mal physique.

Le mal nous prend par notre double nature, par notre âme et par notre corps. Les animaux partagent avec nous le mal physique, toutefois à un moindre degré. Le mal présent les frappe, mais ils ne le prévoient pas, ne s'en tourmentent pas ;

cependant il est très réel. Ils ont leur part de souffrance. Le nombreux cortège des maladies viennent fondre sur eux; les pestes, les intempéries des saisons en détruisent une grande partie avec douleur; peu s'éteignent de vieillesse et doucement. Pour ceux-ci, la mort n'est rien; mais ceux qui meurent sous la dent du tigre, dans les serres du vautour, qui sont la proie de tous ces meurtriers qui peuplent les airs, la terre et les mers ont une bien dure agonie. Parmi ceux que l'homme a soumis à sa domination, que de mauvais traitements ont rendu leurs jours pénibles, l'heure dernière amère! Il est nécessaire que les animaux périssent, que même ils se dévorent entre eux. Le monde ne serait pas assez grand pour fournir une place à l'étonnante fécondité de certaines espèces; mais pourquoi le passage de la vie à la mort ne se ferait-il pas sans douleur? Pourquoi leur vie ne s'évaporerait-elle pas sans secousse, comme le son qui meurt dans l'air? Sous tout ce qui arrive à l'homme, nous pouvons soupçonner quelque chose; mais pour les animaux qui n'ont que l'heure présente, pourquoi les faire souffrir? Dans quel but, pour quel résultat?

Ne demandons pas à Dieu l'explication de ce mystère; nous avons assez d'expliquer le mal qui nous touche.

Il nous vient de tous côtés, de là précisément d'où nous arrive le plaisir. Une douce harmonie nous ravit; un éclat de tonnerre vient nous étourdir, nous rendre sourd. La lumière nous éclaire et nous aveugle. Nous goûtons un mets délicieux, un poison mortel est caché dedans. La main caresse les contours gracieux d'une statue dont la chute nous écrase. Tout nous est piège ; tout se change en ennemi un jour ou l'autre.

Dans nous-mêmes le sang, les humeurs, les nerfs qui nous vivifient se corrompent, s'altèrent sous l'influence d'un vice caché de notre organisation, quelquefois héréditaire. Notre âme languit, s'affaisse sous la maladie, est livrée aux plus atroces douleurs, qui cessent parfois ; mais elles reviennent et ne lâchent leur proie que lorsqu'elles l'ont conduite au tombeau. La maladie nous arrive aussi du dehors, portée sur l'aile des vents, cachée dans l'eau, répandue sur la terre, dans l'air, engendrée par des germes inconnus. Elle se développe à son heure, tantôt par notre imprudence, notre faute ou malgré toutes nos précautions. Elle affecte toutes les formes ; elle attaque les hommes un à un, ou les fait périr par millions. Elle choisit une contrée pour y faire ses ravages. Elle se communique de proche en proche ; le père la donne à l'enfant, celui-ci à la mère, et toujours la douleur est sa compagne assidue. Elle nous fait éprouver tour à tour toutes ses nuances, ce n'est qu'un malaise, une lassitude, un ennui, ou bien c'est une souffrance déchirante. Elle ne dure qu'un instant ou elle ne laisse aucun relâche pendant des années. Toujours elle est suspendue sur notre tête ; si nous voulions écouter nos pressentiments, elle nous accablerait presque autant par la crainte de son arrivée que par sa présence.

Mais c'est surtout le résultat où elle doit aboutir tôt ou tard qui nous effraye. La mort par elle-même n'est rien ; ce n'est qu'un point indistinct de la maladie, une fin. Nous avons vu, dès nos plus jeunes ans, tous les êtres vivants redouter cet instant fatal ; les plus fermes pâlissent, à moins qu'ils ne soient hors d'eux-mêmes, qu'ils ne se connaissent presque plus. Ce n'est pas étonnant : nous arrivons vers un inconnu ; il fait noir de l'autre côté de la vie, et comme aux enfants, l'obscurité nous fait peur.

Mais ce n'est pas assez de la mort, et des maladies arrivant régulièrement à des termes, que nous savons n'être jamais bien longs ; ce n'est pas assez des pestes s'ajoutant par intervalles à nos misères ; il y a encore les grandes révolutions de la nature, qui par périodes viennent saisir tout ce qui vit pour le briser et l'éteindre au milieu des bouleversements, de la souffrance et de l'effroi. Nous sommes dans un moment de calme, des siècles s'écouleront peut-être ainsi. Pour nous tenir avertis, la tempête gronde, l'éclair sillonne la nue et pulvérise ce qu'il touche, la mer soulève ses vagues menaçantes. Et puis, pour que nous ne nous endormions pas dans une vaine sécurité, pour que la race humaine ne compte pas trop sur l'infini, on entend la terre gronder et trembler ; on voit les volcans lancer les feux menaçants qui bouillonnent sous nos pieds ; les fonds de la mer se soulèvent lentement et nous montrent que notre planète est toujours en voie de formation, que les montagnes et les vallées de la mer pourraient bien remettre leurs abîmes à la face du soleil, et la mer visiter nos terres, nos royaumes et nos monuments. Enfin, pour comble de menace, on trouve dans les cieux les débris d'un monde détruit, errant dans l'espace, se laissant apercevoir aux regards surpris des savants, pour nous tenir dans un respectueux tremblement. Mais ces signes de la fin des choses ne sont pas pour aujourd'hui ; nous pouvons bien fermer les yeux sur un mal éloigné, réservé aux races futures. Gardons nos craintes pour les tourments de la maladie, qui viendront bientôt peut-être, et pour la mort, qui nous attend positivement. Comment Dieu prend-il plaisir à nous faire souffrir et à nous effrayer? Trouvons un but à nos souffrances, une consolation ; tâchons de découvrir des raisons qui nous rassurent et justifient notre Créateur.

Du mal métaphysique.

L'animal né dans la forêt ou le désert, d'un père libre, vient avec toute la beauté de sa race ; l'œil a de la difficulté à les distinguer des autres individus de même espèce. Il n'en est pas ainsi parmi les enfants des hommes. Les uns ont des traits réguliers, une attitude élevée ; ils portent avec dignité la forme humaine, ils s'attirent de la part de leur semblable une espèce d'adoration ; mais cela est rare, n'appartient qu'à un certain âge, et ne se change pas toujours dans la vieillesse en aspect respectable. Les autres, au contraire, passent par tous les degrés ; leurs traits s'altèrent, deviennent insignifiants ou comiques, ils portent parfois quelque chose de repoussant, certains même font horreur. Dans les premiers, il doit y avoir un contentement bien légitime sans doute ; dans les autres, un malaise, un mécontentement, un sentiment d'envie contre les privilégiés, un sourd murmure contre la nature qui les a traités en marâtre. La nature ne se borne pas toujours à déformer le corps ; elle ne donne pas à tous un corps complet, bien fait, pourvu de tous les sens. Les déshérités doivent être privés d'une partie des pensées des autres hommes : l'aveugle n'a aucune notion de tout ce qui vient des couleurs ; le sourd ignore tous les charmes de la parole et de la musique. Non seulement ceux-ci supportent une privation de jouissance, mais une diminution de vie, d'intelligence. Ceux qui n'ont pas été si maltraités, qui ne sont privés que d'instruments accessoires, qui ne les ont que dérangés, conservent une tournure d'esprit particulière que tout le monde a remarquée. Cependant, dans ces corps mal faits ou incomplètement façonnés, il y a souvent une belle âme, quelquefois plus noble, plus généreuse que celle de quelques belles statues. Ce qui est bien autrement malheureux pour l'espèce humaine, c'est de voir cette âme, quelque chose de si précieux, soit par un vice de conformation du corps, soit par quelque vice interne, soit par quelque accident, s'affaiblir, s'obscurcir, ne laisser plus même à l'homme le sentiment de son malheur ; il ne conserve que sa face humaine, dessous est un animal à peine guidé par l'instinct.

Tous ces malheurs de laideur, de difformité, de stupidité ne sont pas une souffrance par eux-mêmes ; on peut très bien se porter avec cela ; mais ils rendent la victime à plaindre par la comparaison avec les autres hommes ; et ceux-ci souffrent aussi par sympathie, et par un retour sur eux-mêmes, en voyant où l'homme peut tomber.

Le tourment de l'infériorité n'a pas lieu seulement d'individu à individu, il existe encore de race à race. En vain, l'on dira que le nègre n'a pas à se préoccuper des nations plus favorisées, il sait qu'elles existent, il a été aux prises avec elles et connaît ce qu'il lui en a coûté. Ce malheur était inévitable, car les races ne sont pas faites pour vivre éloignées les unes des autres, mais pour se mélanger. Qu'on ne dise pas non plus qu'il n'y a pas d'idée de beauté absolue ; un homme laid saura très bien juger ceux qui sont beaux. Le Lapon, le Zélandais, même beau chez lui, se reconnaîtra inférieur sous ce rapport à l'Européen.

En regardant l'homme de son beau côté, il est sublime; de l'autre il l'est bien peu. Il nous inspire à nous-mêmes de la pitié; et aussi, il est quelquefois dans ses traits, dans sa tournure d'esprit si comique qu'il nous fait rire. Si Dieu n'était pas un Dieu sérieux, qui cache sous des apparences trompeuses un grand but, on pourrait dire qu'il a voulu s'amuser en créant une certaine partie de l'espèce humaine; mais il nous consolera un jour des infirmités qui nous humilient maintenant.

Du mal moral.

Nous n'avons pas assez des infirmités, des maladies, de la mort, maux qui sont étrangers à notre volonté et qui nous viennent du dehors; nous avons voulu nous donner un mal qui fût de nous, qui vînt de nous, notre propre œuvre, un mal, le seul vrai : le péché, le crime.

Le péché n'est qu'un nom : c'est une injure que nous jetons à l'action qui ne nous convient pas, qui nous déplaît ou nous nuit. Nous n'avons pas à nous plaindre de l'agent, il a été entraîné par une force invincible. L'homme vole, tue, viole, le singe assouvit sa lubricité, le tigre dévore sa proie, la terre tourne autour du soleil; ils obéissent également aux lois de leur nature, et ces lois, la nécessité oblige de les suivre. C'est là l'idée qui a mis chez les païens le Destin au-dessus des dieux mêmes; Mahomet en a fait la Fatalité de ses sectateurs; Luther l'a donnée, dans sa réforme, pour mère à la Liberté. Ils se trompent tous: nous ne sommes pas forcés de faire ce que nous faisons. Il y a sans doute une infinité de circonstances où nous agissons sans réflexion, par instinct, sans faire attention; mais nous sentons aussi que nous voulons. Nous résistons aussi à la force qui nous pousse malgré nous; si elle vient à cesser, nous reprenons notre marche, nous revenons sur nos pas, à notre volonté première; si alors rien ne nous fait obstacle, nous sentons que nous sommes maîtres de nous-mêmes, que nous pouvons lever le bras ou le baisser, nous lever ou marcher, en un mot, que nous sommes toujours libres dans nos déterminations, souvent dans nos actions.

On chicane ici, et l'on dit: quand vous avez agi machinalement, alors il est évident que vous n'étiez pas libre; mais après avoir bien réfléchi, après avoir pesé le pour et le contre, vous n'étiez pas plus en possession de votre liberté, vous avez été déterminé par un motif, une raison, et c'est ce qui a entraîné nécessairement votre volonté.

Non, il n'y a pas eu nécessité dans notre détermination. Nous avons vu ce qu'il fallait faire, et nous avons suivi notre raison sciemment, avec intention. Quelque insistance que l'on puisse faire là-dessus, nous savons de science certaine, de par notre conscience, que nous avons voulu avec choix, préférence, liberté.

Il y a, j'en conviens, une espèce de nécessité qui s'impose à notre volonté. Nous existons, et il ne dépend pas de nous de vouloir rendre notre existence heureuse. On ne se tue pas parce qu'on est heureux, au contraire; mais, où s'exerce notre volonté, c'est dans le choix des voies et moyens d'arriver au bonheur. Là s'ouvrent devant nous deux carrières, l'une du présent, de la passion, du mal; l'autre de l'avenir, de la raison, du bien. C'est à nous de bien choisir, et nous savons quand nous le faisons.

La volonté a tous les degrés d'énergie, pour le bien comme pour le mal. Il y en a qui se sentent doucement portés vers les actions honnêtes, qui n'ont qu'à suivre leur penchant. D'autres sont embrasés de tous les feux de passions qui veulent se satisfaire; ils résistent, ils sont vertueux avec violence.

Le méchant commettra le crime par imitation, laisser-aller, presque avec indifférence; ou bien, il le voudra, il le poursuivra avec passion, avec une volonté de fer; il sera plus que méchant. Il y a des degrés, des nuances dans le vice et la vertu. Le même but, le bonheur, conduit les hommes. Les bons et les mauvais semblent parfois se rapprocher; mais ils ont au dedans d'eux-mêmes un juge qui sait toujours faire la différence.

L'homme qui a fait quelque chose de bien sait

qu'il a résisté à une passion, à un penchant, qu'il a aidé à une bonne disposition de sa nature, qu'il pouvait faire autrement avec moins d'efforts de sa part ; il sent qu'il a mérité qu'il lui soit tenu compte du bon usage de sa liberté.

Un crime a été commis, le criminel ne se fait pas illusion, il pouvait retenir la main qui a frappé, il connaît son tort ; il s'avoue à lui-même qu'un mal doit résulter pour lui de son action.

L'un a la satisfaction d'avoir fait son devoir, sa conscience est tranquille ; l'autre a le remords qui le poursuit tout éveillé pour lui ronger le sein ; mais cela ne saurait suffire.

La couronne que l'on donne au poète, la croix décernée au guerrier, les applaudissements dont on accompagne l'acteur, les cris d'enthousiasme dont on poursuit quelques grands de la terre ont souvent donné plus de plaisir à tous ces hommes que la satisfaction qu'ils ont trouvée dans quelque bonne action. Ce plaisir, d'ailleurs, est passager comme tout le reste, on l'oublie, et il ne suffit pas toujours à couvrir l'amertume qui nous est arrivée des privations imposées pour le bien. La bienveillance du monde, son admiration, nous est un dédommagement ; mais le public ne peut entrer dans le fond de l'âme, il est juge faillible ; il n'y a que ce qui est éclatant dans la vertu qu'il puisse voir ; comme aussi il n'écrase de son mépris, de son indignation, que le vice qui devient trop grossier, trop à découvert. Le vice recouvert de politesse lui échappe. Il ne voit pas non plus celui qui tue dans la nuit et l'impunité. Celui-ci est livré seulement à sa propre conscience; mais il en est du remords comme des autres choses humaines, il s'affaiblit, meurt avec le temps.

Une âme pure est sans doute un bon oreiller pour s'endormir dans la mort. Lorsque celle-ci saisit le criminel tout chaud de son crime, elle doit lui apparaître terrible; mais, s'il a le temps devant lui, il arrange son iniquité, pour peu qu'elle lui réussisse, il tâchera de s'en faire une vertu. L'homme bon et le méchant seront à peu près égaux; la récompense que l'un a trouvée dans sa conscience, la punition qui aura tourmenté l'autre auront été bien légères. Est-il tolérable que les choses se passent ainsi? Non. Il faut quelque chose de plus sérieux. On se contente de se dire que l'on a fait son devoir, c'est bien, c'est généreux. Mais cette comparaison avec le méchant est navrante; notre cœur se révolte; cela n'est pas juste. Il faut qu'il en soit autrement, que la proportion se rétablisse, que justice se fasse.

C'est ce qui a lieu quelquefois par la main des hommes. Ils ont des prisons, des supplices, des bourreaux, l'homme mauvais est effrayé par leur aspect; s'il tombe entre les mains de la société, il est châtié, et rudement parfois. Le malheur veut que l'innocent paye aussi pour le coupable, et celui-ci échappe souvent. La justice de l'homme ne peut saisir que ce qui lui tombe sous les sens, que ce qui trouble l'ordre matériel ; ce qu'il y a de plus criminel dans l'homme, l'intention, lui échappe ; puis, il y a une infinité de vices, de misères sur lesquelles elle est obligée de fermer les yeux et qui cependant peuvent dégrader l'âme humaine plus que certains crimes. Elle est donc impuissante à remettre complètement les choses à leur place.

Les excès auxquels se livrent les hommes vicieux ruinent leur santé ; puis arrivent le cortège des souffrances ; ils payent cher leurs passions. Mais tel débauché, adultère, traverse tous les mauvais pas sain et sauf et compte des années plus douces, plus nombreuses que tel sage souffreteux, goutteux, en proie à tous les tourments que la nature seule peut infliger. L'un et l'autre, innocent et coupable, font même fin ; il faut qu'ils passent par les angoisses de la mort. Ni la mort, ni la douleur ne sont le signe, la démarcation du bon et du méchant. A quoi servent-elles donc ? A nous faire lever les yeux au ciel, à nous empêcher de trop nous appesantir ici-bas ; elles nous sont un aiguillon pour nous perfectionner. N'y avait-il pas d'autre moyen de nous élever, que de nous envoyer la douleur, qui est souvent une pierre d'achoppement pour le sage même ? La douleur est une terrible nécessité pour l'homme comme pour la bête ; pour l'homme, qui peut y trouver quelque mérite, pour la bête, qui n'est responsable de rien, pour l'homme de génie et l'imbécile, pour l'innocent et le coupable. Cette sombre pensée a jeté dans bien des âmes la croyance à un dieu du mal, à un démon qui tourmente l'humanité, et elle a fait élever des autels pour y offrir des sacrifices humains. Les misères de l'homme, ses infirmités, ses déceptions, ses espérances si hautes, si tôt déçues, la forme comique et ridicule qu'offrent souvent ses malheurs, ont fait inventer le satan au rire moqueur et convulsif.

Mais la Providence veille. Le mensonge, l'oppression, l'iniquité, disparaîtront successivement du milieu des nations; ceux qui commettent l'injustice seront balayés de dessus la terre. En attendant, le juste souffre, il supporte la tyrannie, il éprouve comme les autres hommes les déboires de ses espérances déçues, de ses projets évanouis, de sa position de famille, de sa fortune bouleversée. Sans doute, il n'est point rongé par le remords, et c'est beaucoup; mais ce n'est rien, ce semble, en comparaison des souffrances que nous imposent les revers, la perte de nos biens; et combien la mort d'êtres chers à notre cœur est plus poignante et plus vive! Ah! qu'il en faudrait peu pour égaler notre souffrance au remords des criminels ordinaires! Avec la patience, parfois le bon prospère, cela s'est vu. Après des malheurs, il peut aussi revenir à une vie douce. Job sort de son fumier plus riche, entouré d'une plus belle famille; mais ce n'est pas une loi invariable. Le bien n'a pas toujours et partout sa récompense ici-bas. Ce qui est encore plus révoltant, c'est le triomphe du méchant. Les méchants se sont armés, ont ajouté le fléau des guerres aux autres fléaux, les justes ont souffert de leurs débats, et l'injustice a souvent remporté la victoire.

L'iniquité est un mets souvent mortel à celui qui le mange; d'autres n'y trouvent qu'un aliment d'un jour. Souvent le méchant a une vie douce, calme ; il prospère, il s'élève au-dessus des autres, mais je n'ai fait que passer et il n'était plus. Nous en connaissons dans l'histoire, de ces chutes fameuses. Moins en grand, nous en avons tous les jours sous nos yeux. Mais que de fois il n'en arrive pas ainsi ! Le méchant est accueilli par la prospérité au sortir de son crime; elle lui tend la main toute sa vie, et à sa mort elle l'ensevelit dans ses joies. Ces méchants heureux ne cachent pas dans l'obscurité leur félicité de mauvais aloi ; ils en font parade, ici dans une chaumière, là-bas sur le trône, pendant que le juste meurt sur son grabat ou sur sa croix. Cela a lieu, afin que l'injustice devienne si énorme qu'elle ne laisse personne de sang-froid, qu'elle force les hommes à s'en tourmenter et à rechercher si cela peut durer toujours. L'impunité ne peut avoir qu'un temps, par delà la tombe chacun sera traité selon ses mérites. Voilà la conclusion que j'en ai tirée pour ma part, et l'humanité entière avait déjà fait comme moi. Si cela n'était pas ainsi, si nous mourions tout entiers après ces monstruosités, nous pourrions nous écrier qu'il n'y a pas de Dieu, ou que celui qui est, est le Dieu du mal!

Le mal, le crime et leur prospérité ont eu cela de bon qu'ils nous rendent certains de notre immortalité. Ces souffrances ne nous ont donc pas coûté trop cher. Nous vivrons pour voir le juste récompensé. De quelle manière? Nous l'ignorons.

Quels qu'ils soient, nos mérites sont petits. Dieu peut bien les récompenser d'une manière infinie. Il nous a créés petits, infirmes; il pouvait nous créer grands en science, en pouvoir. En nous donnant cette infinie récompense, ce sera comme une création nouvelle, toute gratuite. Il dépassera nos vœux les plus ambitieux, les plus démesurés; mais rien ne dit à notre raison que cela soit ainsi. Elle ne demande qu'une justice proportionnée; or elle peut bien se faire pas à pas en nous donnant des vies successives où nous mériterons une vie toujours meilleure, plus intelligente, plus grande, plus épurée. Dieu n'est pas embarrassé pour notre demeure; il y a devant nous l'infinité des mondes.

Le juste tient ce qui lui est dû, mais le pécheur ne peut partager sa récompense. Qu'allons-nous en faire, afin que justice se fasse? Hé bien! qu'il ne soit plus. C'est tout ce qu'on doit demander. Qu'il soit loin de moi, que son impunité ne me contriste pas! Mais cela ne serait peut-être pas toujours pour lui une punition suffisante; il se la donne quelquefois à lui-même, non pour se punir, mais pour se reposer. Qu'il souffre donc à son tour comme il l'a mérité, longtemps sans doute, et toujours aussi. Non. Ne portons pas cette terrible sentence. C'est notre frère, nous sommes près de lui ; il s'en faut peut-être de bien peu que nous n'ayons fait le mal ; ne nous condamnons pas nous-mêmes.

Mais, pensera-t-on, Dieu a été offensé, il est d'une grandeur infinie, l'offense est donc infinie aussi. La peine qu'elle attire doit donc être infinie, éternelle. Non. Nous ne pouvons pas être infinis, même en mal, vers de terre que nous sommes. Nous nous révoltons, nous blasphémons ; l'injure ne s'élève pas plus haut que nous, elle retombe impuissante, ne faisant mal qu'à nous-mêmes.

Vous voulez que le malheur du méchant soit éternel, mais c'est embarrasser gratuitement notre esprit d'une nouvelle difficulté sur la bonté de Dieu.

Il est tout-puissant. Il savait dès le premier jour de notre naissance ce que nous ferions de notre liberté ; nous ne savons comment concilier cette faculté qu'il nous a donnée, avec sa volonté. Comment pouvons-nous lutter contre lui, qui ne veut que le bien ? Il le permet cependant, mais il sait ce que nous ferons. Il nous voit avant que nous soyons cruels, injustes, tombant sous son foudre vengeur, souffrant éternellement, éternellement malheureux. Comment alors a-t-il eu le cœur de nous donner la vie, et le malheur pour surcroît ! Ses entrailles de père ne se sont donc pas émues !

Nous pourrions si bien nous passer de la vie, et lui si bien se passer de nous ! Sa bonté nous est un garant qu'il n'en sera pas ainsi. Il nous a donné la vie pour notre bonheur. Une réflexion bien simple va nous en rendre certains.

Nous commettons une mauvaise action ; il n'est pas rare de nous voir nous en targuer, mais que la passion qui nous l'avait dictée passe, que nous rentrions dans notre bon sens, que nous regrettions d'avoir mal fait, que nous voulions l'anéantir, la réparer, que notre conduite réponde à notre bonne résolution, les hommes nous pardonneraient quelquefois, et nous sommes certains, dans notre conscience, que Dieu le fera toujours. Les plus grands criminels, les pécheurs les plus endurcis, lorsque la passion qui faisait leur force dans le mal, la mise en scène qui les y soutenait ne sont plus, qu'ils voient venir la mort à pas lents, mais sûrs, ils éprouvent la crainte, le remords, le repentir. Bien peu dont le courage ne faiblisse à cette menace. Que sera-ce donc lorsqu'ils seront châtiés par la justice divine infaillible, invincible, incessante ! Ils plieront le genou comme le plus faible de nous, ils se repentiront, ils demanderont pardon, et l'obtiendront avec le temps et la persévérance.

Nous voici donc arrivés à notre but ; nous avons trouvé la raison de la douleur, du péché dans la vie à venir.

Cependant le mal, l'injustice, la douleur, sont

choses sûres, certaines, que notre âme voit, touche, auxquelles elle ne peut pas ne pas s'abandonner ; mais la justice, l'immortalité, le bonheur, sont choses qu'on attend, qu'on espère ; il faut quelque force d'âme pour s'y maintenir malgré tout ce qui tend à l'injustice. Lorsque la mort arrive après ces grandes iniquités invengées, ces défis de l'histoire au bon sens, à la raison, ne craint-on pas de trouver au delà, derrière, pour se moquer, un Satan ironique, tenant la place d'un Dieu vengeur? Ne se prend-on pas par moments à désirer que tout soit fini à la mort ?

Cet homme est mort comme meurent les bêtes ; voilà son cadavre qui va se décomposer, rendre chacun de ses éléments à la terre, à l'air, à la nature. Rien ne vit plus, tout s'est évanoui, tout est mort. Non. C'est un père à cheveux blancs, dont le dernier cri, dans les angoisses de la mort, a été un appel à son fils ; c'est une mère qui, dans son dernier regard, dans ses dernières étreintes, cherchait à se rattacher à nous ! Non, ils ne sont pas morts. Je le sens, ils vivent au plus profond de mon cœur, et ce sentiment ne peut avoir le néant pour objet. Nous revivrons tous ; notre âme est pleine d'espoir dans l'immortalité, et elle ne sera pas trompée !

En me repliant sur moi-même, en laissant de côté tout ce qui m'était venu du dehors, de l'étude, de la science, ne consultant qu'une raison ordinaire, commune, j'y ai trouvé l'idée d'un Dieu juste, punissant et récompensant les actions d'un être libre, dans le moment présent et dans une autre vie. Ma foi a été celle de tous les siècles, tenons-nous-y.

Mais la vérité ne saurait demander trop de recherches. Il y a eu dans tous les temps et dans tous les pays des hommes d'élite qui ont approfondi les mystères que nous venons d'effleurer ; allons à leur école, ils éclaireront sans doute ce que nous n'avons fait qu'entrevoir.

Philosophie.

Avant d'entrer dans le sanctuaire de la philosophie, arrêtons-nous un instant devant les grands monuments que l'esprit de l'homme a élevés dans toutes les branches des connaissances humaines.

Poésie. — Les grands poètes ont quelque chose de divin. Ils apparaissent de loin en loin, à l'entrée de toutes les révolutions d'idées, pour leur donner un corps, une forme, pour les chanter. Ils semblent inspirés d'en haut; leur imagination embellit tout ce qu'elle touche ; ils nous peignent les beautés de la nature avec un charme infini ; ils nous transportent dans des pays lointains, délicieux; nous montrent plus belles, plus terribles que nous ne les avons jamais vues, l'immensité de la mer, la sublimité des cieux, la diversité de la terre. Ils savent aussi entrer dans le cœur de l'homme, révéler ses pensées les plus secrètes, nous retracer les catastrophes les plus terribles et les plus grandioses, nous faire assister au spectacle le plus émouvant de nos passions ; et pour cela, ils trouvent des accents graves et pathétiques. Ils ont des chants sublimes pour nous parler de Dieu, de sa grandeur, de sa puissance. Dans toutes leurs œuvres ils voient de haut, plongent profond, idéalisent, embellissent, exagèrent tout, excepté la beauté divine, que l'homme ne peut jamais atteindre. Mais enfin, qu'ont-ils découvert? Rien. Ils ont été les sublimes interprètes des mortels ; ils ont dit en termes magnifiques nos espérances, nos désirs, nos misères, nos craintes et nos doutes. Ils ont même souvent été plus grands pour chanter le génie du mal, que le Dieu du bien ; tant la plainte est naturelle au cœur et à la pensée de l'homme !

Histoire. — Les historiens nous racontent la vie, les malheurs, les vertus de la race humaine. Ils nous montrent les nations se précipitant les unes sur les autres, le fer et la flamme à la main, s'élevant tour à tour les unes sur les autres, ou s'abaissant et disparaissant. Nous avons souvent bien de la peine à démêler dans leur récit les vues de la Providence. Il leur est difficile, pour aussi pénétrants qu'ils soient, de deviner le fond des choses. Ils nous diront bien qu'une nation ne périt que parce qu'elle l'a mérité, que la mort pour elle est le châtiment de sa mauvaise organisation ou de ses crimes. Mais des peuples ont été anéantis, absorbés par d'autres qui ne valaient pas mieux. Quel droit avait Rome à la conquête du monde ? Elle était mieux organisée, plus exercée pour la guerre ; valait-elle mieux que les autres nations voisines ? Nos Francs sortant des forêts de la Germanie avaient-ils des idées meilleures, des mœurs plus pures que nos Gaulois ? De toutes ces chutes d'empires, la Providence fera sortir sans doute l'amélioration, la perfectibilité des nations ? Ne pouvait-il pas en être autrement ? N'y avait-il pas d'autres moyens que ces sacrifices sanglants ? L'histoire nous montre pour l'humanité tout entière, comme pour un seul homme, que la Providence a besoin d'être justifiée par une autre vie.

Mathématiques. — Les mathématiciens regardent le monde du haut de leurs abstractions. Ils ne cherchent ni la nature, ni la cause des atomes ; ils ne sont là que pour les compter, les mesurer. Ils sont arrivés à des résultats admirables. Ils ont deviné, calculé les lois qui tiennent les mondes en équilibre et qui les font marcher. Ces vérités, toutes belles qu'elles soient, sont grossières, car elles dérivent de deux et deux font quatre. Elles ne nous apprennent rien de nouveau sur Dieu et sur notre âme ; voilà ce que les savants n'ont pas encore soumis à leur algèbre et à leurs calculs.

Physiologie. — D'autres ont étudié la nature avec ordre, expérience, la main et les yeux sur les faits. Ils ont trouvé les lois, les propriétés de la matière. Ils l'ont décomposée dans ses parties les plus intimes. Ils ont examiné, pesé, mesuré, analysé les atomes. Ils ont recherché tous les êtres qui ont vie, les ont comptés, classés, après les avoir comparés, avoir étudié leurs mœurs, leurs habitudes, leurs séjours. Enfin, ils sont parvenus à connaître la manière dont ils vivent dans leur individualité si différente des corps inertes. C'est à ces savants que nous devons nous adresser pour connaître ce que nous cherchons de la nature de l'homme. Leur étude est celle qui nous touche de plus près.

Ils ont vu la graine détachée de la plante et le germe sorti de l'animal grandir, se développer, attirer à eux les corps étrangers et reproduire les êtres dont ils venaient. Ils les ont suivis dans leurs métamorphoses; ils ont vu leurs organes se former dans leur ordre d'importance. Mais ils n'ont pas su deviner encore quelle était la force qui donnait le mouvement, l'impulsion à tous ces changements. Ces êtres, ils les ont analysés, disséqués, étudiés dans toutes leurs parties, le fer et le microscope à la main. Ils ont vu la plante élever ses branches dans l'air, plonger ses racines dans la terre pour y chercher sa nourriture; ils ont trouvé par quels canaux la sève distribuait cette nourriture. Ils savent, lorsque l'animal prend les aliments nécessaires pour croître et se maintenir, quels organes les décomposent ; ils savent aussi comment le sang s'empare de ce qui est utile pour le charrier dans tout le corps, présente à chaque partie ce qui lui est nécessaire pour se former, prend les vieilles parties pour les remplacer par de nouvelles. Mais la puissance qui fait ainsi d'atomes inertes une chair vivante, ils l'ignorent. Ils ont parcouru cependant tous les replis, tous les circuits des nerfs ; ils ont appris que, développés, ramifiés dans l'animal, ils reçoivent les impressions des organes les uns sur les autres, ou des corps étrangers, et qu'ils les transmettent au cerveau. Comment cela se fait-il ? Que se passe-t-il dans cet organe pour faire de ces impressions, des sentiments, des idées ? Ils ne peuvent pénétrer ce mystère. Dans toutes les dissections de cadavres, ils ne trouveront pas non plus ce qui fait la différence de l'être sentant à l'être intelligent.

Des faits remarquables, bizarres, semblaient devoir conduire à l'explication des songes, du sommeil, nous mettre en mesure d'apprendre quelque chose de nouveau sur l'âme ; mais, le charlatanisme s'en étant emparé, il est devenu difficile de distinguer la vérité au milieu d'assertions diverses.

Quoi qu'il en soit, les physiologistes ne nous apprennent rien de ce que nous voulons savoir. Malheureusement, bon nombre d'entre eux inclinent au matérialisme, en attribuant tout à l'organisme. De quelque manière qu'ils s'y prennent, ils pourront bien trouver dans le jeu des organes l'occasion, mais non la cause de ce qui pense et sent en nous. Adressons-nous à d'autres. Venons à la philosophie.

Définition de la philosophie.

Les représentants de la philosophie ont eu des physionomies et des noms divers, suivant les temps et les lieux. Leur fortune et celle de leurs doctrines ont été diverses aussi. Tantôt ils ont été respectés, exaltés, législateurs des hommes, tantôt bafoués, reniés, persécutés, dévoués à la mort.

Dans l'Inde, la religion et la philosophie se confondent; les prêtres sont les philosophes de ce pays. Il en a été ainsi pendant bien longtemps, ce n'est que dans les derniers temps que quelques hommes se sont séparés, tel que Kanada.

L'Égypte ne laisse pas non plus sortir du sanctuaire la philosophie. On est embarrassé, dans ces pays, de dire si quelques-uns des dieux que l'on adore ne sont pas les premiers fondateurs de la religion, plutôt que de véritables divinités. Ainsi, que sont Brahmâ, Bouddha, Osiris,... des divinités, des allégories, des hommes divinisés ? ou bien des philosophes à qui la reconnaissance a élevé des autels ? Zoroastre, dans la Perse, nous apparaît, au contraire, comme un personnage réel, fondateur ou restaurateur du culte du feu, prêtre du dieu qu'il a inventé, le prince des mages, d'où plus tard viennent les magiciens. Enfin, dans la Chine, nous trouvons Confucius et ses disciples, qui ne se disent pas envoyés pour établir une religion, mais qui prêchent la morale, la politique, comme de simples mortels, n'ayant d'autre autorité que celle de la raison. En arrivant dans la Grèce, nous rencontrons d'abord Orphée, Linus, poètes inspirés, musiciens, devins, prêtres surtout; bientôt la philosophie sort des temples pour n'y plus rentrer. Ce sont les Sages de la Grèce qui s'occupent à répandre les maximes de la morale; ils sont des politiques, des législateurs, tels Pittacus et Solon. Après eux viennent les savants, dont la curiosité s'étend à tout connaître, mais dont l'esprit de recherche, de dispute, dégénère en vaines subtilités; ils sont alors flétris du nom de sophistes. Socrate affecte des prétentions plus modestes; il n'est en possession ni de la sagesse, ni de la vérité, mais il les cherche, il les aime; le nom de philosophie est créé. C'est alors surtout que s'établit l'antagonisme entre la religion et la philosophie, lutte qui se continue dans Rome, où les philosophes, reçus comme savants, beaux esprits, acquièrent une grande influence et répandent, d'un côté, la corruption avec les doctrines d'Épicure, tandis qu'ils soutiennent, de l'autre, la dignité des citoyens par la pratique du stoïcisme. A l'époque de la décadence de Rome, la philosophie se réfugie à Alexandrie, où elle devient une espèce de religion nouvelle qui cherche à étayer le paganisme, rentrant ainsi, en finissant, dans le temple d'où elle était d'abord sortie.

Lorsqu'elle reparaît avec les œuvres d'Aristote et de Platon, avec les ouvrages des Arabes, elle se met au service du christianisme pour régulariser, organiser le dogme, comme ont fait saint Thomas et les autres scolastiques. Néanmoins, les dissidences ne tardent pas à se montrer; la philosophie et la religion tendent de plus en plus à se séparer, même sous Descartes, jusqu'à ce qu'elles deviennent ennemies avec Voltaire. Le nom de philosophe est alors, pour les uns, un titre d'honneur; pour les autres, une injure. Ce sont des impies, des athées, des esprits forts, des libres-penseurs, des chercheurs.

Pour nous, ne voyons dans ces noms que ceux qui aiment et cultivent la philosophie; cherchons à connaître ce qu'il faut entendre par ce mot.

La philosophie est la recherche de l'origine des lois de l'univers et, plus particulièrement de nos jours, l'étude de l'homme;

C'est aussi la contemplation réfléchie de la nature;

Ou une méthode générale renfermant, combinant les principes généraux des choses, des sciences et des arts;

Le pourquoi des causes premières;

La science de ce qui demeure et non de ce qui passe ;

C'est la recherche des principes les plus généraux, certains et évidents qui doivent diriger notre conduite, être le guide de notre sagesse dans les sciences et dans les arts ;

La considération pensante des objets ;

La science de la raison ayant conscience d'elle-même ;

L'élaboration des données fournies par l'étude de l'univers, de Dieu et de l'homme ;

C'est la critique de la raison pure, la connaissance des premiers principes de l'âme ;

La recherche de l'absolu, de l'éternel, de l'infini, pour expliquer le relatif, le temporaire, le fini ;

L'enseignement des résultats de la pensée appliquée aux problèmes de l'univers ;

La connaissance du moi et du non-moi, et la raison de leur existence.

En un mot, la philosophie devient pour chacun l'esprit de sa méthode. Il est aisé de voir que ces définitions rentrent les unes dans les autres avec certaines modifications ; cependant, il résulte de ces différentes manières de s'exprimer, quelque chose de vague et d'incertain sur l'objet que l'on se propose d'étudier. Si l'on demande aux autres sciences quel est leur objet, quels sont les moyens dont elles se servent, elles n'hésiteront pas. Tous les savants nous diront d'une manière précise la même chose, sans rien laisser de vague ; ils savent ce qu'ils veulent et ce qu'ils peuvent.

Il n'en est pas de même des philosophes. C'est déjà une chose fâcheuse, qui doit tenir en garde, et doit avertir de ne marcher qu'avec précaution dans la recherche des vérités philosophiques.

La plupart des hommes s'en tiennent au sens commun, à ce que chacun de nous trouve au fond de son âme, pour nous conduire dans le train ordinaire de la vie. Toutefois, par intervalles, ils se préoccupent des questions philosophiques, qui se présentent dans un vague mystérieux ou terrible, mais dans le gros de la vie, ils se reposent sur les choses communes et ordinaires. D'autres cherchent à découvrir les vérités qui sont à leur portée, sous leurs mains, auxquelles l'esprit peut atteindre sans s'élancer hors de lui-même, s'occupent des choses de ce monde, soit qu'ils cherchent honneur et profit dans les découvertes et l'étude des sciences, soit qu'ils ne les cultivent que pour elles-mêmes.

Enfin, il y a des hommes qui veulent avoir le dernier mot de toutes choses, pénétrer dans l'obscurité qui effraye le vulgaire, disséquer, analyser les vérités que le savant prend comme il les trouve ; c'est là le véritable but de la philosophie, la curiosité suprême.

La philosophie s'occupe des premiers principes qui entrent dans l'esprit de l'homme, d'abord de son esprit lui-même, du monde et de Dieu. Nous voyons ces trois choses d'une même vue, et tellement liées ensemble qu'il nous est bien difficile de les séparer. Nous ne pouvons nous abstraire de nous, d'une manière complète ; nous ne pouvons ne pas tenir compte de nous, de nos pensées ; nous les sentons malgré nous. Nous ne pouvons faire un mouvement, avoir des idées, sans rencontrer l'extérieur, le monde au bout de nos sensations et de nos volontés. Et puis, nous sommes invinciblement convaincus, que nous et l'univers ne sommes pas l'œuvre de nos mains. Lorsque nous voulons étudier toutes ces choses, elles sont tellement jointes qu'il faudrait les faire marcher de front, mais cela n'est pas possible. Nous ne pouvons nous rendre maîtres d'une vérité qu'en prenant les choses une à une et en les envisageant sous toutes les faces, mais ayant toujours l'ensemble sous les yeux.

Pour avoir une idée complète de la philosophie, il nous reste à savoir quel fond nous pouvons faire sur ses enseignements. On a donné des noms divers aux différentes manières d'envisager la philosophie.

Le dogmatisme affirme que l'esprit de l'homme peut connaître la vérité d'une manière absolue, que ce qu'il avance, ce qu'il démontre est, existe réellement et de la manière qu'il enseigne, que la certitude existe naturellement.

La scolastique ne trouve qu'incertitude, faiblesse dans la raison humaine, et la certitude qu'elle nous procure ne vient pas de notre propre fonds, mais de la foi ; dès lors, notre raison ne doit servir qu'à coordonner les données de la foi.

Le scepticisme ne voit rien de sûr et de plausible, s'amuse à détruire d'un côté ce qu'on élève de l'autre, et à démontrer à l'homme son incapacité complète. C'est là, il faut l'avouer, où arrivent, en théorie et en pratique, un grand nombre de penseurs de tous les temps ; le raisonnement n'aboutit bien souvent qu'à obscurcir la raison.

Pour nous, nous pensons qu'il est des vérités accessibles à l'homme, dans toutes les sphères de la méditation. La philosophie nous apprend à les éclaircir, à les démontrer, en les mettant dans un ordre convenable, et mérite ainsi le nom de science sûre et certaine, comme les sciences physiques et mathématiques. Mais parvenue à certaines limites, si elle veut les franchir, il lui est facile de s'égarer, et elle n'est plus alors, pour ainsi dire, qu'un art d'imagination qui s'élève ou s'abaisse suivant le génie de l'artiste, mais ne donne plus de résultats certains qui restent et fassent foi pour acquérir des vérités nouvelles.

De l'Histoire de la Philosophie.

S'il est nécessaire, pour se faire une idée juste de l'état de la société actuelle, de savoir par quelles phases successives elle a passé, si nous ne pouvons bien connaître ce que nous sommes, et ce que nous sommes appelés à devenir qu'en sachant ce que nos pères ont été ; de même, pour les sciences, il est bon, il est indispensable de savoir comment les vérités qui les composent ont été découvertes, mises en ordre et développées dans la suite des temps.

L'histoire de la philosophie présente dès l'abord, une différence notable avec les autres sciences. Lorsqu'une vérité, dans l'ordre des phénomènes de la nature, a été découverte, démontrée, elle existe, ne meurt plus, s'agrandit, s'éclaircit, engendre des vérités nouvelles ; aussi les hommes qui les découvrent, malgré la grandeur de leur génie, sont bientôt dépassés par leurs élèves ; la vérité qu'ils ont découverte ne leur appartient plus et va toujours se développant. Dans les sciences de l'homme et de Dieu, il n'en est pas absolument de même ; les vérités, d'abord mises en lumière par les grands esprits, existent bien indépendamment d'eux et se perpétuent dans la mémoire des hommes ; mais elles naissent pour ainsi dire armées de pied en cap, ne se perfectionnent pas, et sont tout entières dans leur berceau. Ainsi, par exemple, les lois du raisonnement sont toujours les mêmes depuis qu'Aristote ou autres les ont découvertes. L'existence de Dieu n'a pas fait de progrès de Platon à Descartes, tandis que les propriétés de l'hypoténuse découvertes par Pythagore ont donné naissance à une foule de théorèmes nouveaux. On peut dire que l'histoire des sciences est l'histoire des vérités successives, de leurs différents aspects, et que les hommes ne sont que l'accessoire ; tandis, qu'au contraire, la philosophie change avec chaque homme et que son histoire est celle des philosophes.

Néanmoins, dans l'Inde, les philosophes qui ont fondé les philosophies, les religions, n'ont pas d'abord conservé un caractère particulier; ils se sont fondus dans une partie de la société, dans une caste, celle des brâhmanes ; voulant se maintenir dans un état privilégié, ils ont établi, embelli le culte de Brahmâ pour en faire une véritable philosophie enveloppée de symboles, d'allégories.

Brahmâ est le dieu suprême, absolu, irrévélé, existant par lui-même ; il se divise, crée les ténèbres, la matière, s'y incorpore en conservant cependant son moi, mais voilé et diminué. Cette matière, ce néant n'existe pas, mais seulement est senti par l'esprit. La création étant ainsi expliquée, il est clair que Brahmâ reste toujours, que le monde n'en est qu'une simple émanation. L'esprit, est dans l'homme ; l'homme en s'absorbant en lui-même peut détruire la matière, redevenir Brahmâ, le dieu irrévélé. Ses efforts amènent ainsi les résurrections partielles de Brahmâ ; après, arrive la grande destruction de l'extérieur, et Brahmâ redevient l'être, l'absolu.

Mais il n'y a pas eu une seule création, émanation, incorporation de Brahmâ dans le monde; nous sommes à la sixième ; chacune d'elles a reçu un nom particulier; et c'est là le fondement sur lequel a été bâti tout le système religieux des Hindous. On peut imaginer que les allégories, les symboles, les divinités qui auront été inventés seront bizarres, extravagants, monstrueux, et que tout pourra servir à représenter la divinité, puisque tout est Dieu. De plus, les brâhmanes n'oublieront pas de descendre immédiatement de leur Dieu, et d'en être la plus grande, la plus respectable représentation.

On ne sait pas précisément à quelle époque le bouddhisme vient attaquer le brâhmanisme pour détruire principalement la puissance des brâhmanes et la distinction des castes sur laquelle elle était fondée ; d'ailleurs, l'idée philosophique semble se rattacher assez étroitement au culte de Brahmâ. En effet, voyez la doctrine qu'il développe. La suprême intelligence, l'absolu, le vide, le néant existe seul. Les trois mondes, l'inférieur, le supérieur, le moyen (le nôtre), ne sont que des illusions. En face de l'intelligence suprême existe le mal, le péché, la matière, les méchants ; d'où sont-ils sortis? d'où viennent-ils? On ne le dit pas. Ils n'ont pas d'être à proprement parler ; ce ne sont que des fragments de l'intelligence suprême qui se sont égarés dans la pensée. Aussi, pour remédier à ce mal, l'intelligence, l'absolu, se fait Bouddha, descend dans le monde (il est déjà venu trois fois dans le monde) pour aider les autres parcelles de l'absolu à s'affranchir des sens, du mal, de la matière, à devenir Bouddha ; et lorsque toutes ces parcelles seront réunies, il n'y aura plus que l'absolu, le vide, le néant, l'intelligence. Sur ce fond, on a brodé une infinité de superstitions, on a créé des millions de dieux, d'existences les plus bizarres. On a adoré jusqu'au dieu de la destruction, Siva ; rien d'étonnant à cela puisque tout est Dieu, pensée de Dieu et que c'est par la mort que Dieu, l'absolu, se recompose avant d'entrer dans le néant.

Le caractère de ces deux philosophies doit donc tendre à plonger les hommes dans la contemplation, dans l'extase, par conséquent, dans l'immobilité et à faire absorber l'individu dans le monde, dans l'humanité.

On a dit que ces religions étaient, pour ainsi dire, l'expression des idées et des actions que devait inspirer aux habitants de ces contrées un climat accablant, qui détruit toute activité et toute énergie ; cependant, elles se sont étendues dans des régions de l'Asie, où le climat est bien différent; et à côté, dans la Chine, règnent, dans une grande partie de la population, des idées différentes. Confucius a été le philosophe, le législateur de ce peuple. Il ne paraît pas que le panthéisme soit enseigné par lui ; il s'est principalement occupé du gouvernement des hommes, des principes de la morale. Ses disciples, entre autres Lao-Tseu, paraissent avoir eu la même tendance.

A côté des religions de l'Inde, des esprits indépendants se sont montrés qui ont tiré la religion du sanctuaire, d'abord, en expliquant le panthéisme religieux, le dépouillant de ses allégories, et puis, se lançant dans des systèmes divers.

Ainsi, Gautama admet la matière séparée, composée d'atomes, mais dirigée, mise en mouvement par un premier moteur. Kanada, au contraire, ne voit dans tout l'univers que des atomes éternels, des réunions d'atomes, des agrégats qui périssent sans cesse pour se renouveler indéfiniment.

La civilisation de l'Inde est passée dans l'Égypte, et au fond de ses sanctuaires, la philosophie reste mélangée avec les superstitions de l'idolâtrie. Elle en sortira plus tard, pour aller se dépouiller au soleil de la Grèce de ce qu'elle avait d'obscur, de mystérieux, et donner naissance aux nombreuses tentatives, dans lesquelles se complaira l'esprit grec pour arriver à la découverte de la vérité.

Dans la Perse, il existait une religion, dont la pensée philosophique était bien différente de celle de l'Inde. C'est la religion des mages, fondée ou restaurée par Zoroastre qui adorait le feu et les astres. Sous ce voile, on représentait les deux principes du bien et du mal, divinités qui se partageaient le monde, sous le nom d'Ormaz et d'Ahriman.

Dans la Grèce Linus, Orphée, et les autres furent prêtres, philosophes, poètes et législateurs. Longtemps l'idée philosophique se conserva dans les temples, se modifiant, s'agrandissant, au moyen des initiations religieuses; mais toujours à côté se tint la philosophie proprement dite, plus ou moins hostile au culte des dieux vulgaires, et qui déploya une merveilleuse variété de systèmes et d'explications de toutes choses.

Les premiers philosophes de la Grèce sont des sages, qui s'occupent principalement de donner des règles de conduite dans la vie privée, et qui donnent des lois à leurs concitoyens ; tels paraissent les Pittacus, les Bion et les Solon. Leur principale recherche est d'examiner en quoi consiste le souverain bien. Cette idée est, en quelque manière, le motif qui engage les hommes de la Grèce dans les spéculations de la philosophie. Tous s'occupent, plus ou moins, du moyen d'atteindre le bonheur ; les uns, le recherchent dans les plaisirs des sens ; les autres, dans le savoir, la vérité, d'autres dans la justice, suivant leur tournure d'esprit et l'exigence de leur système.

L'esprit, ébloui des merveilles de la nature, commence à l'examiner avec curiosité. A peine a-t-on découvert quelques vérités régissant le monde, que l'on veut arriver à généraliser certaines causes pour en faire le principe de toutes choses. Ainsi, Thalès croit que la terre est sortie des eaux ; l'élément humide est seul et unique.

Héraclite trouve dans le feu le principe de toute la nature ; c'est un souffle divin qui la pénètre et l'anime. Cette manière d'envisager le monde s'agrandit à mesure que l'on étudie et qu'on réfléchit davantage.

Pour Anaximandre, la nature est un animal organisé qui agite, débrouille le chaos.

Zénon voit aussi l'univers comme un grand animal. Mais il faut expliquer, développer cette idée, donner la raison de la vie du grand animal.

Démocrite n'admet que l'espace et le vide comme cadre des atomes. Ceux-ci sont mis en mouvement par le hasard; d'après Leucippe c'est, au contraire, la nécessité qui les fait mouvoir; Épicure les doue d'une certaine force oblique qui les fait se mêler et produire tous les corps que nous voyons. Pour tous les trois, l'âme n'est plus qu'un feu subtil, quintessence d'atome, extrait de lumière. Les dieux d'Épicure se reposent dans une éternelle béatitude, et laissent le monde aller au gré du hasard. D'après ces idées, il est aisé de penser que la recherche du bonheur consistera à jouir de tout ce qui se présente à nous, d'une manière modérée, régulière, en s'attachant surtout aux plaisirs de l'esprit et à une sage tranquillité.

Cette interprétation du monde ne devait pas satisfaire tous les esprits : on chercha au delà et au-dessus des choses visibles un principe plus élevé. Anaxagore met une cause intelligente hors du chaos, de l'espace et du temps, qui débrouille le monde et lui donne la vie et l'ordre.

Xénophane ne saurait imaginer une création; rien de rien, donc rien de dissemblable fait par un autre ; tout est donc un, le même, Dieu. L'école d'Élée, au moyen de la dialectique, développe cette donnée de Parménide à Platon, et oppose à l'expérience, au sentiment, le raisonnement. Elle proclame que dans l'univers ne règne que l'unité, pendant que dans le système des atomes, il n'y a que diversité et pluralité.

D'un autre côté, Pythagore ne voit que l'unité, la pluralité, les nombres, qui par leurs propriétés, leurs harmonies, forment tout ce qui est.

Alors commence le règne des sophistes, qui, par l'abus du raisonnement, soutiennent le pour et le contre, défigurent la philosophie et n'en font plus qu'une débauche de l'esprit. Se jouant de toutes ces vaines recherches, Pyrrhon vient soutenir que rien n'est certain, qu'il n'y a pas de vérité, et que l'esprit humain ne saurait y atteindre.

Diagoras arrive à se dire athée. Socrate alors fait descendre la philosophie du ciel, et veut que l'on s'occupe de l'homme, de son étude, pour le connaître et lui donner d'utiles leçons de conduite.

Ses disciples, Aristote et Platon développent les deux principales tendances de l'esprit humain : l'expérience et la spéculation. Disons deux mots de leurs systèmes.

D'après Platon, le modèle, l'archétype, l'idée du monde existait dans l'esprit de Dieu ; il a voulu le créer pour manifester sa bonté. Il a d'abord fait l'âme du monde ; il a créé des dieux secondaires, inférieurs, pour faire les cieux, et puis l'homme. Dieu a fait lui-même l'âme supérieure ; il a laissé ensuite les dieux arranger l'homme ; les infirmités de la nature humaine viennent d'eux.

L'homme a l'âme intellectuelle dans la tête,

l'âme sensible dans la poitrine et l'âme animale dans les entrailles. Cette âme pense d'après les images, les idées, les types existant par eux-mêmes et qu'elle aperçoit. Elle tend à se rapprocher de l'idée supérieure de Dieu, et elle y arrive ou s'en éloigne par une suite de transmigrations dans divers corps. Platon n'explique pas d'une manière claire si Dieu a créé la matière, les corps, ou s'il les a tirés de quelque chose de préexistant.

Aristote se représente Dieu comme le souverain bien existant, immobile, immuable, ne créant pas, mais faisant arriver à l'être toutes choses par son attrait. La matière semble exister par elle-même, et tout s'arranger ensuite par la force attractive du souverain bien. L'âme est une intelligence qui n'est immortelle que par rapport à ce qu'il y a de plus abstrait, de l'intellect. L'homme ne pense plus au moyen des idées types, comme le veut Platon, mais la pensée lui arrive par les sens, qui lui apportent successivement toutes ses pensées. Ce qu'il y a surtout à remarquer dans Aristote, c'est la manière dont il donne les lois de l'esprit humain. Il a classé, analysé, les différents aspects de la pensée, sous les divisions appelées catégories. Sa méthode métaphysique, il l'a appliquée à tous les genres de connaissance, beaux-arts, politique, histoire naturelle.

De la Grèce, la philosophie a passé dans Rome, mais avec un caractère différent; ce n'est plus dans un but de contemplation qu'elle est recherchée, mais comme une chose d'usage. Elle suit deux systèmes ; l'un, celui d'Épicure, qui ne voit que cette terre, s'y complaît, recherche les jouissances qu'elle peut offrir ; l'autre, qui avec Zénon, ne considérant que le souverain bien, et ne le trouvant que dans le juste et le vrai, méprise également le plaisir et la douleur des sens.

Lucrèce chante les doctrines d'Épicure. Sénèque déclame sur les vertus du Portique, que pratique Épictète, jusqu'à ce qu'elles viennent s'asseoir sur le trône avec Marc-Aurèle. Cependant, si le stoïcisme a inspiré les plus grands caractères de Rome, l'Académie a été représentée avec gloire par Cicéron, qui admet un peu les idées de tous les philosophes, et s'en occupe sous un point de vue surtout littéraire.

Lorsque le christianisme parut, il trouva la philosophie, surtout à Alexandrie, sous l'inspiration de Platon ; cette philosophie, exagérée par Proclus et les autres aboutit au panthéisme. Toutes les doctrines se confondent dans un choix plus ou moins habile ; elles arrivent bientôt au mysticisme, avec Apollonius de Tyane, pour combattre la religion chrétienne. Au milieu de ces diversités de croyances reparaît l'esprit de doute, avec Œnésidème et Sextus Empiricus, qui viennent de nouveau nier le pouvoir de savoir à l'esprit de l'homme, réduit à douter de lui-même.

La barbarie entraîne avec elle les ténèbres qui se répandent sur toutes les connaissances humaines.

La philosophie est cultivée de loin en loin par les Arabes, parmi lesquels brille Averroès. Toutefois, on peut dire qu'à cette époque, cette science rentre dans le temple, comme dans les temps anciens. Mais la religion prétend porter avec elle la vérité, l'esprit philosophique n'aura donc plus qu'à expliquer, coordonner, le dogme chrétien ; c'est ce qu'elle fera sous le nom de scolastique. On lui reprochera dans ses recherches de faire un Dieu abstrait, trop séparé, immuable, n'agissant que par des lois, et de se créer un grand nombre d'êtres métaphysiques, auxquels elle donnera une existence assez peu saisissable. Mais il semble surtout que son champ de bataille sera l'existence ou la négation des idées générales. Scot Érigène, saint Thomas, Duns Scot, sont réalistes, c'est-à-dire trouvent sous les mots généraux des êtres, de véritables existences. Roscelin et Occam pensent, au contraire, que les idées générales ne sont que des mots, des formules du langage.

Les uns semblent se rattacher à Platon, les autres renouvellent Aristote ; ces deux philosophes revivent ainsi au milieu de la scolastique. Lorsque le christianisme se partage, les catholiques vont à Platon et les protestants s'appuient sur le Stagyrite.

Cependant Abélard cherche à faire prévaloir le conceptualisme, espèce de juste milieu, de conciliation entre les deux autres manières de se rendre compte des idées générales, que ce philosophe regarde comme existantes, mais seulement dans la conception qu'en a notre esprit.

A la Renaissance, on étudie tous les philosophes de Rome et d'Athènes ; on fait revivre tous leurs systèmes, tantôt favorables, d'autres fois hostiles à l'Église.

Montaigne et Charron sont sceptiques ; Rabelais, cynique ; Épicure est représenté par les Machiavel en politique ; par les Vanini, les Gassendi en philosophie ; il y a aussi des panthéistes, Giordano Bruno.

C'est alors que paraissent deux hommes, qui viennent de nouveau représenter les deux grands courants de l'esprit humain, et faire revivre en quelque sorte Platon et Aristote.

Descartes rejette le moyen artificiel de connaître qu'employait la scolastique, il fait abstraction de ce qu'il sait pour arriver à un doute absolu ; puis, dans son esprit dépouillé, il recrée la vérité. Partant de sa pensée, étudiant tous ses phénomènes, il arrive à connaître Dieu, l'homme, l'univers, au moyen de l'expérience et des lois qu'il trouve en lui-même. Il est le chef, le fondateur du spiritualisme des temps modernes.

Pendant ce temps, Bacon rejette aussi l'ancienne manière de raisonner, et demande la vérité à l'expérience ; mais, au lieu de partir de l'étude de soi-même, il veut arriver à la vérité en expérimentant ce que le monde extérieur fait connaître par nos sensations. Il ouvre la carrière au sensualisme, dont les représentants modérés seront Locke, Conlillac, pendant qu'Helvétius, Diderot et d'Holbach en tireront les conséquences les plus désastreuses.

On exagéra aussi Descartes ; Malebranche absorbera, pour ainsi dire, l'homme en Dieu, et Spinoza, poussant plus loin, confondra l'homme et le monde dans une substance unique.

Leibniz, au contraire, cherchera à réunir les tendances diverses dans un spiritualisme élevé.

Enfin, pour renouveler le scepticisme qui paraît au moment où tous les systèmes philosophiques viennent se heurter dans une grande confusion, Hume donnera de nouveaux arguments au doute, et répandra l'incertitude sur nos connaissances. Voltaire ne va pas si loin ; il est spiritualiste, mais ne s'élève pas trop au-dessus de cette terre. Son rôle n'est pas de faire faire des progrès à la philosophie, mais de détruire le christianisme sous le sarcasme le plus mordant, les plaisanteries les plus audacieuses. Rousseau n'a pas comme lui, pour but de renverser, il vient pour fonder, non une philosophie abstraite, mais une morale, une politique ; il n'approfondit pas les questions abstraites, il développe le sentiment de Dieu, de la justice et de l'immortalité, qui sont utiles à l'homme et aux peuples.

Le dix-huitième siècle en était là, lorsque les études philosophiques reprirent faveur. Les Reid, les Dugald Steward, les philosophes de l'école écossaise prennent leur point de départ dans l'étude de l'homme, revendiquent le spiritualisme, et réagissent contre les conséquences du système des sensations, qui avait presque fait de l'homme une machine, sans aller cependant aux excès de Berkeley ; ce dernier ne conservait que l'âme de l'homme, faisant disparaître tous les corps comme de vains fantômes de notre imagination.

La philosophie écossaise fut poursuivie et développée en France par Royer-Collard, Maine de Biran et Cousin. Celui-ci voulut renouveler la tentative de l'école d'Alexandrie, concilier tous les systèmes en prenant ce que chacun présente de vrai, et fonder chez nous l'éclectisme, philosophie qui occupe aujourd'hui les chaires de l'enseignement officiel. En dehors, Destut de Tracy, Broussais, sont les représentants du sensualisme. Lamennais garde dans sa philosophie une partie des idées chrétiennes. Pierre Leroux et Proudhon cherchent surtout dans les solutions philosophiques des solutions politiques.

Cependant, l'Allemagne se lance avec ardeur dans les études philosophiques ; son point de départ est celui de Descartes, l'étude de l'âme humaine, mais en s'y absorbant, elle arrive aux conséquences les plus extrêmes de cette manière de voir.

Kant étudie la raison pure ; il en fait la critique, et arrive à cette conclusion : que nous pouvons connaître les vérités qui sont dans notre pensée, sans être certains néanmoins que ces vérités existent réellement hors de nous ; nous pouvons connaître le moi, et non pas le non-moi.

Fichte ajoute que la raison seule existe, qu'il n'y a un monde extérieur qu'au point de vue subjectif et qu'en tant que champ d'action idéal à l'activité de notre moi.

Schelling ne trouve pas de différence entre notre raison et le monde, entre le moi et le non-moi, entre le sujet et l'objet ; ils forment par leur réunion l'absolu, le grand tout, Dieu, dont le monde est le corps et notre âme la conscience.

Enfin d'après Hegel, la raison et le monde sont bien un, l'absolu ; mais au-dessus d'eux est l'idée concrète, réalisée dans le monde, marchant, avançant, c'est-à-dire, Dieu se développant indéfiniment dans l'espace et le temps.

Maintenant a succédé dans ce pays, la philosophie de la nature, qui ne veut pas se perdre dans ces grandes abstractions métaphysiques, mais qui pour connaître l'homme étudie les lois de la nature que l'observation et la science découvrent successivement.

Telle est, en quelques mots, l'esquisse du tableau que présente l'histoire de la philosophie des temps les plus reculés jusqu'à nos jours. Pour peu qu'on étudie les ouvrages des philosophes, on observe que les idées sont à peu près les mêmes dans tous les siècles, que seulement leur expression varie suivant le temps et le génie de chaque nation.

Il est bon de faire quelques remarques sur ce qui précède.

Lorsque l'on demande à un savant de définir la

science dont il s'occupe, il ne sera pas embarrassé, et la définition qu'il vous donnera sera la même que vous apprendriez de tous ceux qui cultivent la même science. Vous venez de voir que la philosophie est envisagée sous un grand nombre de points de vue différents, et que vous ne pouvez pas vous en faire une idée bien nette, au milieu des définitions arbitraires que chacun des philosophes en présente.

Une fois qu'une vérité est admise dans les sciences ordinaires, on passe alors à une autre question. La circulation du sang trouvée, on cherche d'autres usages, d'autres propriétés du sang. On ne s'amuse plus à contester l'attraction, on calcule ses effets, on en tire les conséquences. En philosophie, on revient toujours sur ses pas ; hors certaines vérités admises de tout temps, on conteste sur toutes les autres ; on ne peut les faire admettre pour s'occuper d'autres recherches.

De plus, chaque philosophe prend la science tout entière pour la refaire à sa guise, lui donner son nom, et un aspect nouveau. Chaque savant au contraire, prend la science là où il la trouve pour la pousser en avant ; il n'est qu'un ouvrier plus ou moins intelligent du monument qu'on élève en commun. La philosophie sort pour ainsi dire tout entière du cerveau de son auteur.

Ces aperçus deviendront plus évidents en étudiant les œuvres des philosophes ; nous n'avons pas besoin de les suivre toutes, d'examiner tous les systèmes, il nous suffira de parcourir les sommités. Ainsi, celui qui veut connaître l'histoire naturelle en sait assez lorsqu'après avoir lu Aristote, Buffon et Cuvier, il se tient au courant de ce qui a été découvert depuis ce dernier. Nous ferons ainsi, et nous commencerons nos études par Platon, la plus grande réputation philosophique de l'antiquité.

Platon.

Qui de nous ne s'est représenté aux bords de la mer, sur un coteau de l'Attique couvert d'oliviers séculaires, Platon vénérable vieillard, à la longue robe blanche, entouré de disciples recueillis auxquels il montre les merveilles dont ils sont environnés, l'immensité du ciel et de la mer, un soleil d'or, sortant du sein des flots et faisant étinceler les beautés de la nature au milieu de la transparence des cieux de la Grèce ?

Qui ne s'est imaginé assister aux sublimes leçons dans lesquelles il leur dévoile la grandeur de Dieu et les miracles de l'homme sorti de sa pensée ? Pendant que les paroles coulent de sa bouche avec autant de facilité que de grâce, qui n'a vu dans le lointain du passé l'image de Socrate inspirant les accents mélodieux du Cygne qui s'est envolé de son sein, et qui maintenant développe la morale de son maître ? Qui ne serait heureux d'avoir vécu du temps de ces deux beaux génies, qui se reflètent l'un dans l'autre, qui se complètent et dont les noms conservés d'âge en âge nous les font connaître comme participant à la même gloire et à la même immortalité? Mais si nous n'avons pas le bonheur d'être leurs contemporains, nous avons les ouvrages où l'âme du disciple a conservé l'âme du maître, en y ajoutant la beauté du langage. Ouvrons-les ; qui mieux qu'eux va nous enseigner la vérité ?

Mais hélas! quelle déception!

Il est vrai, que si nous ne regardons que la forme, elle est aussi belle qu'on nous l'avait annoncée ; si nous regardons dessous, que de fautes, que d'erreurs! Triste spectacle de la faiblesse de la raison humaine, dans un de ses plus grands représentants! Même cette forme de langage s'altère souvent en de vaines subtilités, des logomachies, des sophismes. Vous trouvez des idées grandes, généreuses, des vues neuves, hardies; mais aussi, il faut laisser passer bien des aberrations déplorables. Nous allons bientôt en juger en parcourant ses œuvres.

Platon se plaît à faire parler son maître lui-même pour exposer sa doctrine ; il ne nous la transmet pas toute nue, il y joint beaucoup de son propre fonds. Socrate avait une idée fixe, et s'était donné une mission ; il voulait renverser tous les vains systèmes des sophistes. Nous voyons dans les dialogues de Platon avec quelle adroite moquerie, Socrate se faisant disciple parvient à convaincre les sophistes qu'ils ne savent rien. Il est vrai, que parfois on attaque des subtilités par d'autres subtilités, et que les vérités nécessaires sont également ébranlées.

Cela provient du parti pris de ce philosophe, qui prétend que l'on ne peut rien savoir hors de soi-même, que l'unique étude est de chercher à se connaître, à se diriger. Les successeurs de l'Académie feront sortir le doute universel de ces principes, et ne laisseront plus à Socrate la connaissance de lui-même, de ses devoirs, et de sa conduite. C'était cependant ce qu'il s'était réservé ; il voulait s'occuper uniquement de rendre les hommes bons, vertueux, en leur enseignant la prudence, la tempérance et l'accomplissement de tous les devoirs du citoyen. Il prêcha cela toute sa vie dans Athènes, en public, en particulier, à ses risques et périls, sans se préoccuper de ce qu'il fallait penser des autres grands problèmes de la nature; aussi, dit-on qu'il a fait descendre la philosophie des cieux ; son disciple eut soin de l'y faire remonter.

En effet Platon est le premier et le plus grand représentant de l'idéalisme dans l'antiquité. Allons à son école, et cherchons ce que nous pouvons y apprendre sur ces grands objets de Dieu et de l'âme, qu'il semblerait d'après ses admirateurs avoir si magnifiquement décrits, annoncés, et révélés avec une majesté inconnue jusqu'à lui, jamais dépassée. Jusqu'à un certain point c'est vrai : partout il témoigne un grand respect pour la divinité, et ce sentiment ne l'abandonne jamais.

Sans doute avant lui l'idée de Dieu s'était présentée aux hommes avec grandeur; mais dans les fables populaires elle était rapetissée à la taille des dieux du paganisme, et dans l'esprit des philosophes elle avait quelque chose d'abstrait et de syllogistique. Platon, dès l'entrée, voit Dieu, sa bonté, sa grandeur, son éternité; c'est sa bonté qui l'engage à faire ce monde. Il se complaît dans son ouvrage et affectionne l'homme. Ce Dieu n'est pas un être de raison, mais quelque chose de réel; il vit, il est le plus personnel des dieux philosophiques de l'antiquité. Jusqu'ici, on ne saurait qu'adresser des éloges à Platon; mais, lorsqu'il ne veut plus se contenter de la présence de ce Dieu, de cette intuition divine, qu'il veut pénétrer dans son essence, il n'est plus aussi heureux et il s'égare dans ses imaginations; cela n'est pas étonnant, bien d'autres le feront après lui.

Voici comment il conçoit Dieu. Il est vivant, éternel, infini. Il pense le monde, les êtres pour se montrer, pour faire acte de bonté aussi bien que de puissance. Il crée le monde, non, il l'organise, le fait paraître, le réalise. Dans la pensée de Dieu étaient contenus les êtres; d'abord, ils y étaient comme idées; Dieu se forme un modèle idéal, un type. Ce n'est rien de matériel; c'est quelque chose qui existe comme les vérités mathématiques sont dans notre esprit, comme les résolutions dans notre volonté, la statue dans l'âme du sculpteur. Ainsi que ce dernier fera sortir de son cerveau

Vénus ou Apollon, ainsi Dieu fait sortir de lui-même le monde qui passe de l'idée à la réalité.

Ce monde sera un animal vivant qui aura une âme et un corps. L'âme, Dieu la crée, la tire du néant, c'est une espèce d'idée ; elle aura la forme sphérique. Elle sera divisée en cercles répartis dans l'espace ; ce dernier sera divisé en certains nombres, certaines proportions. Ces divisions et la partie de l'âme qu'elles contiennent seront animées des mouvements du même et du divers, sans doute d'un mouvement uniforme et varié.

Telle sera l'âme venue de Dieu, mais le corps d'où viendra-t-il ? Il y a une chose difficile à nommer, à comprendre, c'est le lieu, l'espace où se trouvait le principe des choses, l'eau, l'air, la terre, le feu. Ces corps existaient nécessairement ; c'est de là que vient le mal, l'imperfection des êtres qui ont une nécessité d'existence, mais qui n'ont pas été créés. A ces principes des corps imparfaits, Dieu ajoute ce qui est divin, parfait ; et le bien qui s'y trouvera viendra de cette union, par conséquent de Dieu ; le mal qui y restera sera de nécessité.

L'âme du monde est divisée en cercles, et arrangée dans ces divers mouvements d'après les nombres. De leur côté, les corps ont aussi des formes géométriques, triangulaires, différentes suivant leur diverse nature. Ainsi la terre a les formes les plus stables et tend vers le centre, le feu a la forme pyramidale et s'élève en haut ; ces propriétés et leurs combinaisons servent à expliquer les différents phénomènes de la nature. Ces explications ne sont pas toujours vraies ou heureuses, mais il y a souvent des aperçus de génie.

Quoi qu'il en soit, l'âme du monde lancée dans l'espace avec ses mouvements divers rencontre les éléments des corps ; les mouvements de ceux-ci venant à concorder avec ceux de l'âme du monde, ils s'unissent et les astres naissent. Ce sont de véritables animaux vivants, et même de véritables dieux, parce que le mouvement des cercles de l'âme coïncidant avec ceux de la matière doivent produire des êtres d'une grande perfection, où la matière ne peut nuire à l'intelligence. Ces dieux, ce sont ceux qu'adorent les mortels sous divers noms, attributs ou allégories.

Ces dieux sont les premiers nés de l'idée divine. Nous verrons dans Aristote, qu'ils se déterminent également dans les astres ; mais leur origine sera bien différente.

Cette manière de concevoir Dieu ne créant pas, mais arrangeant les êtres par procuration, intermédiaire, par pensée, idée, parole, satisfait-elle l'esprit? Elle ne contentera guère Aristote, qui ne comprendra pas la nécessité de ces êtres indéfinissables, insaisissables à la raison.

Mais enfin, l'imagination de notre philosophe a pu se complaire dans ces rêveries qui n'ont rien de bien désolant, ni de bien convaincant; présentées d'une manière très poétique, elles ne méritent d'autre reproche que celui de nous gâter l'idée de la divinité, qu'il nous avait présentée si belle dans ces explications. S'il se perd en voulant pénétrer dans la nature divine, nous montrera-t-il plus clairement l'homme et sa destinée? Écoutons, ceci peut devenir plus grave.

Dieu ne fait pas l'homme, il ne fait que son âme, et encore, la partie la plus noble, la partie idéale, celle qui a le plus de rapport avec lui; puis, il abandonne cette âme aux dieux inférieurs qui vont se charger de faire l'homme, et procéderont à cette œuvre en imitant le grand Dieu. De même que celui-ci avait combiné les mouvements de l'âme du monde avec ceux des éléments pour en former les dieux, de même ceux-ci composent le corps de feu, d'eau et de terre qu'ils mettent en rapport avec l'âme. Mais ils n'ont pas la toute-puissance, la science divine, et ils sont obligés de faire leur ouvrage à plusieurs reprises. Ils avaient vu l'âme du monde sphérique, logée dans des corps circulaires, ils veulent donner la même forme à l'enveloppe de l'homme. Ils le créent avec un corps en boule; les hommes ne devaient pas se mouvoir dans l'espace où rien ne pouvait leur faire obstacle, ils devaient habiter sur une terre ronde il est vrai, mais hérissée d'aspérités, de ronces, d'épines auxquelles ces misérables créatures se heurtaient et laissaient des lambeaux de leur chair. Les dieux se virent donc obligés de changer cette forme; ils conservèrent la forme sphérique, mais ils la firent plus petite, et l'élevèrent sur une colonne au-dessus du corps; là, ils logèrent l'âme divine, la plus noble, afin que placée ainsi sur une éminence, elle pût voir de loin et être le plus près des cieux. Dans la poitrine, ils mirent une âme moins noble, mais encore excellente, celle qui a le courage, les passions ; enfin, au-dessous du diaphragme, ils attachèrent comme à un ratelier une sorte de bête féroce, l'âme qui dévore les aliments. Les dieux s'étant aperçus que l'intelligence humaine, quoique affaiblie par la matière du corps, était encore trop puissante, ils changent la forme primitive de l'homme, ils le dédoublent, en font deux moitiés qui tendront à se réunir. Pour favoriser ce rapprochement, ils mettent dans chaque moitié un petit animal, logé dans le grand, qui désire se réunir à son semblable. C'est de cette manière, qu'ils ont pourvu à conserver l'espèce humaine, ne voulant pas accorder l'immortalité à l'homme lui-même.

Dans la description de l'homme, Platon s'élève à des idées grandes, ingénieuses, qui ont été souvent empruntées et reproduites ; il est déplorable qu'il y mêle les bizarreries que vous avez vues, et d'autant plus qu'elles entraînent à des conséquences funestes. En effet, les premiers hommes sont sortis, par la volonté des dieux, tout formés du sein de la terre, comme des plantes ; à ces corps ainsi poussés, ils ont ajouté l'âme immortelle. Une fois que cette âme est emprisonnée dans sa maison de chair, elle doit en subir toutes les lois ; elle vit avec le corps, elle souffre, elle jouit avec lui, elle lui est soumise et est entraînée par lui tout le temps de leur union. Il y a dès lors nécessité absolue dans toutes nos actions, plus de bien ni de mal ; Platon en convient ; pour éviter les conséquences formidables de cette nécessité, il a imaginé un moyen bizarre, assez poétique ; mais c'est une invention purement gratuite à laquelle rien n'amène et que rien ne prouve. La voici :

Dieu crée les idées des âmes ; ces idées deviennent âmes, puis rassemblées dans un même lieu de l'espace et du temps, elles attendent leur tour de venir à la vie ou d'y retourner si elles ont déjà vécu. Elles voient le présent et l'avenir, tout ce qui se passe dans le monde ; lorsqu'il s'agit de partir pour la terre, on leur présente à choisir différents corps destinés à accomplir les différentes conditions de la vie. Elles peuvent apprécier ce qui résultera de leur union avec chaque corps, et suivant leur goût inné ou contracté, par une détermination libre et spontanée, elles choisissent un corps adonné aux plaisirs des sens, ou celui d'un philosophe, qui ne veut que les plaisirs de la contemplation : elles entrent dans une Pénélope ou dans une Laïs. C'est le seul moment où elles soient libres ; dès lors, soumises à leurs nouveaux maîtres, elles en subissent tous les caprices ne se rappelant même plus ce qu'elles ont été, parce qu'avant leur départ elles ont bu de l'eau du Léthé.

Peut-on dire que par ce moyen les âmes sont libres ? Suffit-il, pour avoir une véritable liberté, d'avoir eu un instant le pouvoir de choisir ? Ne doit-on pas toujours conserver la faculté de revenir sur ses déterminations, si l'on sait que l'on s'est trompé ? Et comment les âmes sont-elles libres lorsqu'elles ne peuvent apprécier, connaître par expérience, les avantages ou les inconvénients de toutes les situations qu'elles n'ont pas éprouvées, voir ce qui vaut le mieux, des plaisirs des sens ou de ceux de l'esprit ? L'idée que nous donne ici notre philosophe conduit à la destruction de toute moralité dans les actions humaines.

Cependant comment se conduisent les âmes ainsi réunies à des corps de leur choix ? Tous les mouvements de l'âme (âme qui est supposée sphérique) sont circulaires ; s'ils se trouvent en harmonie avec ceux du corps, l'âme ne sera pas contrariée, absorbée ; elle conservera toute sa grandeur, son énergie, elle tendra à se réunir à la substance divine. Les hommes, dont les âmes et les corps marchent ainsi d'accord, seront les sages, les philosophes qui reviendront à Dieu après un certain nombre de pérégrinations dans l'humanité.

Si au contraire les cercles de l'âme n'ont pas de mouvements harmoniques avec le corps, la matière prévaudra de plus en plus ; de là sortira une dégradation successive de l'âme chaque fois qu'elle quittera un nouveau corps. Ainsi l'âme de l'homme passera dans le corps d'une femme, qui est d'un degré inférieur, puis dans celui d'un lion ; suivant ses tendances, elle deviendra oiseau, poisson, reptile.

Nous avons vu que les âmes séparées des corps vivaient, qu'elles avaient même la liberté de choisir, ce qui suppose la plénitude de la pensée ; elles penseront donc, mais au moyen des idées, des types qui sont hors d'elles-mêmes, et hors des choses qu'elles signifient, que néanmoins elles ont la faculté de se rendre propres. Quand elles seront avec leurs corps, elles penseront également, mais alors nécessairement. Lorsque les objets seront présents, au corps accourront aussitôt les idées qui représentent ces corps et qui se feront connaître à l'âme. Quant aux idées de science, de mathématiques, de vertu, de vice, elles seront des réminiscences des idées primitives que l'âme avait avant d'avoir un corps.

Voilà, en gros, ce que Platon nous apprend sur Dieu et sur l'homme. Ce sont bien là des suppositions, des rêveries ; ce ne sont pas des notions philosophiques. On dirait une révélation mystérieuse. Si de notre temps, on s'avisait de présenter un pareil échafaudage, il n'y aurait pas assez de sifflets pour en faire justice. Afin de pallier un peu tout ce qu'il y a de puéril et de faux dans Platon, on a prétendu que ce n'étaient que des allégories, des manières poétiques de philosopher d'une façon agréable ; mais suis-je obligé d'aller chercher là-dessous par de longues études et de pénibles réflexions des vérités cachées? Autant me vaut de raisonner par moi-même, d'imaginer pour mon propre compte, que de m'embarrasser d'inventions qui ne m'apprennent rien, si elles ne disent pas ce qu'elles semblent dire réellement, ostensiblement.

Il faut donc beaucoup rabattre de notre admiration pour Platon ; néanmoins, les ouvrages qui contiennent ses divagations sont écrits avec grâce, avec force, et parfois atteignent au sublime de l'expression. On y trouve une mise en scène admirable ; il y a de l'intérêt dans ces dialogues où les interlocuteurs viennent se faire connaître par leur parole et leur conversation ; on y trouve aussi une manière agréable, qui nous surprend et nous attache, d'interroger et de faire venir de loin les idées qu'on veut mettre en lumière.

Platon n'est pas seulement occupé de ces abstractions subtiles et métaphysiques que Socrate n'aurait pas été le dernier à lui reprocher ; il nous peint Dieu à grands traits, il nous invite à élever nos cœurs vers lui, le souverain bien ; il nous apprend à aimer les hommes ; il nous montre nos devoirs envers nous-mêmes et nos semblables, et il nous dit quelles vertus nous devons pratiquer. C'est là, surtout, qu'il fait parler Socrate avec autorité et nous révèle la beauté de sa morale ; il nous fait oublier alors ses erreurs, et n'inspire plus que notre admiration.

Platon ne s'intéresse pas uniquement au bonheur de l'homme individuel, il cherche encore comment l'homme peut être heureux dans la société. Il a beaucoup réfléchi sur ce sujet avec Socrate ; il a formé des projets, des utopies, comme on les appelle, pour donner une forme, un corps à ses idées politiques. Il tend à la monarchie ; il veut que les rois soient regardés comme les pasteurs qui sont au-dessus de leurs troupeaux par leur intelligence ; mais, pour corriger cette prééminence, il veut aussi que les rois aient de l'affection pour leurs sujets. Cependant, il préfère l'aristocratie, c'est-à-dire le gouvernement des bons, des sages, le règne des philosophes. Il se fait un idéal de république dans lequel il se complaît, et qu'il tâche plus tard de rendre praticable en ayant toujours devant les yeux son premier modèle.

Jetons un regard sur ses œuvres politiques. Ceux qui admirent le plus la philosophie de Platon, ne sont pas ordinairement les plus chauds partisans de sa politique. Cependant, on peut dire que tout se tient et se lie dans son esprit. On voit là, comme ailleurs, qu'il est sous l'influence de son siècle ; il n'ose peut-être pas dire tout ce qu'il pense sur les dieux à cause des prêtres païens ; en politique, il suit dans ses innovations beaucoup de ce qu'il a sous les yeux. Il est au milieu de la société grecque, c'est-à-dire d'une société à esclaves ; aussi l'esclavage ne le préoccupera pas, et même il le trouvera tout naturel. Il voit la femme dans un état inférieur, et il ne la relèvera pas.

Dans toutes les petites républiques grecques l'idée de patrie, de cité, est l'idée dominante ; il n'en peut être autrement dans ces communes nouvelles que l'on vient de créer, et pour ainsi dire de défricher, où l'on peut se rappeler encore la terre inculte, que personne ne possédait en particulier. On sait que l'on n'a rien pu fonder et conserver que par l'association ; il est naturel que l'idée de possession commune subsiste encore. Plusieurs cités de la Grèce avaient à cette époque conservé ou rétabli cette communauté primitive ; elle paraît juste et utile à Platon, il s'en saisit et l'exagère. De la terre, il la transporte à d'autres institutions. Il veut que la terre, le territoire, appartienne à la République, et non aux particuliers ; lorsqu'il est forcé de restreindre son utopie pour la rendre praticable, il s'efforce au moyen de lois somptuaires d'y ramener les citoyens. Mais on le voit, cette idée de communauté, qui fait frémir de nos jours, n'avait rien de neuf à cette époque et n'exaltait pas les imaginations. Ce qui était fait pour produire plus de sensation, c'était la création des castes, qui n'auraient pas laissé de souvenirs si elles n'avaient jamais existé dans les temps anciens.

Dans la république de Platon, il y a les guerriers, les artisans, les laboureurs, les esclaves. Notre philosophe ne s'occupe que des premiers, c'est pour eux que son livre est écrit. Toute son attention se porte sur la manière de les élever, de les instruire, de leur inspirer de nobles sentiments, de fortifier leurs corps et leurs esprits. Ils sont les gardiens, les défenseurs de la société. Parmi eux sont choisis les magistrats, les chefs, les gouvernants. Ils ne font qu'une famille, c'est pour eux que travaille, vit, la multitude ; ils n'ont d'autre travail que de s'instruire, de se former pour la guerre et la domination ; c'est la noblesse portée à son plus haut degré d'exagération.

Cette caste est essentiellement immuable ; seulement, quelques-uns par punition peuvent descendre dans la classe inférieure, être dégradés ; d'autres, au contraire, peuvent être choisis parmi les artisans, les laboureurs, pour augmenter ou entretenir par un sang nouveau la caste noble. Des enfants annonçant une heureuse nature sont appelés à remplir les vides occasionnés par la mort, la guerre, les accidents.

De nos jours, cette organisation satisferait bien peu de gens. La noblesse et ses adhérents y trouveraient leur profit ; mais je doute que la communauté des biens fût de leur goût, même en la restreignant aux propriétés nobles. Le peuple ne se soucierait guère de ce communisme, qui ne serait qu'à la portée du bourgeois des temps modernes, du citoyen de l'antiquité. Si ce système n'est guère dans nos mœurs, s'il est sans intérêt pour nous, du moins ne blesse-t-il aucun des grands côtés de notre âme. On peut différer de manière de voir avec Platon, sans être péniblement affecté mais nous touchons au moment où nous ne pourrons plus rester indifférents.

Platon ne s'est pas ému à la vue de l'esclavage ; ce n'est pas bien. N'exagérons pas nos reproches ; il l'a trouvé établi, et il lui a paru naturel. Il était cependant bien capable d'en apercevoir l'injustice, mais il avait un bandeau sur les yeux. Il rachète un peu cette erreur par les conseils qu'il donne, avec Socrate, pour traiter avec douceur les esclaves, qu'il regarde comme des hommes. Il ne s'en prend pas à l'institution, mais il la modère, la dirige. Un esclave, pour lui, est presque ce qu'est un paysan, un laboureur ; c'est un hôte de la maison. Notre philosophe est un de nos bons colons propriétaire d'esclaves.

La femme était chez les anciens dans un rang d'infériorité marqué ; Platon n'a pas été au devant de son temps, il n'a pas vu qu'elle était une des parties égales de l'humanité, qui la complète aussi bien que l'homme. Ne lui en faisons pas un crime, son opinion peut avoir des partisans, même de nos jours ; seulement, cela diminue l'étendue de son génie. Il allait si loin dans le champ de l'imagination, qu'il aurait bien pu reconnaître que toutes les âmes étaient égales en mérite, et qu'elles ne se dégradaient pas pour avoir choisi le corps d'une fille, d'une mère. Cependant, il veut que l'on laisse à la femme plus de liberté dans le choix d'un époux qu'elle n'en avait alors ; de plus, il lui semble que dans la classe des guerriers, quelques femmes élevées suivant ses lois pourront se relever de leur état d'abaissement.

Maintenant, dans les erreurs que nous allons exposer, il est sans excuse.

Un secret instinct engage les hommes à voiler certaines actions et certaines parties de leur corps. Les usages peuvent exagérer ce sentiment ou le diminuer, faire jeter autour du corps d'immenses vêtements qui dissimulent toutes les formes, ou l'entourer de gazes légères qui laissent tout deviner. Les costumes grecs étaient peu sévères, et cependant Platon les trouve gênants. Il veut que les femmes se mêlent aux amusements des jeunes gens dans une nudité presque complète; ce n'eût peut-être pas été un si grand scandale que dans nos mœurs, mais ce qu'on doit lui reprocher surtout, c'est l'esprit dans lequel il conseille cela. Il s'indigne contre le sentiment commun qui trouve de l'indécence dans le corps de l'homme, il le regarde comme nos artistes contemplent une statue, un tableau. Mais la statue, le tableau ne sont pas vivants; rien qui puisse nous blesser, nous déplaire, nous dégoûter n'émane d'eux. Nos sens n'ont pas besoin d'être éveillés en public; qu'il laisse ces imaginations aux cyniques.

Comme il veut se mettre au-dessus des préjugés de la multitude, il diminue un sentiment naturel au cœur de l'homme et surtout de la femme. Cette idée va le conduire bien loin; il dédaigne la pudeur physique et outrage la pudeur morale. Que fait-il, en effet, en établissant dans son idéal de société la communauté des femmes ? non cette promiscuité animale qui n'aurait pas de nom, mais ces mariages temporaires où la femme passait d'années en années dans les bras de maris successifs. Ne comprenait-il pas que c'était détruire ce sentiment de pudeur, de délicatesse qui existe entre deux personnes unies par les plus doux liens, par les secrets, les confidences intimes qui font tout le charme du mariage. La passion, l'amour du changement, l'inconstance humaine peuvent nous faire violer nos devoirs, mais toujours avec remords, et le législateur ne devait point toucher au mariage pour le changer en une espèce de prostitution publique.

Il ne s'arrête pas là ; s'il veut détruire le trop grand attachement des époux entre eux, pour reporter et distribuer ce sentiment sur tous les hommes et toutes les femmes de la République, il veut aussi que l'amour du père et de la mère ne s'arrête pas sur l'enfant sorti d'eux-mêmes, mais qu'il s'étende à tous les enfants de la communauté. Qu'il eût pu détruire l'amour du père pour son enfant en faisant que tout homme promenât ses vagues amours parmi plusieurs femmes, en le mettant dans l'impossibilité de reconnaître sa paternité, cela lui était facile ; mais, vouloir ôter à une femme le fruit de ses entrailles, vouloir qu'elle aime, qu'elle nourrisse l'enfant d'une autre femme et qu'elle le soigne comme le sien propre, c'est de la barbarie, de la stupidité. On se demande après cela, comment un homme, un philosophe, a pu arriver sans folie à ce degré d'aveuglement. Il faut que son esprit ait été troublé par une idée fixe, autrement il n'aurait pas cherché à renverser toutes les lois de la nature. Un cri de réprobation s'est élevé dans tous les siècles contre le système de la communauté. Sitôt qu'on prononce ce mot, on suppose la communauté des femmes et des enfants, et cela suffit pour soulever l'opinion. Les communistes doivent cette entrave, ce préjugé à Platon ; celui-ci a rendu ainsi un service indirect aux conservateurs de toutes les époques. Cependant, chose étonnante, rien de tout cela n'a rejailli sur sa robe blanche ; son nom est toujours grand, presque saint, malgré les infamies qu'il nous reste à dire et à condamner.

Socrate est accusé ; il ne cherche pas à se sauver, il refuse de faire usage de l'éloquence, et il raconte simplement sa mission, ses actions, son enseignement. Bien loin de se regarder comme coupable, il veut suivre la même ligne de conduite et va au-devant d'une condamnation. On lui laisse le choix de la punition, il demande une récompense. Condamné à mort, il refuse de s'échapper de prison pour remplir jusqu'au bout le devoir du citoyen, et veut obéir à la patrie jusqu'à la mort. Entouré de ses amis et de ses disciples, il s'entretient avec eux des plus sublimes questions de morale ;

il cherche à établir l'immortalité de l'âme au moment où il va s'assurer de cette vérité. Il meurt avec calme, dignité, simplement, avec la conscience d'un sage, d'un juste, avec la conviction de la bonté de la mission qu'il s'est donnée, et sans montrer aucune amertume contre ses juges et ses concitoyens. Il meurt, et sa mort est la plus belle de l'antiquité. Elle a été dans tous les temps offerte à l'admiration, et elle a excité contre les juges de Socrate la colère de la postérité. Cependant ils étaient des hommes graves, ne condamnant point avec l'emportement de la multitude, mais composant un tribunal sérieux où étaient écoutées l'accusation et la défense. Une telle condamnation m'avait toujours paru inconcevable.

J'avoue que l'offrande d'un coq à Esculape, qu'il recommande de faire dans ses derniers moments, m'avait singulièrement déplu. Ce n'était pas dignement finir pour un philosophe ; mais c'est que Socrate n'est pas le moins du monde ce que nous entendons par là, au contraire, il ne rejette pas les dieux de son temps, il croit encore à des génies, surtout au sien qu'il voit, qu'il entend, qui est son bon démon et qui lui montre ce qu'il doit faire. Ce n'est pas seulement une manière de parler pour donner plus d'autorité à ses discours ; il croit bien lui-même à la réalité de ce qu'il appelle le dieu, le sien. Ce n'est donc pas comme contempteur des dieux qu'il est accusé, mais comme ayant voulu introduire des divinités nouvelles. Cela n'aurait pas dû être un crime bien grand pour les païens, mais l'Olympe était déjà embarrassé de divinités, et les prêtres ne voulaient pas qu'on en introduisît d'autres, surtout lorsque celles-ci étaient indépendantes, et qu'elles permettaient qu'on s'adressât directement à elles, sans intermédiaire. Ce grief seul n'aurait pas suffi pour soulever les esprits ; la sévérité des orthodoxes contre cet hérétique devait se voiler d'autres prétextes ; la politique devait y entrer pour beaucoup. On peut dire que Socrate est mort aussi pour ses idées politiques, peut-être plus que pour ses idées religieuses. Le sacrifice de la vie pour ses opinions est toujours noble ; peut-être trouverait-on Socrate plus pur s'il n'avait eu pour objet que la vérité philosophique.

La politique pour laquelle mourait Socrate devait être sans doute celle que nous a exposée Platon, et dont un communisme aristocratique était la base. Que de pareilles doctrines soient prêchées maintenant à tous les carrefours, que celui qui vient ainsi braver les idées reçues, les lois, le gouvernement ne veuille pas se rétracter, bien loin de là, qu'il dise qu'il veut, entend continuer, je ne sais pas le traitement que lui réserveraient la plupart des admirateurs actuels de Socrate. Quant à moi, je serais plus indulgent que ses juges, s'il n'avait pas persisté dans sa communauté des femmes et des enfants.

J'avais entendu murmurer quelques accusations

plus graves ; des poètes, Aristophane, des satyriques, Lucien, faisaient chorus avec ses juges pour lui reprocher de corrompre la jeunesse. Je me disais que c'était pure calomnie, et je ne doutais pas, qu'aux premiers mots de son élève, de son défenseur, tout soupçon s'évanouirait. Mais à peine ai-je ouvert le livre, qu'ai-je vu grand Dieu ! il me tombait des mains, et la rougeur me montait au front. Socrate est mort, Platon se constitue aussitôt son disciple, son successeur, son défenseur. Il fera d'abord éclater l'innocence de son maître dans tout son jour ; s'il ne le peut pas, du moins va-t-il atténuer, voiler les reproches. Il dira sans doute, comme on fait aujourd'hui, que le vice dont on lui fait un sujet d'accusation était répandu dans la société grecque, que c'était un désordre venant du climat, que Socrate cherche à tirer le meilleur parti des hommes comme ils sont, qu'il se contente d'être pur lui-même, et que par là, il est au-dessus de son siècle.

Mais il n'en est pas ainsi, Platon ne regarde pas comme un crime, comme un vice l'amour des garçons. Il n'est pas de son temps là-dessus ; il sait, dit-il, qu'il y a des pays où l'on déteste ces mœurs, et que le peuple a en dégoût les auteurs et les objets de ces criminelles amours ; mais les sages n'en agissent pas ainsi, car ils savent se soustraire aux préjugés avilissants. Il y a deux Vénus, une populaire, l'autre céleste ; la Vénus populaire, c'est l'amour des femmes ; la Vénus céleste, c'est l'amour des garçons, non seulement de leur corps, mais aussi de leur âme ; quel faible correctif ! Et savez-vous où il va chercher les preuves, les raisons de ces abominations ? Dans la plus noble, dans la plus grande vérité de notre nature, dans l'immortalité de l'âme ! Voyez jusqu'où peut aller la déplorable manie du raisonnement, accompagnée des écarts de l'imagination !

Notre âme est l'idée de Dieu, immortelle comme lui, belle comme lui, aimant le bien comme lui. Elle conserve cet amour du bien dans le corps; or, nous avons vu que lorsque les dieux l'y logèrent, ils se virent obligés de séparer les âmes en deux ; de là leur tendance à se réunir, poussées qu'elles sont par l'amour du bien. Lorsque ces âmes étaient dans les corps primitifs, elles étaient comme doubles, c'est-à-dire composées de deux âmes, soit de deux âmes mâles et c'étaient les plus nobles, soit de deux âmes femelles et elles venaient au second rang, soit encore d'une âme d'homme et d'une âme de femme et ces dernières occupaient le dernier rang. Comme ces âmes séparées doivent chercher à se réunir, chacune d'entre elles cherche à retrouver sa propre moitié ; il résulte de là, que les liaisons d'un homme avec un autre sont les plus nobles, parce qu'elles recomposent les âmes les plus distinguées, puis viennent les liaisons des femmes entre elles, et enfin, au dernier degré, il place l'union de l'homme avec la femme.

Ne croyez pas que cela soit quelques mots en

l'air, c'est longuement expliqué et commenté. A chaque instant, nous voyons Socrate dans les dialogues de Platon se montrer docte à disserter sur les sentiments qui doivent exister entre les amants de cette espèce ; il y met autant de soin, d'attention qu'un romancier qui voudrait analyser les plus intimes sentiments d'un amant et de sa maîtresse. Convenons toutefois, qu'au milieu de ces dégoûtantes investigations, il cherche à tirer parti de tout, pour donner de sages conseils sur la conduite ordinaire de la vie, qu'il veut faire servir ces amours à donner de la dignité, de la vertu à ceux qui s'aiment, et lui-même n'a l'air de les rechercher que pour l'amour des âmes, sans se livrer aux turpitudes qu'on lui reproche. Platon introduit dans un de ses dialogues le jeune Alcibiade qui avoue à sa honte que malgré toutes les caresses, les ruses, il n'a jamais pu éveiller les sens de Socrate. Il semble entendre une courtisane qui avoue avoir tenté un saint solitaire ; mais ce passage n'est fait que pour nous inspirer du dégoût. Si Socrate était si insensible, que ne renvoyait-il ce débauché sans souffrir ses infâmes caresses ? ne devait-il pas plutôt se montrer à tous à l'abri du plus léger soupçon ? Cela eût mieux valu que de chercher à tirer quelque bien de cette boue.

O Socrate, ô Platon, vos intentions étaient bonnes sans doute ; malgré vos erreurs, votre morale était pure, noble, désintéressée. Vous avez rendu des services à l'humanité par vos leçons, et votre essai de spiritualiser Dieu et l'homme rachètent bien des fautes, mais votre doctrine de l'amour ne méritait-elle pas un peu la ciguë ?

Aristote.

Platon s'est laissé aller à toute la verve de son imagination ; ses leçons sont des tableaux où il nous peint ses interlocuteurs et nous les rend vivants ; il nous transmet sa doctrine, non simplement comme un professeur, mais, sous le voile des allégories, comme un grand prêtre qui nous initie aux mystères d'Éleusis ; il aime les douces paroles, les effets magiques d'un style toujours brillant; il est moins philosophe que grand poète.

Aristote, au contraire, est philosophe avant tout. Il a une physionomie toute différente, plus grave, plus sérieuse. C'est l'esprit le plus éminent qui ait paru dans les temps anciens. Il embrasse le cercle entier des connaissances humaines ; il les prend au point où elles étaient avant lui, les réunit, les codifie et les transmet à ses successeurs systématisées et agrandies. Sa domination fut souveraine, elle s'étendit dans l'antiquité ; le moyen âge s'illumina de ses idées et ne fit pour ainsi dire que les commenter. Aristote fut rejeté quelquefois, toujours repris, et si dans les temps modernes son autorité avait baissé, aujourd'hui elle tend à revenir à flot. Il cherche à se rendre compte de tout ; il nous apprend comment nous devons penser, ce que nous devons penser, et l'usage que nous devons faire de nos pensées. Il s'occupe du ciel et de la terre ; il rassemble tous les faits importants recueillis sur les propriétés des corps ; il étudie les êtres vivants avec une sagacité admirable ; il est géomètre ; il donne aussi les règles de l'éloquence et de la poésie, règles qui ont duré jusqu'à nos jours ; il est enfin ce qu'on peut appeler une encyclopédie vivante : telle nous apparaît la figure d'Aristote. Contentons-nous de lui demander ce que nous cherchons, c'est-à-dire, le secret de nous-mêmes ; nul mieux que lui ne pourra nous frayer la voie. Dans ses ouvrages, on trouve une philosophie complète, distribuée par ordre de matières, comme on l'enseigne de nos jours. Passons rapidement en revue les différentes parties de son œuvre.

En ouvrant ses livres, nous y voyons un magnifique portrait du philosophe, recherchant les vérités premières, ne se laissant pas aller aux vaines apparences du monde, et capable dans son noble orgueil de rendre les dieux jaloux.

Logique. — Aristote s'est occupé d'abord de découvrir les lois de la pensée, du raisonnement ; il ne les a pas inventées, créées ; avant lui on raisonnait, on faisait des découvertes dans les sciences, mais il a disséqué la raison, vu, examiné le jeu de ses différents organes ; il a pour ainsi dire composé un corps artificiel, une science nouvelle, la grammaire de la pensée; il a perfectionné le syllogisme et en a découvert toutes les subtilités. Pour en arriver là, il commence par examiner comment nous pensons. Les êtres sont l'objet de notre pensée; nous devons les envisager de différents côtés, de diverses manières; nous nous occupons de leur substance, de leur quantité, de leur qualité, de la relation qu'ils ont les uns avec les autres, du lieu qu'ils occupent, du temps où ils existent, de leur situation, de leur possession, de l'action qu'ils exercent, de la passion qu'ils subissent; ces différents points de vue sous lesquels nous devons étudier les êtres, sont ce qu'on appelle les catégories d'Aristote. Cela est ingénieux, mais arbitraire; on a refait ces catégories, et on en refera encore de nouvelles. Les plus célèbres sont celles de Kant. Il y a cependant une grande différence entre le système d'Aristote et celui du philosophe allemand. Le premier considère les êtres en eux-mêmes; Kant, au contraire, ne donne ses catégories que comme des formes de notre intelligence, sans savoir ce que les objets de la pensée peuvent être hors de nous, à l'extérieur, en eux-mêmes.

Comment arriver à la vérité des êtres pensés? Il faut d'abord les étudier en eux-mêmes, et puis dans leurs attributs, leurs qualités, enfin leur appliquer les diverses catégories. Ces catégories ne sont rien par elles-mêmes; elles ne sont ni vraies, ni fausses, elles ne le deviennent que lorsqu'on les affirme ou les nie de certains êtres particuliers.

Nous connaissons les différents êtres par l'idée que nous nous en faisons; ces idées n'existent pas hors de notre esprit, et hors des êtres eux-mêmes, comme le veut Platon, mais elles sont dans notre âme seulement. De plus, nous ne connaissons pas les êtres un à un, mais nous avons aussi des idées générales. Ces idées générales ne sont pas non plus des existences particulières ; elles ne sont qu'une intuition de notre esprit. Voici comment elles se forment : une idée a fait impression, en vient une autre semblable qui s'y ajoute ; supposez une armée en déroute, un premier fuyard s'arrête, un autre fait de même, un noyau se forme plus ou moins compacte ; c'est ainsi que nous avons nos idées générales qui n'existent pas plus que l'armée.

Telles sont nos manières de concevoir et les habitudes de notre esprit. Pour découvrir la vérité au moyen de ces données, il faut raisonner. C'est dans ces recherches sur les lois du raisonnement que brille l'esprit ingénieux d'Aristote; recherches vastes, mais très embrouillées et très compliquées. Elles le conduisent à trouver toutes les règles du syllogisme. De nombreux commentaires ont été nécessaires pour les expliquer, tant à cause de la difficulté de la langue à traduire, que parce que, les objets étant nouveaux du temps d'Aristote, sa pensée s'est ressentie de l'obscurité inévitable dans un tel sujet. Quoi qu'il en soit, il a le mérite incontestable d'avoir fait un corps de doctrine où tout se tient, tout se lie et où sont contenus tous les mystères et toutes les ressources du raisonnement. Mais il ne suffisait pas d'avoir enseigné à faire de bons syllogismes, bien concluants, bien ordonnés, dans lesquels la conclusion fût légitimement tirée des prémisses. Aristote vivait au milieu des sophistes qui se servaient de l'apparence de bons raisonnements pour embrouiller toutes les questions par des subtilités, et rendaient ainsi la connaissance de la vérité impossible dans le dédale de leur argumentation captieuse; aussi, notre philosophe donne-t-il les règles pour découvrir les vices d'un mauvais syllogisme. Il arme ses élèves de toutes les ressources de la dialectique, afin de les mettre à même de combattre les sophistes avec avantage, et de trouver ce qu'il y a de plus probable dans les perceptions qui ne sont pas certaines. Il n'est pas douteux que cela n'ait été un service rendu à l'esprit humain.

Cependant, on doit en rabattre un peu, lorsqu'après de grands efforts on a pu pénétrer dans l'obscurité de son œuvre, éclairée heureusement par le travail des siècles. Il semble d'abord que rien ne doive arrêter désormais dans la découverte de la vérité ; mais lorsqu'on veut mettre la main à l'œuvre, que l'on se rend compte des résultats, on s'aperçoit bientôt que le simple bon sens, la raison la plus commune, pour peu qu'elle soit exercée, découvre aussi facilement le vice d'un mauvais raisonnement, qu'un esprit plus subtil appuyé sur toutes les règles du syllogisme.

Qu'a-t-il donc manqué à notre philosophe, pour tirer un meilleur parti de son œuvre ? Il sait bien qu'il ne suffit pas d'avoir des idées que l'on définit, et que l'on considère sous tous leurs points de vue, qu'il ne suffit pas d'en tirer des conclusions plus ou moins certaines ; mais qu'il faut se prouver ces idées d'où l'on part pour raisonner, qu'il faut avoir quelques vérités premières, inébranlables, sources de toutes les autres, qu'il faut en chercher aussi dans les phénomènes qui nous entourent, dans leur cause, dans leur conséquence, et que les lumières de l'expérience des faits particuliers répétés, examinés, nous conduisent à nous procurer des idées générales. Il le sait, et mieux que personne il en a fait un usage admirable dans l'histoire naturelle et dans les autres sciences ; mais ici il ne s'occupe de cette manière de se procurer des idées, de la méthode d'induction, qu'en passant et pour l'acquit de sa conscience. Cela se conçoit ; il était au milieu des sophistes de l'esprit grec, et il a voulu les combattre par leurs propres armes. Il s'est adonné, presque perdu dans le syllogisme, et il a mis de côté l'observation ; de là des résultats déplorables. De cette manière de raisonner, surtout au moyen âge, on n'a pris que la formule du raisonnement, de sorte que le raisonnement a banni la raison pour des siècles. Des faits ont sans doute été recueillis, des vérités devinées, car l'esprit ne peut s'empêcher de faire ce qui lui est propre; mais ce ne fut que par intervalles et comme par hasard. Tous les efforts se portaient sur le syllogisme pour tirer des conséquences à perte de vue de prémisses convenues d'avance.

Mais enfin notre philosophe a une haute idée de sa mission; il est armé de toutes pièces, il connaît tous les détours de la dialectique, il va faire faire sans doute dans tous les sens des pas de géant à la philosophie. Cherchons ses idées, ses croyances, ses découvertes sur les mystères que nous étudions.

Métaphysique. — Aristote nous dit d'abord ce qu'est le philosophe. Les sages et les savants sont au-dessus des autres hommes, comme les chefs sont au-dessus des manœuvres. Le philosophe est plus qu'un homme, presque un dieu; les dieux, si la philosophie pouvait atteindre son but, en seraient jaloux. Qu'est-ce donc que cette philosophie sublime? C'est la recherche du mieux pour tous les êtres.

Le philosophe donne des lois et n'en reçoit pas, il sait les causes premières et les premiers principes, il a la science de ce qu'il y a de plus général dans les autres sciences.

Après avoir montré le but de la philosophie, il cherche quels ont été les systèmes des philosophes qui l'ont précédé.

Anaxagore a voulu expliquer le monde en ajoutant une intelligence à la matière qui le compose ; idée qui a dû se trouver plus ou moins formellement développée dans l'esprit de tous les penseurs.

Empédocle fait tout venir de deux principes opposés, l'harmonie et la discorde, le bien et le mal.

Démocrite ne voit que le plein ou le vide, l'être ou le néant.

Pythagore compte les mondes, les cieux, trouve dans les nombres leur harmonie ; c'est le fini et l'infini des nombres qui sont principe de tout. Il essaye de faire voir les merveilles du pair et de l'impair.

Aristote discute ces idées : il dit ce qu'il faut y ajouter pour les démontrer, les compléter, les redresser ; il indique ce qu'il approuve, ce qu'il blâme, et développe son propre système.

Il s'occupe de l'être en soi, non de l'accidentel, du probable, de ce qui est périssable ; il laisse ce champ à parcourir aux sophistes aidés de la dialectique. Mais avant de savoir ce que sont les êtres, il faut bien établir comment nous les connaissons.

Les êtres existent en eux-mêmes, hors de nous ; il existent aussi dans notre esprit par les idées que nous en avons. Mais ces idées constitueront-elles une nouvelle manière d'exister pour les êtres en dehors de notre esprit ? C'est ici qu'il combat avec énergie le système des idées de Platon ; il y revient dans chacun de ses ouvrages ; c'est son idée fixe.

Il s'indigne à la seule vue de ces êtres bizarres, et emploie toute la force de sa raison, toute la subtilité de sa dialectique pour les chasser de la science. Il semble qu'il n'ait composé sa métaphysique que dans ce but.

Il ne traite guère mieux les nombres de Pythagore qui lui paraissent usurper le même rôle que les idées de Platon. Il les repousse par des arguments semblables et ne leur accorde ni existence propre, indépendante, ni aucune puissance.

Cependant, il faut bien qu'il mette quelque chose à la place ; si nous ne connaissions que des existences individuelles, notre esprit n'aurait guère de portée ; il ne pourrait faire un pas vers la vérité. Il reconnaît qu'il faut quelque chose dans notre esprit qui soit hors de l'individu ; c'est l'universel, au moyen duquel nous parvenons à avoir quelque science, quelques notions des êtres ; mais ce n'est qu'une faculté, qu'une perception de notre entendement que nous développons lorsque nous rassemblons des idées qui font corps ; tels les fuyards qui s'arrêtent forment un bataillon.

L'avenue ainsi déblayée, où va-t-il nous conduire ? Il marche d'abord armé d'un principe auquel il croit que rien ne peut résister ; c'est celui de contradiction, l'être et le non-être ne pouvant exister ensemble dans le même sujet.

Maintenant, qu'est-ce que l'être, non pas l'accidentel, mais l'éternel ? L'être, c'est d'abord l'unité, car sans unité il n'y aurait qu'agrégation d'êtres et non pas l'être ; ensuite en lui-même c'est la substance, son essence. Cette substance est toujours séparée de la matière et de l'esprit; néanmoins, il lui faut un sujet pour exister, mais elle en est distincte quoiqu'elle lui soit inhérente ; elle n'est pas comprise dans la notion de l'universel parce qu'elle a une existence particulière. Cette existence est éternelle, et vient de sa propre force; en effet, tout ce qui est, est ou bien en acte, en fait, a l'existence actuelle, ou bien existe en puissance, peut devenir. Il existait avant que d'être, d'apparaître; il est donc éternel.

L'être ou la substance en puissance, c'est l'essence seule ; l'être ou la substance en acte, c'est l'essence et la forme réunies ; à bien dire, la forme est la seule chose qui existe, ainsi les eaux, les rivages ne sont pas le fleuve, mais la forme du fleuve ; ainsi la forme de l'homme existe ; ce n'est pas du sang, de la chair, c'est l'esprit qui fait son essence.

Mais qu'est-ce qui constitue cette substance ? Ce sont les éléments, matière de la substance, principes constitutifs ; c'est sa nature, son essence, sa forme; c'est ce qui est sa cause, son principe, ce dont les choses proviennent ; mais tout cela n'existe que par nécessité, parce que cela ne saurait être autrement ; ainsi, le point, la ligne, ne sont rien, ne sont que des existences mathématiques. Cette substance, cet être, n'est point une vérité; il n'est pas vrai en soi; il existe, voilà tout:

il ne devient vérité que lorsqu'il est conçu dans notre esprit ; là seulement peut résider le vrai.

Après ces grandes et profondes conceptions, Aristote jette un coup d'œil sur ses catégories. Il s'en sert pour examiner les êtres, et en même temps, il leur applique son principe des contraires ; ainsi il cherche ce qu'est le grand et le petit, l'excès ou le défaut, l'unité et la multitude ou le nombre.

Pour arriver à tracer toute cette ontologie, il a fallu un génie subtil et profond. On croit à force d'attention parvenir à le comprendre et à saisir la vérité sous ses auspices ; mais lorsqu'on s'est donné bien du mal à suivre son vol, on s'aperçoit que tous ces efforts, tous ces échafaudages étaient pour découvrir l'idée la plus simple, la plus évidente.

Il prouve par exemple que l'homme n'est pas une galère, que Socrate est un homme et non pas l'homme ; qu'il n'y a pas le Socrate vivant, le Socrate pensé et un troisième Socrate. Il se plaint des sophistes, mais que fait-il ? Souvent comme eux il forge des mots, fait des définitions, puis raisonne à l'infini. Ainsi, le mouvement est actualité et n'est pas actualité ; la substance est l'essence et la forme ; elle désigne le dernier sujet ou bien la forme et la figure. Il fonde de grandes distinctions et de graves raisonnements sur le nez camus et le nez retroussé ; croit-on de bonne foi en savoir beaucoup après s'être évertué à pénétrer dans ces profondeurs !

Mais voyons-le revenir de cette nuit métaphysique pour appliquer ses principes aux réalités qui sont essentielles pour connaître le monde, l'homme, et Dieu. Que nous apprend-il?

De tous les êtres, il fait deux grandes familles, les êtres qui ne sont purement qu'êtres, et ceux qui ont de plus la matière. Cette matière sera pour eux la source du mal, de la faiblesse, mais en même temps, elle leur procure la sensibilité; ils ont la substance sensible. Ces êtres existent lorsqu'ils ont la matière et la forme réunies; si cette forme, cette essence vient à se séparer, il n'existe plus rien, tout disparaît; l'être n'est plus. Il y a eu là changement, d'abord à l'arrivée de l'être et à sa disparition; cet être, la réunion de ces deux choses, ne s'est pas fait tout seul, il y avait une cause. Ce principe de changement dans les êtres est la puissance.

D'où vient cette puissance? où s'exerce-t-elle? Comment?

La puissance vient après l'être, il faut être pour pouvoir exister. Il faut avoir un enfant pour pouvoir être mère; d'une autre manière, la puissance est antérieure puisqu'elle peut n'être pas encore en acte; il faut être femme pour pouvoir être mère.

Maintenant, il faut voir à qui appartient cette puissance, qui la mettra en jeu, en mouvement. La cause, l'occasion de l'exercice de la puissance est le bien. Tous les êtres tendent vers le bien, vers le mieux; c'est là que gît la cause de leur mouvement, de leur développement. Ils existaient bien déjà en puissance, leur substance au moins si ce n'est eux ; la forme seule est venue s'y ajouter lorsque le bien a sollicité la puissance, l'a forcé de devenir et de se traduire en acte. Le bien est donc le principe de tout ; c'est le seul, le vrai Dieu d'Aristote. Il donne le mouvement à tout, mais sans se mouvoir lui-même ; sa nature est essentiellement immobile. Il est le moteur immobile ; les autres moteurs reçoivent le mouvement et le transmettent ; ils se meuvent et sont mus.

Le Bien est de tous les temps et de tous les lieux ; il est donc infini dans l'éternité qui est la réunion de tous les temps, et dans l'espace qui est la réunion de tous les corps ; mais cette infinité est toujours en puissance, jamais en acte.

Le Bien est le désirable, il meut vers lui comme objet d'amour, mais n'est pas mû. Il est l'intelligible ; l'intelligence est identique avec cet intelligible, du moins dans l'homme. Cette conséquence ferait croire à une espèce de panthéisme, mais Aristote n'insiste pas, et ne la développe pas.

Dieu ainsi conçu ne peut que se penser lui-même, car, s'il avait d'autres pensées, elles seraient au-dessous de lui ; il serait mû par l'inférieur. Il est un être vivant parfait, essence sans étendue, éternelle, immobile. Le temps, le mouvement sont identiques, éternels, immobiles en lui seul, variables dans tous les autres. Voilà donc le grand Dieu, le grand principe trouvé. Aristote va en déduire les conséquences. Les cieux sont remplis d'astres, de planètes ; ce sont des essences, mais éternelles, des essences qui ont le corps et l'esprit réunis. Comme tous les êtres, ils aspirent vers le Bien, le centre commun, le Dieu immobile. Ces astres étant des êtres intelligents, vivants, il attache une grande importance à leurs évolutions, leurs mouvements, leurs orbites ; choses, je l'avoue, que je n'ai pas trop comprises et que je n'ai pas cherché à éclaircir.

Pour s'accommoder aux préjugés de son temps, il veut établir que les divinités que l'on adore sous des noms divers d'hommes, de femmes, ne sont que la nature même de ces astres, les seconds dieux, les dieux inférieurs. Seulement, on ne les connaît pas tous, et l'on n'adore que les dieux des astres que nous voyons ; s'il y a d'autres cieux, éclairés par d'autres astres, ce sont encore d'autres divinités inconnues pour nous. Quoi qu'il en soit, ces dieux qui nous voient, nous éclairent, doivent s'occuper de nous, nous servir de providence. Faisons comme eux ; après les dieux étudions l'homme.

Aristote commence, conformément à ses habitudes, par nous dire ce que l'on pensait avant lui et ce qu'il ne croit pas être, puis il nous expose son système.

Tout corps qui se meut a une âme ; notre corps est doué de mouvement, il a donc une âme. Cette âme a des sens, mais ces sens ne peuvent résider dans un être simple, tel que le feu ou l'air, parce qu'ils ne pourraient le toucher, il faut donc qu'ils résident dans un être formé de parties solides, tel qu'est notre corps. Notre âme n'est pas ce qui meut; pour cela, il faudrait qu'elle occupât quelque lieu dans notre corps, qu'elle eût aussi des parties solides. Elle n'est pas non plus ce qui est mû, le corps ne saurait avoir atteinte sur elle. Elle n'est pas composée de parties, d'éléments, ni de mouvement. Elle n'est pas contenue dans le corps, elle le contiendrait plutôt, elle peut en quelque sorte en sortir et y revenir. Qu'est-elle donc ? L'âme est la substance, la forme du corps humain, du corps naturel composé de parties et ayant la vie en puissance. Ainsi la substance de la hache c'est son âme, c'est ce qui fait que ce morceau de fer est un tel instrument plutôt que tout autre chose; ainsi l'œil est l'âme de la vision. L'âme est la force du corps, comme le regard est la force de la vue; elle est une espèce de pilote qui dirige un vaisseau, le corps.

L'âme est multiple ou, pour mieux dire, elle a plusieurs fonctions: végétative, elle nous fait vivre; sensitive, elle nous fait percevoir les sensations; intellectuelle, elle nous apprend à connaître le monde, à avoir des idées. Enfin, elle a le mouvement qui nous fait vivre, sentir, comprendre, agir à notre gré, c'est notre âme morale.

Cette âme peut agir avec le corps, en sortir, y rentrer. Cependant elle est obligée de l'abandonner et l'âme sensitive, qui n'a pas eu assez de force pour éterniser le corps, cherche du moins à lui donner une espèce d'immortalité par la génération, qui ne conserve pas l'individu, mais perpétue la race.

L'âme, dans le corps, ne peut rien sentir, rien apprendre sans les sens. Pour remplir les différentes fonctions, pour nous mettre en rapport avec les divers êtres de la nature, nous avons des sens séparés, distincts; ainsi, le sens de la vue est autre que celui de l'ouïe, et nous apporte des sensations d'un ordre entièrement différent. Nous n'aurions jamais pu les apprécier, les comparer, si nous n'avions un sens commun qui fût en rapport avec tous les autres, leur servît d'intermédiaire, de point de réunion et qui fît apprécier la diversité des sensations. Notre âme éprouvant ainsi des sensations variées, nombreuses, s'éclaire et donne naissance à l'imagination.

Tous les animaux qui sentent, se meuvent, se fatiguent, ont besoin de repos; ils dorment. Le sommeil est donc l'insensibilité du mouvement; mais l'imagination peut rester plus ou moins éveillée; de là les songes. Notre philosophe nous donne une explication assez satisfaisante des phénomènes de la veille et du sommeil; Aristote ne s'arrête pas à ce qu'il y a de raisonnable dans ses vues, il va plus loin. Pendant la veille notre âme est unie à la matière et acquiert la science, mais lorsqu'elle dort elle est séparée de la matière;

alors, elle a la possession de la vérité et la contemple sans intermédiaire. C'est avoir prévu le somnambulisme moderne où les endormis sont plus habiles qu'éveillés.

L'âme ne peut se contempler elle-même, elle ne peut voir son image qui n'existe pas, puisqu'elle n'a rien de matériel ; elle connaît lorsqu'elle sent, la connaissance lui arrive d'une manière sensible. L'intelligence est le plus haut point de vue sous lequel on puisse envisager l'âme ; c'est la forme des formes, comme la main est l'instrument des instruments.

Voyons l'anatomie de l'intelligence que nous donne Aristote. L'intelligible est ce qui peut être compris ; cela est en dehors de l'âme comme le tangible est au delà de la main, l'audible hors de l'oreille. L'intellect est ce qui en nous peut comprendre ; lorsque l'intelligible se présente à l'âme, il exerce sur elle une action qu'elle doit subir, c'est l'intellect qui passe d'un état à un autre, qui devient intelligence.

La partie de notre âme qui peut comprendre, l'intellect, ne reçoit pas de changement, est de sa nature immobile et par conséquent éternel ; mais s'il devient intelligence il subit changement, il se souvient et, soumis par le souvenir à la loi du temps, peut mourir ; s'il ne se souvient pas, il peut redevenir intellect pur et persister après la mort. Nous ne pouvons nous en assurer, parce que nous ne nous rappelons pas et ne pouvons pas nous rappeler une autre vie.

L'intelligence contribue aussi à nous faire agir. En effet, il y a dans notre âme le principe du mouvement qui fait croître, grandir, diminuer l'homme, qui le fait respirer, dormir, veiller. Ce même mouvement uni au désir devient la volonté; et lorsque l'intelligence intervient, elle meut ou elle est mue tour à tour, elle se laisse entraîner par l'appétit ou agit avec délibération et sagesse.

De ces diverses considérations, il résulte que l'homme est parce qu'il a la matière, terre et feu, puis, l'âme, substance et forme, enfin parce qu'il est attiré à l'existence par le bien, par Dieu. A ces raisons, Aristote ajoute « le père » et « le cercle oblique » que je n'ai pas compris, non plus que la raison qui fait que « le cube solide » est un indice de la perversité d'un individu.

Voici donc où il nous a conduit avec ses syllogismes et ses déductions; la matière et les substances sont éternelles ; l'âme est la substance du corps, mais elle n'a rien de durable que l'intellect, lequel, s'il ne périt point, n'a pas le souvenir de son existence antérieure ; Dieu est le moteur immobile, n'ayant aucun rapport avec le monde qu'il ne crée pas, qu'il ne gouverne pas, mais qu'il attire à l'existence, au mieux. Et c'est là ce que nous a donné le philosophe le plus sensé de l'antiquité avec tout son génie! L'humanité est bien avancée! Le païen d'Athènes rendant un culte sincère au Jupiter tout-puissant, qui se mêle aux misères humaines pour punir et récompenser, était bien plus raisonnable ; il n'avait qu'à se dépouiller de quelques superstitions pour être en possession de la vérité.

Nous ne sommes guère satisfait des études d'Aristote sur Dieu et sur l'âme, mais il n'est pas le seul qui se soit égaré dans ces profondeurs. Suivons-le maintenant dans un autre ordre d'idées plus pratiques, plus accessibles, dans la morale et la politique. Il est grand observateur, et ne se perdra sans doute pas dans les questions que tout le monde se croit apte à résoudre.

Morale. — La recherche du bonheur doit être le but de nos efforts, la règle de notre conduite, puisque tous les êtres tendent au bien, et que le bien doit être le bonheur des êtres sensibles comme nous. Mais où chercherons-nous le bonheur ? Les richesses et les plaisirs ne sauraient nous le donner ; il est vrai qu'ils n'y sont pas inutiles, ils le complètent et le plus souvent ils sont la récompense des sages, des prudents ; cependant ils ne sont qu'un accessoire. Le véritable bonheur pour l'homme est dans l'activité de l'âme, dans son développement, et cette activité consiste dans la contemplation ; c'est par là que nous ressemblons le plus à Dieu. Une preuve du bonheur que nous nous procurons ainsi est le sommeil du juste, moins troublé par les songes, par les apparitions funestes que celui du méchant.

L'activité que nous donnons à notre âme doit

être réglée d'une manière sage et raisonnable, et s'étendre à toutes les parties de l'âme, car nous avons vu qu'elle est quadruple. L'âme sensuelle doit user des plaisirs des sens avec modération, prudence, ne pas en abuser, fuir les excès. L'âme raisonnable, à qui revient l'hégémonie, doit guider notre conduite, nous faire prendre de bonnes habitudes, des mœurs réglées afin de commander aux deux autres âmes; l'âme sensitive est irraisonnable, mue par les instincts, par les appétits, cependant la raison peut encore avoir de l'autorité sur elle; l'âme végétative est uniquement nutritive, elle a tous les mauvais instincts de férocité, d'amour dépravé, d'habitudes vicieuses, de perversité naturelle; hâtons-nous de la dompter si nous ne voulons pas être entraînés par elle.

Après avoir réglé l'activité de notre âme dans notre propre intérêt, il faut encore régler notre conduite vis-à-vis des autres hommes. Faisons une grande attention sur ce point, car c'est le but principal de la morale d'établir nos devoirs envers les autres, et souvenons-nous que la morale et la politique sont étroitement unies ou, pour mieux dire, ne sont qu'une même chose, une même science. C'est là une grande idée, bien ancienne, qui n'a pas toujours été acceptée, et je ne sais pas même si de nos jours elle réunit les sympathies de tous les politiques.

Les règles de conduite que développe ici Aristote sont sages, applicables, à la portée de tous, toujours bonnes, toujours les mêmes pour tous les hommes; c'est la bonne vieille loi naturelle qu'il expose. Il laisse pourtant échapper quelques erreurs : il ne voit pas au delà de son époque; le père de famille est maître, maître absolu, responsable envers lui-même, ayant sous son autorité sans contrôle le fils et l'esclave, qui eux n'ont absolument aucun droit. L'esclave est considéré comme un simple instrument que notre unique intérêt nous commande de ménager; cependant, Aristote consent à ce que dans certaines circonstances nous puissions le considérer comme un homme et lui rendre justice. Quant à la femme, il la laisse dans l'état d'infériorité où il la trouve, ne lui accorde qu'un droit d'économie, non de politique. Néanmoins il insiste peu sur ce sujet, ses idées à cet égard ne sont qu'indiquées; c'est dans la politique que nous allons les retrouver avec un développement détestable.

Politique. — Aristote a jeté un coup d'œil perçant sur tous les gouvernements dont il a pu connaître la constitution ; il les a analysés et en a tiré les principes qu'il expose dans ses ouvrages. L'homme est un animal politique. Avant même que la famille se forme, la cité existe; avant que de naître, l'homme est citoyen. Pour être digne de ce nom, chacun doit apporter à la société, doit mettre en commun quelque chose, à moins d'être animal ou Dieu. Mais la société, la cité, ainsi formée ne serait rien, cet animal politique serait pire qu'un véritable animal, si la justice n'intervenait pas pour régler les différents rapports entre les citoyens. Les membres qui composent cette société ne sont ni les femmes, ni les esclaves, ni les étrangers; les vrais citoyens sont ceux qui sont nés là, qui peuvent vivre sans un travail manuel ou mercantile; les laboureurs, les ouvriers, les artisans ne sont citoyens que par exception ; à peine s'ils peuvent avoir une existence indépendante, à plus forte raison ils ne pourraient dans aucun cas entrer dans le gouvernement de la cité. La noblesse du citoyen ne lui permet pas de s'abaisser à un travail qui dégraderait, avilirait son intelligence; il doit consacrer tout son temps à l'étude et au gouvernement. La cité ne se compose ainsi que des citoyens inactifs, des nobles comme nous les appellerions.

Quant à ce qui regarde la société, Aristote ne blâme pas les législateurs et les pays qui ont incliné à mettre les biens en commun; mais il préfère que les biens soient partagés ou du moins donnés en jouissance, en ayant soin cependant d'en laisser en commun une partie suffisante pour les nécessités publiques. Pour les autres biens, chacun doit pouvoir en faire ce qu'il veut; mais il tient surtout à ce qu'ils soient travaillés par des esclaves, à défaut de serfs et d'étrangers. On voit qu'il n'a pas porté aussi loin que Platon les idées de communisme en ce qui regarde les biens; néanmoins, il voudrait qu'il y eût une espèce d'habitude morale qui rétablît pour ainsi dire cette communauté. Il ne désapprouve pas les repas en commun, au contraire, il les loue comme moyen de provoquer ces habitudes morales d'égalité et de fraternité.

Nous arrivons maintenant à l'établissement du gouvernement. La famille en est le type, le modèle. Le père représente le pouvoir royal, le mari et la femme, l'aristocratie, les frères, la démocratie. Il n'a pas de prédilection marquée pour l'une ou pour l'autre de ces formes ; mais il tiendrait à ce que dans chacun de ces gouvernements le magistrat fût le plus habile, le philosophe ; il devrait toujours donner des lois, et ne pas en recevoir comme les autres chefs. Tous ces gouvernements sont bons, hors la tyrannie, qu'il déteste au point qu'il permet de tuer les tyrans. Les pouvoirs dégénèrent bientôt parce qu'il y a une lutte constante entre les riches et les pauvres ; les uns trouvant qu'ils sont trop mal partagés du côté des richesses, les autres ne se voyant pas récompensés par assez d'honneurs, eu égard à leurs mérites ; de là, les révolutions, le despotisme, l'anarchie. Pour éviter ces inconvénients, il faut des états moyens où les fortunes se rapprochent le plus possible et où les honneurs puissent être attribués au plus grand nombre des membres de la cité.

Mais dans cette cité ainsi organisée quelle sera la condition de la femme et de l'esclave ?

L'homme et la femme, dit Aristote, s'unissent

par nécessité, donc pas de droit entre eux. La loi n'a pas besoin de s'en occuper : le mari donne des lois à la femme ainsi qu'à ses enfants ; la république doit intervenir très rarement ; quelquefois elle se charge de l'éducation des enfants, et d'autres fois elle prépose un gynéconome pour faire rentrer les femmes dans l'intérieur de leur maison, lorsque la puissance des maris s'est relâchée et qu'ils ne peuvent plus les contenir ; car la femme est regardée comme ne possédant, ainsi que l'enfant, qu'une raison inefficace qui ne lui permet pas de se conduire seule et sans guide.

Une des graves objections qu'il fait à la démocratie, c'est que, les citoyens étant pauvres ne peuvent nourrir chez eux leurs femmes sans rien faire ; aussi elles sortent ; de là les désordres et les crimes dans lesquels elles entraînent l'État.

Telle est la situation de la femme enfermée dans le sérail, regardée comme en enfance, suspecte de tous les vices, et considérée souvent comme un meuble, un instrument. Le pauvre ne pouvant avoir d'esclaves, c'est sa femme qui lui en tiendra lieu, qui sera son esclave, son bœuf ; égalité de litière pour tous deux.

Si la femme est ainsi traitée, on ne doit pas attendre beaucoup d'égards pour l'esclave. Il y a des hommes qui ont la force du corps, qui ne peuvent avoir d'autres qualités, et n'ont rien d'humain dans l'âme : ceux-là sont nés pour être esclaves ; ils le sont par nature, leur race ne peut être libre ; ils ne sauraient se suffire à eux-mêmes, et s'ils ne reconnaissent pas leur infériorité, s'ils ne veulent pas se soumettre au travail, la force, la guerre sont justes pour subjuguer ces classes serviles et rebelles.

Il y a des gens qui discutent de la justice de l'esclavage ; ce ne sont pas sans doute des philosophes ; aussi Aristote ne s'arrête pas à les réfuter, il ne donne pas dans ces absurdités. L'esclave est donc, sans scrupule, un instrument animé aux mains de son maître ; il est créé pour obéir comme le maître pour commander. Le corps obéit à l'âme, la femme à l'homme, l'esclave au maître ; cela est tout naturel, il ne faut pas s'en révolter ni en être plus fier d'un autre côté. On peut, on doit, tout simplement, avoir de l'affection l'un pour l'autre, cela ne tire pas à conséquence, c'est comme entre l'homme et le chien. Il n'y pas à protester, c'est la nature qui le veut ainsi.

Aristote est donc bien sûr de la justice de l'esclavage, il le défendrait au besoin avec force syllogismes. Cependant le prisonnier de guerre peut-il être réduit à l'état d'esclave ? Il a quelques scrupules. Il est bien bon de se troubler pour si peu ! Comment expliquer un aveuglement pareil dans un tel génie ! Il était de son époque, il n'a pas su lever les yeux au delà ; mais il a été encore plus loin dans ses erreurs. Nous allons voir les étranges maximes de gouvernement qu'il ne craint pas de donner et qui lui semblent toutes naturelles.

L'homme de bien n'est pas le meilleur citoyen. Est-ce qu'avant tout il ne faut pas être honnête homme? Il veut dire sans doute que quelque habile homme peut rendre à sa patrie plus de services qu'un autre trop timoré. Qu'a-t-il fait de son alliance de la morale et de la politique? Mais passons.

Il ne faut pas laisser croître la population d'une manière illimitée. Pour atteindre ce résultat, il se présente plusieurs moyens : on peut empêcher les mariages avant un certain âge, et si les femmes deviennent enceintes les faire avorter ; on peut encore, comme les Crétois, permettre aux hommes le commerce des jeunes garçons. Aristote ne sait s'il doit adopter ce moyen ; il se réserve de l'examiner. Ne croyez pas que ce soit par pudeur qu'il recule, car il n'y regarde pas de si près. Il vient de conseiller aux tyrans de s'abstenir de pareilles amours, et cela dans leur intérêt seulement, non dans celui de la morale ; il leur recommande la prudence, la modération, car ces jeunes garçons sont susceptibles : il y en a un qui a tué son roi, parce qu'il lui demandait s'il était enceint de lui ; tel prince a été tué par un jeune homme à qui il avait enlevé son mignon.

Aristote permet tout cela. Il passe sur l'avortement des femmes ; quelle horreur! et s'il naît des enfants mal conformés ils doivent être exposés. Il faut être bien amoureux de la beauté pour vouloir la conserver à tout prix, même par le crime, l'assassinat, l'infanticide.

Aristote s'est enfoncé dans les profondeurs de la métaphysique, il en est revenu avec un Dieu abstrait, éloigné de nous, et avec une âme immortelle peut-être, mais sans souvenir et autant vaut mortelle.

Il a regardé les hommes en société avec son regard observateur, il les a pris comme il les a trouvés, et n'a rien changé, rien innové ; il a vu les abominations que vous savez, et il les a racontées, approuvées sans sourciller. Et l'on s'étonne après cela, que malgré leurs belles découvertes, leurs belles imaginations, les philosophes n'aient jamais pu fonder leurs doctrines dans les sociétés, faire de vrais, de nombreux prosélytes et former un corps de nation !

Qu'ils ont bien mieux fait, ces pêcheurs du lac de Tibériade, de descendre dans le fond de leur cœur ! Ils y ont trouvé gravées, les idées d'amour de Dieu et du prochain ; ces simples vérités, répandues parmi des hommes naïfs et malheureux, ont été saisies avec avidité par des esprits et des cœurs qui eussent délaissé les enseignements philosophiques.

Cousin.

Dieu a organisé le monde suivant ses idées éternelles pour manifester sa bonté, sa sagesse, sa puissance, ou bien, par la considération de sa beauté, il a attiré tous les êtres à l'existence et au perfectionnement. Notre âme est créée pour être immortelle, en suivant des voies infiniment variées, et pour remonter à Dieu ou descendre plus bas; d'un autre côté, on la dit éternelle, elle apparaît à la vie, elle a des éclipses et reparaît encore. Tel est le résultat de la philosophie que nous a laissée l'antiquité d'après Platon et Aristote. Il est étonnant que ces deux génies n'aient pas abordé franchement l'idée de création. Ils ne devaient pas cependant ignorer tout à fait la philosophie de l'Inde qui a élaboré cette idée sous toutes les formes, l'a éclairée, gâtée, obscurcie, et en a fait le fondement de toutes ses religions. Peut-être pensaient-ils que cette idée présentait des difficultés insurmontables. Les modernes n'ont pas trouvé si difficile d'admettre une création; Cousin la présente comme très compréhensible. Nous allons choisir dans les ouvrages de ce philosophe, tout ce qui se rapporte à l'objet de nos études. Cousin est de notre temps; avant d'avoir vu ses doctrines dans ses livres, nous les connaissions déjà par les journaux, les discussions, et à un je ne sais quoi répandu dans l'atmosphère des idées. Il a résumé en lui les travaux d'un grand nombre de penseurs ; il a donné l'impulsion à une foule de jeunes auteurs qui se sont lancés à la poursuite des idées philosophiques dans le passé comme dans le présent ; il était de cette jeunesse libérale, qui faisait palpiter nos cœurs au nom de liberté ; de plus, il a été ministre, c'est-à-dire à portée de mettre en œuvre quelques-unes de ses idées ; il a été critiqué, ridiculisé autant que loué. C'est notre philosophe français par excellence ; demandons-lui pour la vérité le dernier mot de la philosophie.

Cousin commence jeune ; on dirait que le professeur à mesure qu'il apprend quelque chose vient le dire à son auditoire ; on ne saurait distinguer ce qui appartient à l'orateur de ce qui n'est que le développement du système qui l'occupe ; on dirait qu'il vit au jour le jour ; il marche d'abord avec incertitude ; ainsi il fait l'histoire de la philosophie, mais il voit tant de questions si diverses, si ardues, s'agiter autour de lui qu'il en est effrayé ; il ne veut en traiter qu'une et la suivre dans toutes ses phases, la considérer sous tous ses aspects. Bientôt il abandonnera cette voie ; il jettera un coup d'œil d'ensemble sur la philosophie pour examiner la suite des idées. Il ne voulait que déblayer le terrain, exposer, discuter les idées des autres en se gardant de présenter un système, car le système ne doit être que le produit du labeur des générations successives; le lendemain il met au jour l'éclectisme.

Ce qui distingue à ses yeux les modernes des anciens, c'est que les uns avaient étudié l'homme, l'univers et Dieu tout ensemble, confusément, sans méthode, tandis que les autres, avec Descartes, se sont attachés à connaître l'homme et sont partis de cette étude, commencement et source de toute vérité. Ce qui faisait aussi la faiblesse des anciens, c'est qu'ils ne savaient pas sortir des hypothèses, des suppositions gratuites, non prouvées. Je crains bien que les modernes n'aient fait souvent comme eux.

La philosophie a donc trouvé de nos jours la bonne voie. Comment n'a-t-elle pas mis tout de suite la main sur la vérité qui était devant elle? C'est qu'elle a fait la faute de tout accorder à l'idée, soit qu'elle se dise innée, comme chez Descartes, soit qu'elle vienne de la sensation, comme le veut Locke; car il ne saurait y avoir passage de l'idée à la connaissance; on n'arrive à faire ainsi de l'âme humaine qu'une série d'idées ou de sensations; on en vient à supprimer entièrement le moi, comme Hume, et comme lui à faire évanouir la légitimité de toute idée, de tout sentiment, de tout jugement, de toute science. Pour sauver la vérité, il fallait donc trouver quelque chose qui liât les idées aux objets; c'était la loi des substances, loi dont la perception est innée à l'âme et qui donne une origine certaine à toutes nos connaissances qu'elle légitime.

Cousin abandonne bientôt cette manière de voir ou plutôt il la modifie. Le tort n'est plus à Descartes, il est tout entier du côté de Locke et de Condillac. Cousin pense que l'idée innée devient l'aperception, le jugement spontané; il revient à Platon, à Descartes et leur emprunte cette manière de lier l'objet au sujet; il reproche à Locke de vouloir obtenir le moi, non par une intuition immédiate, mais par comparaison avec les autres êtres, par raisonnement; on ne peut animer ainsi, dit-il, l'esprit sous ses propres yeux; l'âme ne tombe pas sous l'œil de la conscience. Ne méritera-t-il pas lui-même un pareil reproche ? Comment pouvons-nous connaître d'après lui?

L'absolu, c'est-à-dire l'éternité, l'espace, l'être, la cause, sont devant le moi, se font sentir par lui, le forcent à les reconnaître; mais aussitôt qu'il s'est reconnu, qu'il a eu conscience, il se pose à son tour et voit l'absolu. Cela a lieu instantanément, sans succession de temps, sans division des choses, dans un primitif concret.

L'absolu nous apparaît aussi en se dégageant de nous; nous nous sentons; nous avons l'instinct de notre moi modifié; nous croyons être; de même, la matière se présente à nous, elle nous donne des sensations; de là nous concluons qu'elle existe. Nous et les choses sommes dans l'espace et le temps, en vertu du principe d'éternité et d'espace que nous avons également en nous-mêmes.

Nous avons aussi dans notre âme l'idée de cause,

d'intuition. Nous ne la trouvons pas hors de nous, dans la matière, nous la mettons en Dieu. Nous sommes ainsi dans l'état actuel, concret ; nous y sommes par la simple aperception qui nous fait voir l'absolu, la vérité, sans réflexion, par un jugement spontané, et dont la clarté diminue parce que nous la considérons soit en elle-même, soit par rapport à nous. Maintenant, au moyen de l'observation de nous-même, de notre moi concret, nous avons éliminé successivement tout ce qui n'était pas lui, nous en avons chassé l'absolu, nous en avons abstrait notre moi individuel. En reportant notre attention sur les autres choses, nous les avons distinguées, connues ; nous sommes en possession des vérités premières, source de toutes les autres.

Nous n'avons pas ainsi l'absolu dans le moi parce qu'il est sujet à varier ; il n'est pas non plus dans le sentiment qui se modifie à chaque instant ; il repose dans notre raison, la seule chose de nous-même qui soit toujours la même.

Mais ces vérités ainsi découvertes ne sont pas des choses abstraites, elles existent ; il faut donc qu'elles aient une substance qui les soutienne ; cette substance c'est Dieu.

Il y a autre chose que la vérité, il y a encore la beauté. La beauté n'est pas seulement ce qui nous fait plaisir à voir, à connaître ; elle nous charme par quelque chose de particulier ; les arts, la poésie, la morale ont leur beauté, mais la beauté ne se trouve pas dans les choses elles-mêmes ; elles ont un idéal qui est Dieu.

Le bien est un autre aspect sous lequel les choses nous frappent. Nous ne devons pas le chercher dans le sentiment de bonheur que nous éprouvons, dans l'utilité qu'il nous procure ; il est dans l'accomplissement du devoir, de l'obligation. Nous avons aussi un idéal de ce bien, c'est encore Dieu, la bonté même, qui ne peut pas être séparée de la justice. On a de la peine à concilier la bonté de Dieu avec le mal qui existe sur la terre. Le mal physique est surtout ce qui touche Cousin ; il existe, il en convient, mais il n'est que passager ; quant au mal moral, il y en a bien peu, puisque malgré cela le monde va toujours son train ; il ne doit pas nous déconcerter, ni nous empêcher de trouver le souverain bien en Dieu.

Ainsi, les idées de vrai, de beau, de bon existent en Dieu. Cependant ici se présente une objection : c'est donc Dieu qui fait la beauté, le bien, la vérité ? non, dit-il, ces idées existent par elles-mêmes, par nécessité.

Puisque ces vérités sont en Dieu, il n'est donc pas un être abstrait, il existe réellement, il est une personne ; il n'est pas relégué loin du monde dans l'abstraction scolastique, il y est présent, uni, quoiqu'il en soit distinct. Puisque Dieu est une personne, il doit nous inspirer des sentiments de reconnaissance, d'amour, d'adoration : de là il n'y a pas loin au culte qui fortifie l'adoration, le respect et qui y ramène.

Dans ce système on peut contenter toutes les opinions. On prend, en effet, la sensation aux sensualistes comme étant nécessaire à l'éveil de la pensée. L'aperception, en vertu de laquelle on obtient la connaissance, espèce d'idée innée, doit satisfaire les idéalistes. Comme les déistes, on a un Dieu distinct de l'univers ; mais en même temps, on le laisse uni au monde pour ne pas mécontenter les panthéistes. Ainsi, on a pris dans tous les systèmes ce qu'il y avait de vrai, il y a eu choix ; l'hérésie des hérésies, l'éclectisme est fondé.

Dans les premiers discours de Cousin passe un souffle libéral qui me rappelle les premières émotions que j'éprouvais en entendant nos orateurs populaires d'alors. Il parle même d'égalité ; il est vrai qu'il entoure de respect l'inégalité de corps, d'esprit et de fortune. Il parle aussi du respect de la propriété, de la personne, de la liberté ; il craint même d'y porter atteinte par la charité ; il ne sait jusqu'à quel point il doit la conseiller.

L'orateur va continuer maintenant ses études à la lumière de l'éclectisme. Il était fier d'avoir trouvé ce système ; c'est avec joie qu'il en rencontre d'abord des traces dans les anciens philosophes ; mais après, il en trouve trop, il a l'air d'en être peiné. S'il n'a pas l'honneur de l'invention, du moins il l'améliorera et il l'appliquera mieux ; c'est ce qu'il fera pour le dix-huitième siècle. Là il y a matière à conciliation : au premier aperçu rien de plus divers que l'esprit de cette époque, il y trouve deux tendances, le sensualisme et l'idéalisme. Sans le suivre dans cet examen, tâchons de saisir ses idées sur l'objet de nos recherches.

Il fait aisément justice de ceux qui, partis de la sensation, ne regardent l'âme que comme un instrument qui vibre, dont la vie est tout entière dans le son qui meurt avec la vibration, qui n'est qu'une suite d'impressions, de phénomènes. C'est surtout dans les conséquences extrêmes où ils sont obligés d'en venir, surtout en morale, qu'il fait voir l'absurdité de leurs doctrines. Il va plus loin, il attaque aussi les sensualistes sensés, raisonnables, qui ont su garder la mesure. Voici ce qu'il leur oppose.

La sensation étant, d'après eux, la source des idées, et la sensation étant quelque chose de matériel, elle ne peut produire que ce qui lui ressemble, des idées matérielles. De plus, l'âme ne peut connaître les objets qu'au moyen d'idées, d'images qui les représentent; or cela ne peut pas être. Si les images peuvent représenter les corps visibles, il ne peut y avoir de représentation du son, de la couleur, du goût. Nous devons connaître les choses en elles-mêmes, sans représentation, sans intermédiaire. Le sensualisme est donc inhabile à nous donner une explication satisfaisante de la pensée. Il y a plus, il n'est pas sûr de la nature de l'âme ; il admet bien qu'il y ait une âme, sujet de la sensation, mais il ne saurait affirmer qu'elle doive être nécessairement immatérielle. Tout ce qu'il peut dire, c'est qu'elle doit être simple, puisqu'elle a concience d'elle-même, et que la matière est composée. L'idéalisme, au contraire, qui admet des facultés inhérentes à l'âme peut bien mieux expliquer l'origine des idées ; il est certain de l'immatérialité de l'âme qui existe hors des corps puisqu'elle est la substance des vérités, choses spirituelles.

Cousin va plus loin. La sensation ne saurait nous donner l'idée de corps ; car dans l'impression, entre l'âme et le corps, il n'y a aucun lien, aucun passage de l'un à l'autre si l'on n'a l'idée de cause, et la sensation ne saurait nous la donner. Nous ne voyons dans la sensation que succession d'impressions et non raison ; nous n'y voyons pas le lien qui unit l'effet à la cause ; il n'y a que des phénomènes et rien de plus.

A plus forte raison, ne saurions-nous y trouver la moindre connaissance de la durée et de l'espace. Les corps ne peuvent nous être connus que si nous avons l'idée d'espace ; et la succession de nos idées qui mesure le temps présuppose la notion de durée. La sensation est impuissante à nous donner ces connaissances.

Lorsque nous éprouvons une sensation, nous avons connaissance de notre âme et de corps étrangers ; nous apercevons la modification de notre âme et les qualités des corps extérieurs, parce que nous avons dans notre esprit l'idée générale de substance. Nous avons en même temps conscience que la modification éprouvée a été la suite de l'action d'un autre objet, parce que nous avons l'idée de cause. Tous les corps, nous les mettons dans l'espace ; nous avions donc l'idée d'espace. Lorsque nous avons le sentiment de notre durée, que nous mesurons ainsi le temps, nous avions déjà l'idée de la durée. Ces connaissances étaient donc dans notre âme avant que nous eussions vu, senti les corps ; sont-elles innées ? Non, c'est l'état actuel de notre âme. Mais la première fois que nous avons ressenti une impression, une sensation, par une perception instantanée, nous avons eu toutes ces connaissances mélangées ; nous les avons vues par un même regard, une même intuition, et ce n'est que successivement que nous avons abstrait, dégagé, chacun des éléments de l'élément concret de la première impression. La sensation n'a donc été que l'occasion de la connaissance ; le véritable principe, c'est l'idée de substance, de cause, d'espace, de durée que nous avions dans l'esprit.

La sensation ne pourrait nous donner rien d'assuré ni d'uniforme ; elle est variable dans tous les hommes, et dans chaque homme à toutes les époques de sa vie ; si elle était la source de la connaissance, chaque homme apprécierait d'une manière diverse et arbitraire, le beau, le vrai, le bien.

Il ne suffit pas à l'homme d'éprouver des sensations pour avoir conscience de lui-même, de sa personnalité ; car elles ne produisent rien que lorsqu'elles sont présentes, et quand elles viendraient à s'évanouir, nous ne nous connaîtrions plus si nous n'avions pas une force qui pense par elle-même.

Enfin, nous ne saurions tirer de nos sens que des notions d'indéfini, de contingent, nous ne saurions arriver à l'absolu, à l'infini ; et nous avons au contraire l'infini bien présent, bien clair dans nos âmes.

La sensation est impuissante à nous donner les plus simples idées des êtres, et ne saurait donc atteindre aux idées générales. Ces manières de connaître ont beaucoup occupé les penseurs ; matière abondante de controverse. On a dit que les idées générales représentaient quelque chose d'existant ; qu'il n'y avait rien au-dessous que des rapports ; qu'elles étaient des conceptions de notre esprit. Ici, Cousin nous donne son opinion, et cherche à faire prévaloir son éclectisme; mais en définitive, il est réaliste. D'après lui, il suffit de s'entendre ; certains mots ne sont que des mots, le particulier seul existe; d'autres n'indiquent que des conceptions de l'esprit, les mathématiques ; les mots *espace* et *temps* ne sont pas des idées générales, ils désignent des choses qui ont une existence bien caractérisée ; mais, il ajoute que ces mots, le *beau*, le *bien*, le *bon*, la *vertu*, la *loi*, le *genre*, expriment des idées générales qui ont une véritable existence indépendante des objets auxquels on les attribue.

Nous venons de voir que le sensualisme ne peut arriver à l'infini, ne peut nous donner Dieu. Il faut venir à l'idéalisme et dire avec Descartes et Leibnitz : je pense, je suis faible, borné, et cependant je conçois un infini, puissant, parfait; donc il existe, ou par ma pensée je serais au-dessus de lui.

Le monde existe, donc il y a une cause extérieure au monde, plus parfaite, plus puissante.

Je suis cause par ma propre volonté, cause faible, de peu de poids; donc, une cause existe plus forte, plus grande, infinie, parfaite. Ainsi, c'est par l'infini qui est dans notre esprit que nous connaissons Dieu.

D'un autre côté, notre âme voit les vérités premières et ne peut ne pas y acquiescer; elle n'est pas maîtresse de s'abstenir, sa raison est emportée par une force invincible, elle ne lui appartient donc pas, elle lui est impersonnelle; et la vérité-personne, la véritable substance de la raison, c'est Dieu. Il est la raison suprême; la justice, la beauté, la vérité sont dans lui, sont sa pensée, sont lui-même.

C'est ainsi que Cousin démontre Dieu. Il ne repousse pas les causes finales, mais elles ne sont pas suffisantes, parce qu'elles supposent le principe de cause, et que ce principe ne saurait nous être donné par les phénomènes de la nature. Dans le monde, il n'y a que du limité, du fini qui ne peut donner de son auteur qu'une idée indéfinie, grande sans doute, sublime, mais qui ne nous démontre pas le parfait absolu.

On peut penser qu'à chaque pas, la question religieuse s'impose à l'orateur. Il dit bien que cela ne le regarde pas, que la philosophie a une même origine que la religion, mais il ajoute qu'elle a une autre manière de procéder et d'instruire, que pendant le moyen âge la philosophie a servi la religion, et que de nos jours, elles ont chacune une carrière parallèle. Il admet que la religion soit conservée pour la masse, que le gouvernement pourvoie aux frais du culte, paye le clergé ; il reconnaît une partie de l'autorité et des bienfaits du christianisme.

En politique, son allure est plus décidée, sa verve libérale s'accroît et se donne carrière. S'il est si fort, si ardent contre le sensualisme, c'est que cette doctrine détruit la liberté de l'homme et que sans liberté morale, il ne peut y avoir de liberté politique. Il déplore que la Révolution se soit faite avec les idées étroites, qui régnaient alors dans la Philosophie. Le seul gouvernement convenable à des créatures qui n'auraient pas la liberté morale serait le despotisme. Il s'élève contre Hobbes qui a en horreur tout ce qui ressemble à des discussions, à des discours, sa parole frémit, il s'indigne. Que pense-t-il maintenant de ces émotions d'alors? Est-il toujours, celui qui célébrait en termes magnifiques le dévouement de Brutus sacrifiant les plus chers sentiments d'affection pour sauver la République ?

La liberté est le fondement de la société; nous y entrons avec nos droits; il faut donc respecter notre personne et ce qui s'est joint à nous, notre propriété; c'est de ce respect que dérive l'égalité.

Le gouvernement ne doit pas son origine à la souveraineté d'un peuple ignorant, qui peut devenir tyran; mais il ne crée pas non plus les droits des citoyens, il est institué seulement pour les faire respecter. Le pouvoir qui n'est pas juste perd tous ses droits, lors même qu'un peuple imbécile et imprévoyant aurait voté la tyrannie. Ce qui est de droit, c'est la souveraineté de la raison; ni peuple, ni roi, ne peut rien ordonner qui lui soit contraire; et s'il en était autrement, il faudrait résister, s'insurger, contre ce qui est injuste. Cependant, quoiqu'un trône ne soit que quatre planches, il est nécessaire de le respecter par prudence. L'assemblée du peuple, les juges qui ont condamné Bailly, on doit les garder parce que le pouvoir, la justice, n'ont pas en général de ces aberrations. Il faut que le gouvernement reconnaisse les droits des citoyens. C'est l'immortel honneur de l'assemblée constituante d'avoir proclamé les droits de l'homme; ces principes reconnus partout feront un jour l'unité de l'Europe.

Cependant, il n'est pas nécessaire que tous aient part au gouvernement; il suffit que les droits sociaux soient intacts. Un des plus importants est le droit de propriété; il dérive de l'exercice des facultés de l'homme, de son travail. Ce n'est pas là l'unique fondement de la propriété; il faut avant tout qu'il y ait eu occupation. Dans tous les cas le travail doit être libre; on ne peut forcer personne à travailler, par respect pour la liberté; par le même motif, il faut que l'échange soit complètement volontaire.

L'exercice de nos facultés ne regarde que nous; cependant, si nous nous abrutissons, comme nous ne vivons pas seuls, nous serons un mal pour la société. Elle est donc intéressée à donner l'éducation, à veiller jusqu'à un certain point au développement de l'homme tout entier, et à la répression de certains abus qui paraissent ne nuire qu'à nous-mêmes.

Notre philosophe en était là du développement de ses idées quand la Restauration suspendit son cours; il reparut dans sa chaire à la veille de la Révolution de Juillet.

Il revient superbe et dédaigneux contre le clergé qui disparaîtrait au premier signe un peu sévère de la philosophie. Il a d'ailleurs des formules de respect, d'estime pour le christianisme; mais là même perce quelque chose de menaçant. Il est la dernière des religions, et par cela même la meilleure. Ce mot « dernière » a dans sa bouche quelque chose d'équivoque. En effet, la religion est la philosophie du peuple; c'est la foi naïve de l'humanité dans la vérité. Mais cette vérité est enveloppée de symboles, il faut l'en dégager; elle est pleine de mystères, il n'y en a pas pour la philosophie qui tend la main à la vérité pour l'élever au-dessus du christianisme, au-dessus du demi-jour du symbole et du mystère. La philosophie est la vérité des vérités, la lumière des lumières, l'autorité des autorités; elle avance toujours et ne recule jamais. L'histoire de la civilisation est son piédestal, elle voit au-dessous d'elle le développement de l'utile, du beau, du juste, du divin, dans la politique, l'art, la justice, la religion; la fin de tout ce mouvement sera sa diffusion sur un plus grand nombre d'âmes.

Voyons la doctrine au nom de laquelle on dit de si belles choses; Cousin va l'exposer dans toutes ses conséquences. Il part toujours de l'étude de l'homme pour arriver à la vérité. Nous connaissons sa manière; il passe de l'actuel au primitif, seulement il l'a modifiée un peu. Il avait établi que nous pouvions envisager toutes nos connaissances sous quatre points de vue, suivant les quatre catégories du temps, de l'espace, de la cause et de la substance. Maintenant il les réduit à l'infini, au fini, et au rapport du fini avec l'infini. Il renferme là toutes nos idées; ainsi, de l'espace illimité et de l'espace, de l'éternité et du temps, de la substance et de la qualité, de la cause et des phénomènes, du nécessaire et du contingent, de l'unité et de la multiplicité, de l'uniformité et de la variété, il prend tous les premiers termes pour en former l'idée d'infini, et tous les seconds pour les ranger sous celle de fini; mais nécessairement, un de ces termes appelle l'autre, l'éternité suppose le temps, et le temps amène l'éternité; il y a là un rapport, une nouvelle idée; donc dans notre manière de connaître il y a trois sortes d'idées, trois catégories.

Notre âme, notre raison est ainsi faite que nous pouvons avoir une volonté sur notre façon d'être, de vivre, de sentir, de jouir, d'aimer, mais qu'il nous est impossible, étant donné une chose quelconque, de ne pas la voir sous l'une des trois catégories. Nous ne pouvons pas voir les corps que nous ne les mettions dans un espace limité, apercevant en même temps l'espace illimité, et comprenant la différence qu'il y a entre les deux. Nous ne sommes pas les maîtres de donner ou de refuser notre assentiment à ces vérités; nous ne pouvons ne pas les voir; elles ne sont donc pas à nous, ne nous appartiennent pas, ne sont pas notre œuvre, sont hors de nous, ont une existence à part, elles sont dans notre raison, la constituent, sont son essence. La raison n'est donc pas à nous, elle est chez nous, elle n'est pas nôtre, ne nous est pas personnelle; mais cependant, cette puissance, cette raison, existe; elle doit donc avoir une substance qui la contienne, une cause qui la détermine. Cette substance, cette cause, ne peut se trouver qu'en Dieu; Dieu est la raison impersonnelle de l'homme. Cette raison aboutirait à la tyrannie si l'absolu seul était ; mais elle est tempérée par le rapport du fini à l'infini.

Ces idées sont dans notre esprit mêlées, confondues, obscurcies par nos passions, par nos faiblesses ; mais en Dieu elles sont claires, distinctes, évidentes, complètes, réalisées. Le temps, l'espace, la substance, le beau, le juste, les corps, les qualités, sont en Dieu, contenus en lui. Cela n'est pas du panthéisme, parce que nous sommes ici bien loin de la nature humaine et du monde ; nous sommes dans le pays des idées et de l'abstraction, de l'absolu. Pour exister réellement ces idées doivent se réaliser. Comment cela aura-t-il lieu ? Par la création.

La création a paru impossible à bien des penseurs, parce que l'on croyait qu'il aurait fallu que le monde eût été tiré du néant, ce qui ne peut se faire, car rien ne vient de rien. On en concluait que le monde était éternel ; mais ni la première, ni la seconde de ces conclusions n'est vraie.

En effet, la création ne consiste pas à tirer du néant. Le néant n'existe pas, on ne peut l'exprimer qu'en sous-entendant une affirmation, celle de l'existence de celui qui parle, de celui qui agit ; tirer l'être réel du néant, de ce qui n'existe pas, est contradictoire.

Il est absurde d'un autre côté que le monde existe indépendamment de Dieu. Deux principes absolus sont contradictoires ; notre esprit ne peut concevoir un absolu qui ne soit pas absolu, un infini qui ne soit pas infini.

La création ! mais rien n'est plus facile à comprendre. Et d'abord, nous est-il bien aisé de connaître Dieu ? Il est en nous, nous sommes en lui. Il est la vérité dans la moindre de nos connaissances ; la puissance dans la moindre de nos actions ; *in Deo movemur et sumus ;* dès lors, pour avoir le secret de la création regardons-nous agir nous-mêmes. Quand nous voulons, nous créons ; nous avons une pensée, une volonté ; ce qui n'existait pas arrive. Cette création de notre pensée n'a rien changé en nous ; nous sommes toujours, nous sommes identiques, nous ne sommes ni augmentés, ni diminués, nous ne sommes pas dans nos volontés, nos pensées, elles s'échappent de nous, elles sont recueillies, propagées, elles s'évanouissent, cela ne fait rien à notre existence.

De même lorsque Dieu crée, ce n'est autre chose pour lui que vouloir, penser, se développer, être. Il ne perd rien de lui-même ; comme nous il reste lui-même. Notre volonté est à nous, mais n'est pas nous-mêmes ; ainsi la création, la volonté de Dieu est sienne, mais il n'est pas tout entier en elle. Nous sommes distincts de nos pensées ; il doit être distinct de sa création. Il y est comme dans un reflet. D'après notre propre nature, nous avons ainsi une idée claire de ce qu'est la création.

Dieu ne peut être sans se manifester ; il ne peut être en puissance, il faut qu'il soit en acte. Il doit donc toujours créer. Il se reflète incessamment dans ses ouvrages ; mais il en reste toujours distinct, uni quoique séparé. Dieu n'est donc pas l'absolu, l'abstrait, l'être en soi, l'immobile. Il n'est pas non plus la cause attachée au phénomène, au monde, produisant toujours, n'ayant pas d'existence hors de son œuvre. Il est le Dieu d'Aristote et le Dieu de Platon, le Dieu de la scolastique et de Spinoza ; c'est en un mot le Dieu de l'éclectisme qui réunit toutes les qualités. S'il fallait donner un nom à ce système, je l'appellerais mono-panthéisme.

De l'idée de l'homme, nous sommes arrivés à Dieu, de Dieu nous sommes descendus au monde ; nous sommes partis de ce monde, nous sommes revenus à nous-mêmes, à l'homme. Assistons au développement de son intelligence.

Nous avons des idées, ces idées ne sont pas des images qui représentent les objets, les êtres, mais plutôt nous avons dans notre esprit des idées qui sont réalisées, représentées par les êtres. L'idée de Dieu est représentée par Dieu, celle du monde par le monde ; elles attendaient leur objet pour apparaître. Assistons à leur naissance.

Transportons-nous par la pensée au premier moment où par une espèce d'intuition ou d'inspiration nous avons eu conscience du monde et de nous-mêmes. Il est certain qu'à cet instant nous ne voulions pas. Pour nous mettre dans une position à peu près semblable, prenons un de ces moments où la pensée nous arrive involontairement, nous découvrirons comment nous agissons, comment nous pensons. A la première sensation, nous avons l'aperception, l'intuition de notre moi, nous en avons conscience, mais c'est un moi limité, faible, infirme. En même temps, nous avons également conscience d'un non-moi également limité, au moins par notre moi ; et invinciblement nous avons eu aussi conscience d'un autre moi et d'un autre non-moi qui nous embrassaient tous les deux, qui n'étaient limités par rien ; nous avons eu dès lors l'affirmation du fini et de l'infini, et du rapport de tous les deux.

Beaucoup en sont restés à cette vue plus ou moins confuse ; mais si l'on va plus loin, si l'on approfondit le fait seul de la conscience, nous pouvons nous voir, nous regarder penser ; si l'on exerce cette faculté, si nous réfléchissons, nous verrons plus clairement, nous comprendrons mieux l'infini et nos rapports avec lui. Mais nous sommes faibles, nous ne pouvons porter notre attention partout à la fois, nous sommes forcés d'analyser, de connaître en détail ; pour mieux voir les parties nous négligeons l'ensemble, de là la cause de nos erreurs et de celles de la philosophie.

La source de nos connaissances est la réflexion ; la philosophie s'en occupe, la dirige. La philosophie se préoccupe d'abord de l'idée de l'infini, elle en est absorbée, puis elle passe à l'examen du fini pour arriver de là au rapport des deux. L'Inde nous offrira la première l'idée de l'infini, la Grèce celle du fini. Chacun de ces points de vue particuliers se développera successivement ; l'idéalisme et le sensualisme régneront tour à tour, pour venir ensuite se fondre dans l'éclectisme, conciliation des deux. Mais dans son chemin la philosophie aura scruté et complété toutes les branches de la connaissance humaine. Elle est ainsi la plus haute et la plus claire expression de l'humanité ; elle aura marché à côté d'elle, se sera développée en même temps, aura suivi une ligne parallèle, son histoire sera l'histoire de la civilisation. De même que la philosophie a trois phases, l'humanité aura eu trois époques, celle de l'infini, du fini, et de la réunion des deux dans l'éclectisme historique.

Les hommes commencent par l'infini. Les premières sociétés, qui correspondent à cette idée de l'âme humaine, devront être infinies dans le temps, immobiles dans leurs institutions, ayant toujours la même physionomie, suivant les mêmes errements. Elles seront infinies dans l'espace ; elles habiteront d'immenses plaines, elles seront unes, absolues dans leurs lois et dans leurs gouvernements, dont le fond sera le despotisme. Tous ces caractères se trouvent en Orient, où commence en effet l'histoire de l'humanité. Mais l'humanité ne doit pas être stationnaire, il faut qu'elle marche ; les peuples qui ont représenté cette première halte doivent être dépassés, l'histoire doit aller ailleurs pour arriver au fini, à la variété, à la mobilité. Cette phase nouvelle nous apparaît en Europe. Là l'espace limité et accidenté où vivent les peuples, la mobilité et le changement perpétuel dans leurs mœurs, leurs coutumes, leurs lois, leurs gouvernements, représentent d'une manière saisissante le fini dans le temps, le varié, le limité dans l'espace.

L'Orient est immobile, l'Occident mobile ; mais pour nous représenter cette mobilité, il faut que toutes les idées qui font la vie de l'humanité se développent successivement. Chaque peuple de notre Europe aura une mission spéciale à remplir, c'est ce qui lui donnera son individualité, sa vie, sans cela il n'aurait pas une idée nationale, il ne serait pas un peuple, une nation. Il représentera toutes les données philosophiques, l'idéalisme, le sensualisme, les unes après les autres, en leur temps et leur lieu. Il trouvera celle que le climat, la nature du sol, sa position lui assignent plus particulièrement, celle qu'il est appelé à faire valoir. La marche de l'humanité ne doit pas être entravée : lorsqu'un peuple a manifesté l'idée pour laquelle il vivait, qui lui a donné la domination, il doit céder la place au peuple qui vient apporter une nouvelle idée ; puis, il faut qu'il disparaisse, qu'il soit écrasé, anéanti dans l'histoire.

L'idée qui a ainsi dominé dans un peuple était vraie, avait sa raison d'être dans son temps ; mais elle est devenue fausse, hors de service : ainsi, l'erreur est la forme de la vérité.

Mais le peuple qui avait la domination ne consent pas à sa condamnation, il veut vivre. De là, nécessité de le mettre à la raison par la force, par la guerre; il aura beau se tourmenter en vains efforts, il est condamné, il faut qu'il périsse. La conséquence de cette théorie est que la guerre est juste, sainte, nécessaire, sans elle l'humanité serait immobile. Qu'importe d'ailleurs la mort de quelques héros, il seraient morts un jour ou l'autre, il vaut bien mieux qu'ils soient morts pour la gloire, pour la défense d'une idée. C'est ainsi que nous sommes allés porter les idées nouvelles dans toute l'Europe à coups de fusil.

Notez que la victoire prononce toujours d'une manière sage, juste; la défaite est une preuve que le vaincu était désormais inutile. Il est d'ailleurs toujours battu par sa faute; il ne fallait pas qu'il se négligeât; il ne faisait pas assez attention à ses soldats; il n'avait plus l'énergie, gage de la vie : qu'il fasse place !

Les nations ont trouvé des difficultés à montrer leurs idées, à les faire respecter, reconnaître; de même, dans chaque peuple, l'idée nouvelle ne sera pas accueillie par tous : que les oppositions, les résistances soient écrasées ! J'admire Brutus, mais je suis forcé de convenir qu'il avait tort, parce que César représentait l'idée nouvelle. Les peuples ont leur idée à mettre en œuvre; mais ils sont faibles pour cela, parce que cette idée ne repose que sur des individus préoccupés d'autre chose, isolés, faibles; il faut qu'il vienne un grand homme pour résumer toutes ces parcelles de volonté, et représenter avec énergie l'idée venue à maturité. Il faut de toute nécessité qu'un grand homme se montre ; cette nécessité est toujours remplie à temps.

Les grands hommes se montrent également à un autre signe évident ; c'est qu'ils réussissent. Ce n'est pas par eux-mêmes, mais par l'idée qui leur est confiée. Ils n'ont que faire d'être gens de bien, d'avoir au fond un grand génie, il faut qu'ils représentent bien l'idée dominante. Quand ils sont vaincus, tant pis pour eux! ils ont fait défaut à leur mission ou leur rôle était fini. Voyez l'histoire, étudiez les grands hommes, considérez les résultats des grandes batailles; l'idée nouvelle a toujours été victorieuse dans ses grands représentants. Waterloo semble d'abord contrarier cette vérité; mais attendez. Il n'y a pas eu de vaincus ni de vainqueurs ; c'est la dernière bataille, c'est la fin de l'histoire, la réunion du fini et de l'infini ; c'est l'avènement de l'éclectisme politique confirmé par la Charte.

Après cet enseignement, les faits politiques se pressent; viennent les journées de Juillet, Cousin fait encore un rapport sur les pensées de Pascal dans un esprit hostile au clergé. Il exagère le scepticisme de cette intelligence tourmentée par le doute. Je ne crois pas que l'on doive prendre au pied de la lettre beaucoup des pensées de Pascal; on doit y trouver plutôt un sens ironique. Ainsi, lorsqu'il dit : « Trois degrés décident de l'erreur; vérité d'un côté d'une rivière, fausseté de l'autre.....

Qui passera de nous deux ? Il a quatre laquais ; je suis un sot si je conteste..... Les hommes n'ayant pu faire que la justice fût forte, ont voulu que la force fût juste ». Est-il si difficile de voir le vrai sens de ces boutades, lorsque l'on se rappelle les belles paroles par lesquelles il termine une des Lettres provinciales : « La violence n'a qu'un cours borné..... au lieu que la vérité subsiste éternellement ». Ainsi, quand il se plaît à rapporter les incertitudes de Montaigne, il le fait pour montrer la faiblesse de la raison humaine en certaines choses, sans vouloir arriver au doute sur les vérités premières ; comme je le fais moi-même, en ce moment, sans être sceptique pour cela.

Cousin est ministre. Il a fait faire des progrès à l'instruction publique, mais il n'a pas soutenu franchement la guerre qu'il semblait avoir annoncée à l'Église. Il se maintient philosophe, mais il veut que l'enseignement reste chrétien, sauf à la jeunesse de faire plus tard ce qui lui conviendra.

Les questions politiques sont devenues plus graves, plus profondes qu'on ne l'avait prévu. Cousin reprend son discours sur le vrai, le bien et le beau, première et dernière expression de ses croyances philosophiques. Que nous sommes loin maintenant du langage d'autrefois! Nous trouvons bien encore quelque chose de général, d'absolu dans notre raison ; mais cette raison nous est donnée, nous appartient, nous est personnelle. Si encore nous voyons Dieu en nous, si nous le comprenons, il n'y est plus tout entier et il nous reste incompréhensible d'un côté. Nous ne parlons plus de la philosophie de la nature de Schelling comme du dernier mot de la science. Nous ne regardons plus Hégel comme le suprême génie de la philosophie. Nous sommes partisan de l'absolu ; seulement, au lieu de partir comme eux de l'absolu, nous y arrivons par le moi ; au lieu de la méthode de déduction, nous suivons la méthode d'induction. Nous n'arrivons pas à leur dernière conséquence, nous ne nous laisserons pas absorber par l'absolu.

Le changement est bien plus grand dans la manière d'envisager la question religieuse. On n'a plus un superbe dédain, un air protecteur ; on ne met plus la philosophie sur le piédestal ; on est plus complaisant, plus conciliant ; on tend la main à la religion ; on ne trouve presque plus de différence et on est tout disposé à traiter sur le pied de l'égalité la plus parfaite. On est tout prêt à la comprendre dans le vaste sein de l'éclectisme, comme éclectisme religieux.

De même que la politique y était entrée avec les institutions parlementaires, de même nous ne doutons pas que dans le moment présent l'impérialisme ne puisse, lui aussi, être amené dans son giron.

Mais l'éclectisme n'a pas besoin de cette conquête pour être tout-puissant ; il est officiel, il est maître des chaires, des livres universitaires, et bien qu'il ait été vivement attaqué, je crois qu'il est encore dominant dans les esprits. Nous avons tâché d'en donner une idée; nous en avons montré le squelette. Nous avons pris pour sujet de nos études les œuvres du maître. La doctrine a pu être modifiée, agrandie, mais nous nous en tenons à Cousin, car c'est chez lui qu'est né, que s'est formé le système. Maintenant examinons de quelle valeur est l'éclectisme pour ce qui nous intéresse.

Cousin est un écrivain brillant, visant à l'effet. Si la voix et le geste répondaient à ces qualités, il devait être un orateur éloquent et entraîner son auditoire. Son style est clair; malheureusement, il a été en Allemagne, et voulant paraître profond, il est devenu parfois obscur et nuageux. Il fait des mots nouveaux. Souvent il est difficile de le suivre; on croit avoir saisi ce qu'il veut dire, mais le livre fermé, il ne reste de toutes ces subtilités aucune notion certaine et précise dans l'esprit. Il en est ainsi de son *actuel* et de son *primitif*, la base, la source de tout son système. Sous ces expressions nouvelles, du moins détournées de leur sens ordinaire, après bien des recherches, on trouve que ce sont les premiers principes indémontrables qui sont dans l'âme de l'homme d'après Aristote, les idées éternelles de Platon, auxquelles nous rapportons nos connaissances, les idées innées de Descartes qui nous font connaître les vérités que les sens ne peuvent nous apporter, et les facultés de Laromiguière. C'est moins clair, mais cela ressemble un peu plus à Kant et à Fichte, c'est plus allemand, voilà le mérite. Car autrement, quel est ce primitif que nous ne connaissons que par une aperception spontanée, que nous ne pouvons connaître au moyen de la réflexion, puisqu'il n'est plus lorsque nous voulons l'analyser? C'est comme l'enfant qui veut se regarder dormir. Cette manière de se connaître en faisant examiner l'âme par la réflexion, ce qui revient à dire l'âme par l'âme, a été critiquée, on a dit : que c'était se mettre sur la scène et se regarder du parterre ; cela est vrai, mais il est impossible qu'il en soit autrement, on ne doit lui reprocher que de se mettre trop en scène, de ne pas y mettre assez souvent les autres hommes, et de ne pas assez consulter l'humanité. Dans cette contemplation qu'il avait d'abord repoussée, et qui est devenue son unique moyen d'étude, il trouve l'origine des idées, et ne veut pas qu'elles viennent de la sensation. Dans les critiques qu'il adresse aux sensualistes, je crois qu'il leur prête plus qu'ils ne disent. Que prétendent-ils en effet? Que les sensations sont des impressions qui agissent sur nos organes, sur nos nerfs, ceux-ci sur l'âme, et que là, ils deviennent idée, connaissance. Comment? Ils ne le savent pas : *est virtus dormitiva*. Les idéalistes veulent, au contraire, que l'âme ait en elle-même des idées, des connaissances, qui ne demandent qu'une occasion pour sortir, se montrer. Mais comment? Pourquoi l'âme a-t-elle cette faculté, cette puissance? *Quia est in ea virtus*. Je ne trouve les uns guère plus avancés que les autres. Je croirais assez volontiers que les idées se forment par expérience, successivement, que l'esprit commence à se former dans l'enfance, depuis les notions les plus simples jusqu'aux plus générales, plutôt que d'admettre un concret primitif qui se trouve complet dans l'enfant avec toutes ses connaissances, et qu'il suffit plus tard d'analyser pour les en faire sortir. De quelque manière que nous ayons des idées, nous en avons de particulières et de générales. Cousin a bien vu que certaines idées, dites générales, n'étaient que particulières; parmi les idées générales, il en trouve qui ne sont que des conceptions de l'esprit, les mathématiques; les autres qui représentent quelque substance. Je crois que toute idée générale, qui a vraiment ce caractère, n'existe pas hors des objets auxquels elle s'applique, et que celle qui a un objet déterminé est particulière, quoiqu'elle semble parfois avoir quelque chose de général. Ainsi, la loi qui est écrite est bien chose existante dans tel lieu, dans tel endroit ; si on doutait d'elle, elle a juge et gendarme à son service. Avant d'être sur le papier, elle était dans la tête du législateur, auparavant dans celle de Dieu ; mais la loi indiquant le rapport entre les êtres, la loi ayant caractère de généralité, n'est rien sans les êtres auxquels elle se rapporte. L'humanité comprenant tous les hommes présents, passés, à venir, en opposition avec les autres existences, est une chose particulière, existant bien réellement ;

mais l'humanité, montrant ce qu'il y a de commun entre les hommes, n'est rien que l'expression d'un rapport. Il en est de même de l'éternité, de l'espace, et quant à Dieu lui-même, suivant l'idée qu'on a de lui, de son essence, il est une idée générale ou particulière. Dieu a fait le monde, il existait avant lui, il sera après lui ; dans cette manière de voir, Dieu est réellement, en vérité ; le mot Dieu renferme donc une idée particulière. Si au contraire Dieu est la raison du monde, mais confondu avec le monde, le Dieu substance unique, il n'est plus qu'une idée générale, il cesserait d'exister si le monde des esprits et des corps n'existait plus.

Quoi qu'il en soit des idées générales, de la manière dont nous nous procurons toutes nos connaissances, l'important est de répondre à ces questions : Qu'est-ce que l'âme ? où est-elle ? que devient-elle ? où sera-t-elle ? Cousin nous dit bien que nous avons une âme, qu'elle est spirituelle, qu'elle est le siège de notre raison. Mais cette raison tantôt nous appartient, tantôt nous est impersonnelle. Dans ce cas qu'est notre âme, si elle n'a pas de raison en propre ? Peut-elle avoir une véritable existence ? Ne risquons-nous pas de la perdre en Dieu ? Cousin ne lui donne pas un lieu où elle sera après la mort, paradis ou enfer ; il n'entre pas dans ces détails.

Nous n'avions trouvé la certitude de notre vie future que dans l'existence de la douleur, et le mal ne paraît plus ici que bien peu de chose ; à vrai dire, c'est un élément infiniment petit ; c'est un peu de fini ; c'est une exception que l'on peut presque passer sous silence. Mais comment ! Le mal n'est que peu de chose ! Soit, dans la société modèle, favorisée, où vous êtes, illustre professeur ; mais ceux qui n'en font pas partie, qui souffrent par leur faute quelquefois, souvent malgré d'héroïques efforts, que les infirmités accablent, il ne vaut pas la peine de les compter ! Comptez-les ceux qui, dans tous les temps, dans tous les lieux, ont succombé sous l'oppression de la tyrannie, sous la hache des bourreaux, par le glaive populaire, par les horreurs de la guerre, et vous aurez une bonne partie de l'humanité dans cette exception. Hâtez-vous d'établir la justice de Dieu, que ce ne soit pas comme une considération presque superflue, surabondante, non, cela presse pour ceux qui ne veulent pas désespérer des hommes et de Dieu. Il le faut, car votre Dieu est le Dieu du bien, comme du vrai et du beau. Mais cette idée de la divinité ne paraît ni claire ni suffisante.

En effet, il n'est que trop vrai qu'il y a des crimes, des intentions perverses ; ce sont des faits, des vérités. Ce n'est pas ce genre de vérités qui doit entrer en Dieu ; les faits de la nature sont vrais, ils ne sont pas cependant en Dieu.

Le beau, le vrai, le bien, étant dans une même personne, devraient se confondre pour ainsi dire. Cependant, il y a des choses vraies qui ne sauraient être belles ; ainsi, il faut être ardent, enthousiaste géomètre pour trouver la beauté d'un théorème de géométrie, et il faut avoir encore meilleure volonté pour le trouver bon, juste, équitable. De plus, ces vérités du beau, du bien, du juste, sont par elles-mêmes, elles ne sont pas créées, elles sont en Dieu, une pensée de Dieu; mais elles ne sont pas lui; elles semblent exister par une nécessité invincible; dès lors, au delà de Dieu, de l'absolu, il y a encore quelque chose; comme chez les anciens, le destin est au-dessus des dieux. Cette idée de Dieu n'est donc guère satisfaisante ni compréhensible. Elle n'était pas meilleure quand on faisait de Dieu la raison impersonnelle de l'homme, en le mettant en nous, en le faisant comprendre par nous, en faisant de lui la puissance de notre volonté, l'intelligence de notre pensée. On tombait ainsi dans le panthéisme des esprits, des substances immatérielles; on a modifié ces idées, on nous a accordé notre raison, et l'on a bien fait, car il n'y a rien qui nous appartienne mieux. Nous ne nous la sommes pas donnée, comme nous ne nous sommes pas donné la vie; mais nous savons bien qu'elle est en nous, qu'elle est nous, qu'elle est notre âme, qu'elle est une faculté, une propriété de notre intelligence. Tous ces mots, ainsi que ceux d'esprit, de volonté, de sentiment, ne sont en définitive que notre partie immatérielle agissant de telle ou telle manière, dans telle ou telle circonstance.

Cousin est parti de l'âme, de sa propre force, de ses facultés, pour arriver, au moyen de l'extérieur, à Dieu. Dans cette étude, il met de côté les causes finales, la grandeur, la beauté, l'ordre de l'univers, car nous ne pouvons les rattacher à Dieu que parce que nous avons en nous l'idée de cause; c'est bon à dire, mais il est aussi probable que nous avons l'idée de cause, en voyant au dedans de nous et dans l'univers la nécessité d'une intelligence supérieure. Il les repousse, ces preuves, parce qu'elles sont tirées de l'univers, du fini, du contingent, et parce qu'elles ne sauraient nous donner de son auteur qu'une idée indéfinie d'un être plus parfait que le monde, mais non l'idée du parfait absolu. Répondons que précisément parce que nous sommes dans le borné, nous sommes obligés de reculer la borne, et que nous voyons qu'il doit y avoir quelque chose au delà, que nous supposons l'illimité, l'infini.

On lui a reproché de partir de trop bas, de l'homme, pour arriver à l'absolu, de ne pas ainsi dominer l'ensemble. Si c'était pour atteindre au même résultat que l'école allemande, il n'y a pas lieu de l'engager à changer de méthode. Il ne s'est pas trop éloigné du vague et de l'obscurité; les Allemands n'auraient presque pas mieux fait en partant de l'absolu, du non-moi; mais il tient à sa manière, elle lui paraît plus raisonnable. Je ne sais pourquoi, du moment que le concret primitif renferme tout, que l'on en sorte successivement toutes les vérités en commençant par le fini ou par l'infini, je n'y vois pas matière à choisir. Ces intuitions, ces spontanéités sont également claires et certaines, on peut aussi bien commencer par l'abstrait, l'universel, que par le concret, le particulier; tout nous étant donné par une vue également certaine et évidente. Mais de quelque manière que nous vienne l'idée de Dieu, elle sera bien reçue ; ne chicanons pas, et regardons seulement quelle est l'essence et la nature du Dieu de Cousin.

Cousin incline naturellement, par études, par choix, par affection, vers le panthéisme; on le lui a reproché sur tous les tons et à toutes les époques. Il ne s'en défendait pas trop lorsqu'il était dans sa verve d'enthousiasme pour les penseurs d'outre-Rhin ; mais depuis, il l'a repoussé comme une accusation d'athéisme. Il a abandonné, modifié les expressions, les données qui pouvaient y conduire. Il a fait à peu près la profession de foi suivante : Dieu n'est pas l'absolu, l'infini, l'être en soi, relégué et isolé dans les profondeurs de l'éternité; ce n'est pas non plus un Dieu absorbé dans le monde, cause confondue avec son effet; il est l'être en soi, l'infini; mais il est aussi dans les êtres contingents; il participe à eux, mais il s'en distingue; il est tout entier hors des êtres, quoiqu'il soit avec eux comme cause, volonté ; seulement, il ne peut ne pas créer, puisqu'il est le créateur qu'on ne connaît que comme cause ; néanmoins, il est une cause libre qui agit quoiqu'elle puisse ne pas agir ; il est aussi une cause nécessaire; mais la nécessité en Dieu, c'est le bien, la création.

Puisque Dieu est dans le monde, il n'est pas incompréhensible au monde ; on a tort d'insister sur la difficulté que nous avons à nous rendre compte de lui. Le monde est dans l'œuvre de Dieu ; il ne peut donc y avoir du mal dans le monde ; le mal ne peut pas être. Ce que l'on prend pour lui, c'est un moindre bien, c'est un bien limité. Dieu et la création de rien, Dieu et l'éternité de la matière sont choses incompréhensibles, impossibles au sens où on les entend, à moins qu'on ne les explique au sens de Cousin.

Je trouve ce Dieu encore plus incompréhensible ; le Dieu-cause-personne, le Dieu-nature-monde était un mystère pour nous ; un Dieu cause et monde est doublement mystérieux.

Malgré cela, je n'y vois encore qu'un panthéisme modifié, mitigé, une nouvelle manière d'expliquer, de faire passer les doctrines de l'école d'Élée, celles de Zénon, de Spinoza et de Hégel ; cela vient de deux choses qu'il a maintenues, qu'il n'a pas rétractées, la création nécessaire, incessante du monde, et la compréhension de cette même création.

Dieu créant, se développant sans cesse, sans paix ni trève, nous semble bien, comme le Dieu-nature, confondu avec son œuvre ; c'est le fleuve de Hégel coulant incessamment dans l'infinité. Cousin cherche quelquefois, dans la critique des systèmes, des filiations bien éloignées, tire des conséquences auxquelles les auteurs n'avaient guère songé. A son exemple, je vais lui donner un fils qu'il répudiera sans nul doute. Proudhon hésite d'abord sur la question de la divinité, puis il prend son parti et se décide pour un Dieu, mais pour le Dieu du mal, créant incessamment, nécessairement, déroulant la création dans l'infini de l'éternité et de l'espace. Le Dieu de Proudhon ne se distingue pas plus de son œuvre que le Dieu de Cousin; il sort de son œuvre pour entrer dans les choses nouvelles, laissant les mondes créés se dégager de l'état informe où il les laisse. C'est le Dieu du mal si l'on veut, puisque son ouvrage est mauvais; mais c'est le Dieu du bien aussi, puisqu'il y a laissé le germe du bien, du perfectionnement. Dieu se complaît dans son œuvre d'après Cousin, car il ne voit là, en effet, que du bien; le mal n'existe pas; il n'y a que de l'imperfection. Cousin voyait le beau côté des choses dans la société, tandis que Proudhon ne tenait compte que du mal que son point de vue lui rendait plus sensible et plus révoltant.

La nécessité de créer ne sera pas poussée à ce degré, on adoucira les expressions, on s'en débarrassera; mais si l'on veut franchement sortir du panthéisme, de l'athéisme, comme on dit, il faut aussi abandonner ce que l'on avance sur la création, sur sa facilité à être comprise, sur son identité avec la création de la pensée humaine. C'est aller bien loin s'il ne s'agit que d'une comparaison ou d'une métaphore; mais de la manière dont la chose est dite, c'est sérieux, c'est le langage exact de la philosophie dont on se sert.

Nous créons à notre mode ; ce n'est pas lorsque nous façonnons la matière, car il n'y a rien là que de périssable, nous ne faisons que modifier, arranger ; nous ne créons pas, et puis nous ne sommes pas dans nos œuvres ; ce n'est que dans nos pensées que nous pouvons avoir quelque chose qui ressemble à une création. En effet, nous voulons ; ce qui n'était pas, du moins en nous-même, devient. Pour bien dire, nous n'avons pas créé, c'est nous-même que nous avons modifié. Mais appelons cela une création ; nous n'avons pas créé notre âme, nous n'avons créé qu'un certain état de notre âme. Nous sommes toujours nous-même, nous ne sommes pas sorti de nous-même. Notre âme est restée ce qu'elle était ; nos pensées, c'est-à-dire notre âme pensante, n'ont pu être que ce que nous étions, chose spirituelle. Les créations de Dieu sont esprit et matière ; elles ne peuvent être autre chose que ce qu'est Dieu ; il est donc esprit et matière. Il est là dans la création, comme il est en lui-même, il est donc en tout ; c'est la substance unique, modifiée par elle-même. D'un autre côté, Dieu est distinct de la création, comme nous le sommes de nos actions, de nos volontés. Il faut s'entendre : certes, dans le moment où nous voulons, c'est bien nous, notre âme, notre esprit, notre conscience, notre moi ; il ne peut y avoir de distinction possible. Plus tard, à cette volonté en succédera une autre, et qui nous séparera, pour ainsi dire, de nous-même, parce que le temps a passé qui distingue, qui sépare nos volontés, nos manières d'être. Notre distinction de nous-même n'est que dans le temps et l'espace ; sinon, nous serions toujours nous-même, mais nos pensées seraient ensemble, ne formeraient qu'un tout indivisible. Or Dieu ne veut pas aujourd'hui, il n'a pas voulu hier, il ne voudra pas demain, puisqu'il est dans tous les temps. Il n'y a donc pas de distinction possible entre lui et ses pensées, entre lui et la création, le monde.

Pour éviter cette difficulté, on veut admettre des créations successives ; mais on se jette dans d'autres embarras. Admettons même, en ce cas, que nous nous séparions de nos actions causées ou voulues, on ne peut contester qu'à mesure que nous voulons, nous développons notre intelligence, que nous ne sommes plus les mêmes; que nous valons mieux si nos créations ont été bonnes; quoique séparés de nos actions, il nous en reste quelque chose, le mérite ou le démérite, nous ne sommes plus ce que nous étions en venant au monde, nous sommes meilleurs ou pires, donc nous avons changé. Dieu restant toujours entier comme nous, à notre exemple, se serait perfectionné dans son intelligence, sa puissance, sa perfection. Il n'était pas, il ne sera jamais l'être parfait, nécessaire, immuable, l'absolu, le vrai Dieu ou il faut qu'il soit enveloppé, absorbé dans ses créations, qu'il soit le Dieu du panthéisme. Cousin ne le voudra pas, mais de quelque manière qu'il nous l'explique, nous n'aurons pas eu à son école des réponses plus vraies que celles que nous donnait l'antiquité sur Dieu et sur l'âme.

Les leçons politiques seront meilleures ; cependant il y a encore beaucoup à reprendre. Il aime la liberté, en fait un brillant éloge ; mais il la respecte trop, il craint, de peur de la blesser, d'intervenir dans l'éducation de l'homme. Il ne sait s'il est bon de se mêler de charité ; il ne veut forcer personne au travail ; mais il veut qu'on vénère la propriété à l'égal de la personne. Nous verrons plus tard si une véritable passion de la liberté ne doit pas se concilier avec des restrictions, des conditions, dans l'intérêt de tous, et si ces craintes méticuleuses ne renferment pas une appréhension de la vraie liberté. Quoi qu'il en soit, il en parle du bout des lèvres, il la regarde comme fondée à tout jamais ; il trouve qu'au XIXe siècle nous n'avons plus qu'à établir l'égalité. D'après lui, tout le monde l'aime, César, Cromwell, Bonaparte ; il n'y a qu'à la régulariser. Sans doute, tous les puissants du jour peuvent aimer cette égalité de droits, abstraite, chimérique, qui maintient toutes les inégalités, toutes les différences d'esprit, de corps, de fortune, de jouissance. Pour organiser celle-là, il n'y a pas grand'chose à faire, il ne faut que laisser la société telle qu'elle est avec la noblesse amoindrie, confondue dans la bourgeoisie qui la remplace, aux privilèges près. C'est là son idéal, avec un peu de liberté dans les institutions publiques.

Bien d'autres sont avec lui. Mais ne laissons pas passer sans protester tout de suite sa théorie de la guerre. Que vient-il nous faire l'éloge de la guerre! Sans doute, elle est juste, sainte, sacrée, pour le peuple qui défend sa vie et sa liberté; mais dire que la guerre est la source de tout bien, que c'est à ce prix que l'humanité progresse, est un affreux sophisme. Est-ce que les relations amicales de peuples à peuples ne répandront pas aussi bien la civilisation? Est-ce qu'il ne vaut pas mieux envoyer des ballots de marchandises, des cargaisons de livres, de journaux, que des munitions de guerre? Est-ce que les idées n'éclateront pas mieux dans les œuvres des poètes, des orateurs, que dans les grenades des soldats? Sans doute, la Providence sait tirer parti de nos folies, elle a la haute main là dessus, elle sait se montrer à son heure; mais cela n'empêche pas que nous soyons responsables de nos crimes, de nos assassinats, qui retardent l'heure du bien au lieu de l'avancer. Quoi, la justice est toujours avec le vainqueur! La victoire est toujours pour la raison, les améliorations, le progrès! Brennus doit toujours jeter son épée dans la balance et dire: Malheur aux vaincus! Mais voyez où nous en venons: combien de victoires accompagnées de défaites à quelques jours de distance! A quelle heure le succès aura-t-il prononcé en dernier ressort? Est-ce la dernière bataille qui est la bonne? Sans doute, puisque c'est elle qui décide la question; vous aviez la sanglante défaite de Waterloo pour démentir toutes vos théories ; que faites-vous alors ? Vous dites qu'il n'y a pas eu là de vaincus, qu'il n'y a eu qu'une transaction. Allez le demander aux ombres de ceux qui sont ensevelis dans leur défaite, ils vous diront que la conquête armée, la monarchie universelle sont mortes là ; là, l'idée nouvelle que la France avait imposée pendant quelques jours à l'Europe finit son règne. Il y avait d'autres questions aussi ; mais celles-là sont vivaces, elles ne meurent pas en un jour et la guerre, la force, ne peut rien pour les résoudre.

Ne prônez pas la force ; rappelez-vous ce que vous aviez si bien dit, que le juste était seul à examiner, qu'il fallait tout y sacrifier, parce que la force n'avait qu'un temps, et que le champ de bataille restait toujours à la raison. Oui, vous faisiez bien d'admirer Brutus se sacrifiant ; ne le plaignez pas, si vous devez vous mettre aux genoux de César victorieux, de l'idée nouvelle ; nous ne savons pas si l'idée prétendue nouvelle est vraie : examinons ce qui est juste avant de nous soumettre.

Je ne puis me faire à la doctrine des grands hommes. Certes ils sont les représentants de leur époque, c'est ce qui fait leur force et leur gloire ; mais l'humanité n'a pas besoin d'eux. Ils ne lui sont pas donnés à point nommé, ils lui ont fait plus de mal que de bien ; Dieu ne les crée pas et ne se repose pas après ; il ne s'amuse pas à leur donner de grandes leçons ; c'est à chacun de nous qu'il les adresse, nous valons autant qu'eux à ses yeux. Et puis, que sont ces grands hommes, ceux qui sont acclamés grands par le peuple ? Je vous arrête. Souvenez-vous que tout à l'heure, d'après vous, la raison ne devait point abdiquer devant le pouvoir populaire, devant cette sotte multitude qui se livre, avec tant d'imprévoyance, au premier tyran venu. Vous étiez dans le vrai quand vous étiez dans le juste. Vous avez voulu introduire la force dans votre système, vous vouliez la rendre sympathique, non, elle fait peur. Elle vous a fait trébucher, vous et bien d'autres ; mais patience ! Ne dites pas non plus que le succès fait toujours les grands hommes ; cela arrive quelquefois sans doute ; mais ne nous laissons pas éblouir par la fortune. Napoléon sur son rocher, seul, vaincu, est plus grand qu'au milieu de ses armées victorieuses. Ainsi de Socrate dans sa prison.

Le peuple, dites-vous, est le représentant d'une idée, cette idée fait son patriotisme, sa vie ; pour ne pas faillir à sa mission, il faut qu'il la fasse triompher à tout prix, par la Saint-Barthélemy, par les massacres de Septembre, par le comité du salut public, par ses grands hommes et ses guerriers.

Arrière ce fanatisme patriotique aussi funeste que le fanatisme religieux, fléaux de l'humanité qui ont armé le bras de tous ces conquérants, de ces inventeurs de la grande guerre, les César, les Attila, les Mahomet, les Gengis-Khan, et autres ravageurs qui ont détruit les empires, démoli des cités et fait couler des flots de sang. Je ne vois pas les progrès que leur doit l'esprit humain; ce sont cependant les ministres du Dieu de Cousin. Ce Dieu n'est pas le mien. Je suis très peu avec la victoire; je suis pour Caton et les vaincus.

Quel culte, Cousin, rendez-vous à la divinité? Vous contentez-vous de celui de la philosophie ou voulez-vous celui de la religion? Vous disiez d'abord que la religion était comme la suivante de la philosophie; vous lui accordez plus, vous convenez qu'elle est utile parce que la philosophie ne peut arriver jusqu'au peuple. Je vous arrête ici, et vous dis: qu'enseigne la philosophie? Les vérités du sens commun, ni plus ni moins; seulement elle les illumine, les distingue, au risque parfois, il est vrai, de les obscurcir, de les anéantir; elle ne sait rien de plus; pourquoi donc cette superbe qui l'élève au-dessus de la religion du peuple? Est-ce que ceux qui possèdent la philosophie sont de race supérieure? A leurs actions, à leurs variations, à leur respect pour la fortune, nous voyons qu'ils sont hommes. Ne restez donc pas dans vos hauteurs gouvernementales et philosophiques; il ne s'agit que d'une chose, savoir si cela est vrai. Vous êtes philosophe, vous cherchez la vérité, venez donc examiner si elle se trouve dans la religion. Un ami du vrai doit chercher le vrai, et, l'ayant trouvé, le proclamer. Vous n'avez pas, dites-vous, à vous enquérir des vérités religieuses; ce ne sont pas les vôtres. Mais est ce que la vérité n'est pas une? Si on venait vous présenter une absurdité au nom des mathématiques, vous regimberiez.

Parmi les philosophes, il en est qui ont dit leur fait aux religions, il faut que vous examiniez leur doctrine sur ce point comme sur les autres. Vous ne sauriez rester le pied sur le seuil. Vous nous dites que le culte était nécessaire pour maintenir le sentiment d'adoration; entrez, voyez si le culte est convenable, si le symbole qui voile la vérité ne la défigure pas. L'infini et le fini, le rapport de l'un avec l'autre est votre trinité philosophique, celle que vous considérez comme vraie, dont la trinité chrétienne n'est que la forme visible; vous êtes entré dans le sanctuaire, achevez de lever le voile; s'il y a vérité, à genoux, soumettez-vous, vous et votre philosophie. Cette vérité est jalouse, ne souffre pas d'éclectisme ni d'hérésie; mais ce parti, vous ne le prendrez pas, vous resterez dans les nuages avec votre philosophie. Je l'abandonne puisqu'elle n'est que pour les âmes d'élite, vous l'avez dit, et que je suis peuple, fait comme tout le monde; elle n'est donc pas pour moi. Allons voir la philosophie du peuple, la religion. La philosophie avoue avec Cousin qu'elle ne peut nous donner rien de plus que le sens commun. Ce qu'elle peut faire de mieux, c'est de nous y ramener quand elle nous en a écartés par de trop hautes investigations. C'est ce que nous pouvons conclure de ce que nous avons déjà passé en revue.

Nous voyons, en effet, que chaque philosophe a été obligé de se faire une philosophie tout entière, de reprendre les premiers fondements pour les établir de nouveau à sa manière, que, de là, il a continué à faire une nouvelle œuvre plus ou moins régulière, que peu ont voulu suivre le même plan et perfectionner l'ouvrage commencé; mais que chaque siècle a amené de nouveaux systèmes; nouveaux à vrai dire par la forme, car le fond est toujours le même. Il s'agit toujours de résoudre certains problèmes, qui paraissent insolubles à la raison de l'homme. Le plus grand mérite que nous y ayons trouvé est l'imagination de chaque philosophe, qui présente son système d'une manière plus ou moins brillante, et vaut une réputation plus ou moins grande à son auteur.

Il suffit d'un enfant pour détruire ces systèmes si péniblement élevés; il ne reste que les premières données du sens commun qui servent à reconstruire du nouveau, ou mieux, qui doivent nous suffire pour nous guider dans notre vie. Quittons sans trop de regrets, en les admirant toutefois, ces habiles ouvriers en choses brillantes et peu solides, qui nous ont montré quelquefois que la philosophie ne préservait pas de l'erreur. La religion a aidé le peuple à marcher, depuis deux mille ans elle appuie sa faiblesse, le guide, lui dit qu'elle lui apporte du ciel la solution de toutes les grandes questions de l'homme, de Dieu, du bien, du mal. Armé du sens commun, de la simple raison, cherchons si elle nous dit vrai, si elle est bien la voix de Dieu.

Religion. — Révélation.

L'homme ne sait donc rien ; les hommes non plus. Arrivé aux limites de l'absolu, de l'inconnu, le philosophe doit s'arrêter. Cependant il se sent poussé en avant par une force secrète, invincible ; il veut marcher, il s'irrite de son impuissance ; il veut escalader ce rempart où se brise sa raison ; il cherche encore, toujours. N'y aura-t-il pas une main secourable qui guidera ses pas dans ce labyrinthe obscur, et qui le ramènera des ténèbres à la lumière ?

Des voix se font entendre, parties de tous les temps et de toutes les nations ; elles s'élèvent de l'Orient et nous disent : Venez à nous, nous avons le repos de l'âme, la paix du cœur, la plénitude de l'esprit, car nous avons la vérité ; Dieu nous a faits dépositaires des secrets que vous voulez pénétrer ; il nous a donné le mot de l'énigme que vous n'avez pu trouver ; avec cela, nous vous procurerons le moyen d'atteindre au bonheur, si ce n'est dans cette vie, du moins dans l'avenir. Approchons-nous ; écoutons si c'est bien la voix de Dieu que l'on nous annonce.

Usage de la raison.

Les ministres, les interprètes de toute religion, qui nous ouvrent les portes du temple, veulent que nous n'y pénétrions qu'avec respect, soumission, humilité de cœur et d'esprit. Ce n'est, disent-ils, qu'aux petits, aux enfants, aux humbles, que Dieu se révèle. Je le veux bien ; cependant gardons-nous de trop d'humilité. Ceux qui en font parade, ceux qui se prosternent le plus dans la poussière croient qu'ils ont acquis ainsi la vérité, qu'ils ont suivi la meilleure voie, qu'ils valent mieux que les autres ; ce qui en définitive les fait retourner à l'orgueil. Marchons donc d'un pas ferme, circonspect, sans fausse humilité, avec la confiance que doivent donner à l'homme les intentions droites qui le conduisent. C'est d'abord ce que l'on doit demander à tout néophyte ; il doit arriver dépouillé des mauvaises passions qui mettraient un voile sur ses yeux. Il faut qu'il cherche réellement la vérité, et qu'il ne la combatte pas si elle contrarie ses mauvais instincts. Lors même qu'elle pourrait être rude et pénible à sa nature, il doit faire d'avance le sacrifice de la contrainte qu'elle lui imposera. On ne peut payer trop cher la possession de la vérité. Pour y parvenir, retranchons donc autant que nous le pourrons l'orgueil de notre esprit, la passion de notre cœur. Je crois me trouver dans cette disposition. La fougue des passions ne m'a jamais subjugué au point de m'aveugler, et l'orgueil n'a troublé ni ma vue ni mon jugement. Au contraire, j'aurais plutôt failli par trop de soumission aux idées des autres ; soumission que je n'ai perdue que tard et à bon escient.

Lorsqu'on arrive à examiner la question religieuse, on n'est pas sans préjugés, sans idées préconçues, on n'est pas entièrement libre d'esprit. En effet, nous avons tous été nourris, environnés d'idées religieuses ; notre enfance, notre jeunesse, ont été formées par des parents, des professeurs plus ou moins religieux, mais qui en avaient toujours les dehors. Garçons, filles, les commencements ont été les mêmes pour tous, mais les suites ont été bien différentes. Les jeunes personnes arrivées à l'âge de raison et de passion mènent une vie surveillée, sous la sauvegarde de la société et de la convenance. Une faute, une légèreté même ne leur est pas permise. La réserve naturelle à leur sexe, les exigences du monde, leur imposent une extrême circonspection, un maintien grave et décent sur les sujets religieux. Elles ont de la peine, fussent-elles même autrement disposées, à sortir de la voie de la retenue et de la soumission.

Les jeunes gens, au contraire, ont des entourages, des liaisons, des entretiens, tout différents. La liberté est sous leur main ; les exemples, les excitations, les facilités de toutes sortes, leur aplanissent la route. Le ridicule les atteint même s'ils tiennent une conduite trop pure, trop « jeune fille », si leur manière de penser est trop réservée, trop timorée. Ils ont autant de peine à rester purs que les jeunes personnes à s'émanciper ; aussi bon nombre ont-ils laissé promptement leur modestie et leur foi aux sarcasmes de la route. Quelques-uns cependant n'ont vu devant leurs passions que des femmes, des mères, des filles ou des sœurs d'hommes comme eux, comme eux jaloux de leur réputation. Ils n'ont pas voulu s'abandonner à des êtres souillés, à de misérables créatures. Ils ont donc résisté sans peine, ajoutant le ridicule de la foi à l'étrangeté de leur conduite. Jeune homme, tout me portait de ce côté; homme fait, cela m'était encore plus facile. J'étais donc, ce semble, dans une situation d'esprit me permettant de porter un cœur droit dans la recherche de la vérité; ni l'orgueil ni la passion ne m'aveuglaient. Cependant des voix si diverses s'élevaient à mes côtés que je ne pouvais m'empêcher d'y prêter une oreille indécise ; j'étais tenté de revenir sur mes pas pour refaire ma foi. Toute ma vie j'ai cherché à m'éclairer là-dessus, dans les livres, les journaux, les sermons, les conférences, les discours, les entretiens ; écoutant toute observation avec curiosité, l'âme toute portée aux choses religieuses, désirant avec ardeur y trouver le repos.

Descartes, pour mieux rechercher la vérité, a commencé par le doute. J'ai tâché de suivre sa méthode, en me plaçant dans une situation pareille, en examinant ma foi, comme un homme qui doute, qui est sans préjugé ni prévention, qui veut chercher la religion comme ce philosophe voulait trouver la philosophie. Il prenait sa raison pour guide, en ajoutant, il est vrai, qu'il ne voulait pas s'en servir dans les choses de la foi qui sont au-dessus de la raison. Cette réserve a besoin d'être expliquée pour être vraie.

Dieu a donné la raison à l'homme, et c'est le même Dieu qui lui a donné la religion. Il ne saurait dès lors y avoir contradiction entre ces deux principes. Ce n'est pas pour abaisser la raison que la religion est venue faire luire ses vérités; c'est bien plutôt pour donner des ailes à la raison, pour l'élever au-dessus d'elle-même, à l'incompréhensible, pour lui donner des sens qu'elle n'a pas, une vue supérieure et distincte des choses au-dessous desquelles elle s'arrêterait naturellement. La religion ne doit être que la raison, mais la raison multipliée par l'infini, élevée à la plus haute puissance. Il faut donc de toute nécessité qu'il y ait accord entre elles. Le moyen âge raisonnait parfaitement : la religion est la donnée, la matière, que la raison met en œuvre.

En abordant l'étude d'une religion, c'est-à-dire d'une révélation, le premier point est donc de s'assurer si les choses qu'elle nous révèle sont conformes à notre raison; elles ne peuvent pas être telles que la raison nous les donnerait, puisqu'elle ne saurait y atteindre, mais il faut que la raison puisse les sentir vraies par illumination soudaine lorsqu'elles lui apparaissent. L'ignorant à qui l'on découvrirait les merveilles des sciences, pourrait avec de l'attention en apprécier la réalité : de même il faut que ces révélations ne contrarient ni ne détruisent les notions, les certitudes que nous avons déjà, car elles ne doivent que les éclairer. Servons-nous donc hardiment de notre raison; c'est une concession presque déjà accordée partout que notre assentiment doit être raisonnable.

Choix d'une Religion.

Deux grandes religions, parties l'une des cavernes de l'Inde, l'autre du mont Sinaï, se partagent le monde. L'une confond le monde et Dieu, fait sortir tous les êtres de Dieu et les fait tous rentrer en lui. L'autre distingue Dieu et le monde, et fait régner Dieu sur l'univers. Les dieux monstrueux et bizarres, dans lesquels la première se complaît à multiplier la divinité, suffisent seuls pour faire rejeter cette religion parmi les mythes, les allégories, les symboles. La seconde, au contraire, nous présente un Dieu unique, grand, intelligent, juste, créateur digne de nos louanges, de notre amour, de notre adoration. C'est la seule religion qui mérite de nous occuper.

Cette religion du déisme, qu'on peut dire dominante sur la terre, la seule qui compte aux yeux de la raison, se divise en trois grandes branches : le judaïsme, le christianisme et le mahométisme.

Moïse promulgue cette loi, Jésus-Christ la transforme, Mahomet la déforme.

Il n'est pas besoin de grands efforts pour voir que le musulman ne possède pas le livre descendu du ciel, dicté par Dieu. Il faut avoir sucé avec le lait cette doctrine pour croire un seul instant que Mahomet est le prophète de Dieu. Prenez le Koran, lisez, et il ne vous restera pas un doute. Il y a de belles pages sur la divinité et sur la morale, mais les contes, les légendes, les erreurs de toute espèce le déparent et y laissent voir trop facilement la main de l'homme. Restent le juif et le chrétien, père et fils, porteurs d'un même livre prolongé par le second ; même famille désunie, remontant également au même père, Adam, et au même Créateur, Dieu.

En étudiant la religion du déisme, et en l'opposant au paganisme et même aux religions de l'Inde, on voit qu'elle est fondée sur un fait. Elle n'est pas bâtie sur une série d'imaginations poétiques, sur des fables, sur des contes ; mais elle repose sur des personnages réels, vraiment historiques, ayant vécu en chair et en os à la différence de ces dieux qui étaient nés dans le cerveau des poètes et dans la superstition des peuples. Le judaïsme et ses filles ne fussent-ils pas la vérité, leurs auteurs seraient éternellement vrais ; seulement, l'hyperbole et le mensonge peuvent avoir défiguré les personnages, soit de leur fait, soit du fait de leurs disciples immédiats.

Objections générales sur la possibilité des Religions.

Il y a des gens qui détournent la tête lorsqu'on leur parle de chants, de cérémonies, de processions, de culte. Ce sont, disent-ils, les prêtres qui ont inventé tout cet attirail pour se rendre utiles; ce sont des charlatans qui veulent vivre de notre crédulité, de notre superstition; mais ces simagrées, avec les contes qui les accompagnent, ne sont bonnes qu'à tromper les femmes, les enfants, les esprits faibles et ignorants. La grêle, la pluie, les maladies viennent-elles à sévir, ils ont des secrets pour éloigner ces fléaux, détourner la colère céleste; les simples y croient, comme aussi à l'efficacité de leur intercession dans les maladies, les revers, les souffrances qu'ils éprouvent. Ce sont des châtiments que leurs prières, leurs mérites, leur puissance auprès de Dieu feront cesser ou rendront plus légers. Lorsque nous nous retournons péniblement dans nos douleurs, les médecins du corps et de l'âme ont beau jeu, ils sont les bienvenus; et quand nous sentons que toute la science humaine ne nous retient pas à la vie, nous avons peur de la mort, surtout si nous avons les reproches de notre conscience à endurer. Effrayés, désespérés, nous perdons la tête, c'est là le meilleur moment pour nous surprendre, nous faire accroire ce que l'on veut, profiter de notre faiblesse pour nous dépouiller, et élever ensuite sur nos terreurs la puissance de l'hypocrisie et de l'intolérance.

Ces reproches sont assez fondés pour une partie des interprètes de la divinité. Il y en a beaucoup qui n'ont aucun pouvoir, aucune mission, puisque toutes les religions sont fausses, excepté une. Quelques-uns sont excusables à cause de leur bonne foi ; mais il est vrai que beaucoup profitent sans scrupule et sans conviction de notre défaillance. Cependant, ce n'est pas une raison décisive pour que tous nous trompent.

L'horreur de la mort est générale, instinctive, dans l'humanité. Il faut s'être enivré d'eau-de-vie et de passions pour l'affronter. On n'est pas de sang-froid quand on voit de loin le moment suprême approcher. Les plus fermes courages pâlissent devant cet inconnu. On est obligé de se raisonner, de se raidir, de s'étourdir, pour surmonter cette crainte. Ne serions-nous pas heureux de savoir que Dieu lui-même nous eût dit où nous allons ? Ce serait un bienfait de plus ajouté aux autres, que cet adoucissement du passage de la vie à l'éternité. Tant de gens qui ont cru, tant de personnes qui ont enseigné que Dieu a eu cette bonté, nous montrent du moins le désir de l'humanité. Il y a pourtant des personnes plus graves qui ne méprisent pas, mais qui raisonnent, qui se construisent des syllogismes avec lesquels elles prétendent établir mathématiquement que la religion n'existe pas, sans se préoccuper d'ailleurs de savoir comment, par qui, en quel temps la révélation nous est venue. C'est une fin de non-recevoir péremptoire qui repousse tous les prétendants.

Objections prises de la nature de Dieu.

L'essence de Dieu rend la révélation impossible. En effet, Dieu a créé le monde, l'a pensé, l'a voulu, au commencement; l'univers a été constitué suivant l'idée éternelle, le modèle, le type divin; dès lors il a continué d'exister en vertu des mêmes lois données une fois pour toute. La terre tourne autour du soleil jusqu'à ce que les forces qui en tiennent les parties ensemble soient affaiblies. Le corps de l'animal vit tant que ses organes ne sont pas usés. De même, l'humanité mise sur la terre a vécu, s'est propagée, durera tant que son existence sera utile pour remplir le but de Dieu, but assigné dès le premier jour. A ce moment, il a donné au premier homme une révélation qu'il devait transmettre avec sa chair et ses os à ses descendants et qui devait constituer en partie l'humanité. Il n'a pu s'abaisser à une révélation particulière, individuelle; il n'a pu choisir quelque membre de l'humanité pour son organe exclusif ; c'est elle tout entière qui a reçu ses lois et pour toujours.

Nous ne savons si les choses se passent ainsi, s'il y a une révélation primitive, innée au cœur de l'homme. Mais la preuve que l'on en donne ne nous paraît pas concluante. Dieu, en effet, ne régit pas le monde par des idées, des lois générales ; il n'y a de ces choses que pour l'homme. Dieu s'occupe de chaque être en particulier ; il n'a pas besoin de se déranger pour cela ; il ne va pas de l'insecte qui est à nos pieds aux étoiles perdues pour nous dans l'immensité, il est également présent partout. Il n'y a pas de détails qui le préoccupent, où il risque de se perdre, il voit tout d'une seule vue. Il n'a pas besoin de prévoir ce qui sera nécessaire à ses créatures dans le temps à venir, il est avec elles ; il ne les a pas créées, il les crée incessamment. La poudre lance le boulet dans l'espace, lui communique un mouvement, mais ne le suit pas ; elle l'abandonne à ses lois. La main de Dieu a tiré le monde du néant, elle le porte toujours comme au premier moment de la création, elle peut l'arrêter, le suspendre dans ses évolutions, elle peut à chaque instant le faire virer de bord. Dieu n'est limité dans ses volontés que par sa justice ; ainsi, lorsqu'il a fait naître l'homme, il lui a donné la révélation qu'il lui a plu par ses sens, par son âme, par sa raison. Il pouvait la lui donner d'une autre manière. Il conduit toujours l'homme, il peut lui indiquer une autre voie que celle où il l'a mis d'abord. Il ne change pas; il est toujours le même, sa pensée est éternelle; il avait pris ses arrangements avec lui-même de toute éternité. Il a pu, sans cesser d'être immuable, à la révélation primitive de notre naissance en ajouter une autre. Si donc par un effet de sa bonté, il nous rend meilleurs, plus grands, ranime notre liberté et notre foi en ses œuvres, nous ne lui devons que des actions de grâces au lieu de chercher des difficultés.

On insiste : s'il n'y a pas une impossibilité absolue, du moins, il n'y a pas convenance. Dieu a créé l'humanité; il lui a donné sans doute tous ses organes pour qu'elle vive, pour qu'elle puisse continuer à être elle-même, sans nouvelle création, sans modification. On pourrait concevoir à la rigueur que Dieu ait voulu agrandir l'espèce humaine en lui donnant plus de lumière; mais puisqu'il ne lui en coûte rien de se manifester comme il l'entend à chaque homme, pourquoi choisir un être privilégié, un particulier ou une nation pour être son interprète? Car enfin, cet heureux mortel est tout différent des autres; c'est Dieu qui est son maître et la certitude qu'il a est toute autre que celle qu'il pourrait acquérir par lui-même.

Il est difficile qu'un homme puisse connaître s'il est vraiment inspiré de Dieu, ou s'il n'est pas le jouet de quelques visions de son esprit. Il faut d'abord qu'il se prouve sa propre inspiration et que Dieu lui rende témoignage à lui-même. Ce n'est pas de ses yeux que l'inspiré aura pu voir Dieu face à face, sous forme humaine ou analogue. Comment peut-il connaître ce qui est forme divine? Il lui est donc nécessaire d'avoir par devers lui un autre genre de preuve. Par exemple, qu'il prophétise et que sa prophétie s'accomplisse sous ses yeux, qu'il commande et que la nature obéisse à ses propres ordres.

Une fois convaincu, pour se faire reconnaître des autres, il faut qu'il leur prouve à son tour qu'il dit vrai, qu'il fasse des *signes* devant les hommes comme il en fait pour lui-même. Les miracles ne sont pas choses faciles, en admettant qu'ils ne répugnent pas à la nature divine. Il est difficile de les concevoir comme faits particuliers. Sans doute, il y a de la grandeur à montrer Dieu toujours présent dans ses œuvres, en disposant à son gré, faisant retourner la terre sur ses pas pour se lever désormais à l'occident. Mais suspendre la marche des choses pour un jour, un instant, cela semble peu digne de Dieu. De plus, un miracle est une chose qui arrive et à laquelle nous ne nous attendions pas, qui n'était pas dans les lois ordinaires de la nature, dans celles que nous connaissions. Ne peut-il y en avoir d'autres que nous n'avons pas encore découvertes? Les choses impossibles varient avec le temps; ce qui l'est aujourd'hui sera la chose la plus simple demain.

Un miracle n'arrive pas souvent, bien des générations peuvent passer sans en voir. Ceux qui pourraient être témoins d'un de ces faits imprévus, surnaturels, seraient bien pris au dépourvu pour le constater, l'examiner. Ce n'est plus un fait de la vie ordinaire ; les témoins eux-mêmes auraient besoin d'être convertis d'avance pour être sûrs qu'ils ne sont pas les jouets de quelque illusion venant d'eux-mêmes ou du dehors.

Dans les faits ordinaires de la vie, la circonstance la plus simple, si elle est vue par plusieurs personnes, pour peu qu'elles y soient intéressées, prendra dans la bouche de chacune d'elles une physionomie particulière. Pour peu que le témoignage passe de mains en mains, il se défigure, s'augmente, ou s'atténue même entre gens de bonne foi et sans passion. Prenez des personnages poussés par esprit de système, ou par intérêt de fortune, le changement devient plus grand ; du fait primitif, nu, simple, il pourra bien arriver qu'il ne reste rien. On a beau dire que c'est détruire toute certitude historique, que l'on en viendra par cette voie à nier Rome, César, Napoléon ; non, on n'en arrive pas là. Mais il est bien des faits de Rome qui ne sont pas certains, sans que l'on prétende nier Rome et sa conquête du monde. Alexandre apparaît comme un conquérant vengeur de la Grèce répandant en Orient l'esprit de la civilisation de l'Occident, détruisant comme la foudre l'empire des Perses ; mais il n'est pas sûr qu'il fût le fils de Jupiter Ammon, qu'il voulût le faire croire, et qu'il ait offert une de ses maîtresses à Apollon.

Romulus et Numa ont bien fondé Rome; mais est-il certain que les deux frères aient été nourris par une louve, que l'on ait trouvé une tête de cheval où devait être le Capitole, et que la nymphe Égérie vînt dicter ses lois à son favori Numa ? L'esprit superstitieux des peuples a pu aisément se laisser leurrer sur les détails, les circonstances. Ce n'est qu'en gros et sous bénéfice d'inventaire qu'il faut aborder les histoires qui nous ont été transmises, surtout lorsqu'on nous parle de choses surprenantes, extraordinaires, qui demandent des témoins instruits, compétents, pour les apprécier. Elles doivent nous arriver avec tous les incidents qui peuvent nous éclairer sur la vérité, comme sur la portée des faits concluant au miracle.

Il faut examiner avec beaucoup de circonspection tout ce qui nous est présenté comme miraculeux; mais en définitive la suspension du cours de la nature n'est pas hors des choses faisables par Dieu. Il sait où se lève l'aurore; il connaît le moment où elle restera endormie dans les cieux; il peut la retarder de quelques instants; la marche du monde allant devant lui peut bien s'arrêter, puisqu'elle pourrait finir.

Pascal a dit que les faux miracles prouvaient les vrais, parce qu'il ne serait jamais venu à la pensée de personne d'en inventer s'il n'y en avait pas eu de vrais. C'est là une mauvaise preuve; on peut répliquer que par cela seul qu'un homme a été trompé, rien de plus facile que d'en tromper d'autres : un charlatan a souvent plus de crédit qu'un véritable médecin.

Le miracle n'est pas plus difficile à être transmis par le témoignage que tous les autres faits d'ici-bas. Il se compose de faits ordinaires dirigés dans un sens contraire au cours ordinaire ; une résurrection, c'est la mort faisant place à la vie, au lieu de la vie cédant à la mort. Il est aussi facile de voir sortir du tombeau que d'y voir tomber. Sans connaître tous les secrets et mystères de la nature, lorsqu'à la voix d'un homme les os se redresseront dans le champ de la mort, se revêtiront de chair et vivront, il sera bien certain qu'il a un pouvoir divin, surhumain, et qu'il faudra l'écouter avec soumission et confiance. Il ne s'agira donc que de vérifier, de contrôler ses actions.

On ne doit pas être en peine d'en venir à ces recherches, parce qu'il y a une raison péremptoire, non pas tenant à la révélation elle-même, mais au temps où elle aurait été faite. Si Dieu avait voulu se faire connaître aux hommes d'une manière particulière, s'il avait voulu mettre un signe dans les cieux ou dans l'homme pour que l'on marchât sous son étendard, il n'aurait pas attendu des siècles, il n'aurait pas laissé l'humanité errer dans les ténèbres sans guide, sans appui, il n'aurait pas laissé périr des millions d'êtres raisonnables, il n'aurait pas voulu mieux traiter les générations suivantes et rendre ainsi les premières jalouses à juste titre.

Cette objection doit donner à réfléchir. Néanmoins, nous aurions déjà par devers nous comme un exemple de cette conduite de Dieu à l'égard de l'homme. L'homme grandit, se perfectionne tous les jours, acquiert plus de puissance sur la nature, adoucit ses mœurs, ses relations. Il y a une somme de bonheur plus grande de nos jours que sous les Attila, les Gengis-Khan. C'est Dieu qui nous a faits ainsi, susceptibles de progrès, qui a voulu cependant qu'il n'arrivât qu'à temps et à propos, et que les pères fussent privés du bonheur qu'ils ont fondé pour leurs enfants. C'est là un mystère de Dieu qui froisserait notre raison, si nous ne nous disions que dans les époques les plus malheureuses les hommes ont joui d'une égale liberté, ont eu ou pu conquérir autant de vertus que dans les temps prospères, et que peut-être ils auront une meilleure récompense. La révélation, progrès venant de Dieu, et non des hommes, produira des résultats pareils, nous rendra meilleurs sans diminuer le mérite de nos devanciers.

D'après ce que nous avons vu, nous pouvons conclure que la révélation est possible. C'est pour ainsi dire en général que nous avons parlé; maintenant, prenons la révélation qui est dans le christianisme. Examinons-la en elle-même, pour voir si ce qu'elle nous enseigne est compatible avec ce que notre raison nous dit. Nous avons vu qu'il ne saurait y avoir là incompatibilité, qu'il faut qu'elles marchent parallèlement, si on veut, mais dans la même voie.

Objections particulières prises du dogme chrétien.

En prenant la religion chrétienne dans son essence, il ne s'agit pas de voir si nous comprenons ses dogmes, mais s'ils ne sont pas contraires à ce que nous savons.

Trinité. — Dieu est une cause, une force, une puissance; s'il n'était que cela, poussé par une nécessité invincible, il ne nous représenterait que la fatalité antique. Mais cette puissance se connaît, se dirige, fait tout avec poids et mesure; elle est libre, volontaire. Dieu est intelligence. De plus, cette puissance qui se connaît, s'aime, s'admire, aime l'ouvrage sorti de ses mains; Dieu est amour. Il est donc puissance, volonté intelligente et amour; nous voyons là comme une trinité philosophique.

On a dit aussi que tous les êtres créés, le fini; le Créateur, l'infini; puis, le rapport du fini à l'infini, confondus dans une même existence éternelle, nous donnaient une idée de la Trinité.

Ce n'est pas là le dogme chrétien; j'en conviens. Cependant cette idée d'un dieu triple n'est pas si étrangère qu'elle ne se soit présentée bien souvent dans les contemplations des penseurs anciens et modernes. Les religions nous ont donné aussi d'autres images de la trinité dans leurs mystères et leurs enseignements depuis la trinité païenne de Jupiter, Neptune et Pluton jusqu'à Bouddha ayant à droite la Sangha et à gauche la Dharma.

La trinité philosophique nous représente les qualités de Dieu ; ce ne sont pas de véritables personnes comme le christianisme les offre à notre foi. Dans ce dogme, les trois personnes sont distinctes, séparées, mais une : le Père, l'absolu, le puissant, le créateur, existe de toute éternité. De toute éternité il s'est réfléchi, manifesté dans le Fils, qui est l'intelligence, la parole de la pensée, aussi antique que la pensée. Toujours l'amour, le Saint-Esprit a uni le Père et le Fils dans un embrassement éternel ; ils sont un et séparés, distincts et consubstantiels, enfin un seul Dieu en trois personnes. Si ce mot personne était employé dans son sens usuel comme représentant un moi fini, distinct, il est certain que cela serait contraire à notre raison. Mais il n'en est rien ; il nous désigne une personne divine, distincte, infinie, dont la nature n'a nul rapport avec la nôtre. Comment l'infinité de la personne peut-elle se confondre et se maintenir distincte d'une autre infinité ? Cela nous surpasse. Déjà nous avons trouvé que Dieu et le monde étaient un mystère pour nous ; mais nous ne nions pas Dieu et le monde, parce que nous ne les comprenons pas ; lorsque l'on nous aura prouvé que la Trinité est, croyons-y sans la comprendre.

Péché originel. — Le péché originel est la source, l'occasion de tous les autres mystères; c'est tout le christianisme. Il nous paraît d'abord dur à croire. Cependant, nous portons en nous-mêmes comme un commencement de ce mystère. Nous transmettons à nos enfants une partie de nos qualités, de nos défauts. Nous héritons de nos pères de certaines dispositions, de certains germes de maladie, de souffrance. Le fils d'un père débauché est condamné souvent à souffrir des fautes paternelles par des douleurs physiques qui le prennent dès le berceau. Les hommes, qui ont vu souvent le vice et la vertu se transmettre comme un héritage des pères aux enfants, sont tentés d'en faire une règle générale; aussi, voyez-les prodiguer les honneurs ou l'infamie à certaines races ennoblies ou maudites par une espèce de tradition originelle.

Cette idée a-t-elle pris cours parmi les hommes par suite du péché du premier homme, toujours présent, quoique caché dans la conscience de tous? Ou bien ce penchant de notre âme, né par suite de la transmission héréditaire que nous venons de remarquer, a-t-il donné lieu d'inventer le mystère du péché originel? C'est ce que l'histoire de la religion peut seule nous apprendre. Toujours est-il que cette idée n'est pas étrangère à l'homme quelque incompréhensible qu'elle soit. Le dogme chrétien n'a fait que s'en emparer pour l'exagérer. En effet, le mal physique transmis par la génération, les dispositions morales, en quelque sorte héréditaires, influent d'une manière souvent très grave sur notre liberté, mais cependant ne la détruisent pas, lui laissent une latitude assez grande pour que l'homme soit responsable de ses actions, à moins qu'il ne soit fou. Le péché originel ne nous a pas inoculé seulement la mort, les infirmités, toutes les suites du péché d'Adam, il nous a encore rendus coupables et méritant la même punition ; nous sommes responsables de la faute et comme tels punis du même châtiment. Arrivée à ce résultat, il est évident que la raison humaine de tous les siècles se révolte contre une telle doctrine quand on la prend isolément. Ce n'est plus un mystère que nous ne pouvons comprendre, c'est une absurdité que nous comprenons très bien, c'est une injustice que nous repoussons de toutes les forces de notre conscience. Il n'y aurait pas à aller plus loin dans la prétendue révélation ; mais ce mystère n'est pas seul ; il est lié, confirmé, commenté, modifié par celui de la rédemption qui rachète le mal et rétablit la justice.

Rédemption. — En effet, en accordant une récompense éternelle, ou en punissant d'une peine également infinie l'infraction ou l'accomplissement d'un ordre donné au premier homme, Dieu s'était lié les mains, il fallait qu'il punît l'homme coupable. Mais dans la douleur de voir périr le fruit de ses entrailles dans les tourments, il s'est comme puni lui-même en mettant sa bonté sous sa justice. Comment cela peut-il se faire? Comment le mérite de l'un peut-il être reversible sur un autre? De la même manière que le mal nous est arrivé par autrui. Cette idée est encore dans la moelle des os de l'humanité. La solidarité est partout; nous souffrons dans ceux que nous voyons souffrir; si les maux ne sont pas sous nos yeux, nous n'y compatissons pas moins, nous souffrons jusque dans l'histoire des crimes des hommes, comme nous nous réjouissons de leurs vertus. Cela a conduit à l'idée d'expiation, de sacrifice, a fait élever des autels et répandre le sang innocent de milliers de victimes. Le dévouement s'est cru capable de sauver les autres, comme la mère qui se donne au lion dévorant pour délivrer son fils.

Les hommes effrayés par l'existence du mal, croyant que Dieu, son auteur, se complaisait dans la douleur, ont voulu le satisfaire. Ils ont voulu lui offrir une compensation dans les victimes, surtout volontaires, comme devant lui être plus agréables. Dès lors, ce sentiment vague et irrésistible, répandu dans toutes les nations, a-t-il fait naître l'idée d'un sacrifice, d'une rédemption suprême? Ou bien, au contraire, la rédemption promise dès les premiers jours à la race d'Adam, l'a-t-elle laissée soupirant après la venue du rédempteur, et la défigurant dans son impatience? C'est à l'histoire à prononcer; mais si le sauveur est venu, le mystère du péché originel nous est expliqué, justifié. Les hommes étant rachetés sont comme s'ils n'avaient jamais péché; ils redeviennent libres. Ils avaient péché dans un seul, ils sont justifiés par un seul. Je serai donc puni justement si je fais le mal. Je ne porterai jamais la peine du péché d'Adam. Tout cela est mystérieux pour moi, mais ne révolte plus l'instinct du bien et du mal, de la justice.

De l'incarnation. — L'expiation a lieu par la douleur; mais Dieu ne saurait éprouver le mal; il faut donc qu'il devienne homme, qu'il s'incarne. Il pouvait le faire de mille manières, prendre toutes les formes vivantes; et en prenant celle de l'homme, il pouvait apparaître au milieu des hommes éblouis dans toute la gloire possible à un Dieu voilé. Il a préféré le sein d'une vierge. Celui que le monde ne peut contenir, que l'imagination ne sait comment renfermer dans l'univers, s'est enfermé dans les entrailles de la femme. Et le corps humain n'a pas éclaté! Ce serait bien impossible à croire, si nous avions pu savoir comment notre âme, être simple, inétendu, peut loger dans le composé, l'étendu, et comment Dieu est dans le monde. L'idée d'incarnation est encore bien répandue chez les hommes. Ils ont un penchant à s'ennoblir en prêtant leur ressemblance à leurs dieux; ils veulent aussi que ces mêmes dieux viennent les visiter. L'Inde et la Grèce nous ont montré bien souvent la divinité prenant la forme humaine; nous trouvons enfin une véritable incarnation, un Dieu homme et non plus un homme divinisé.

Prédestination. — Nous étions des hommes tombés, nous voilà relevés; mais sans avoir aucun mérite. Nous n'avons contribué en rien à notre rachat; la volonté de Dieu opère en nous. Dieu sauve qui il veut. Ce ne sont pas les œuvres qui nous sanctifient, mais la foi seule. Cette foi, nous ne l'avons pas par nous-mêmes; c'est un don gratuit. L'homme est, dans les mains de Dieu, un esclave qu'il peut tuer ou sauver à son gré. Il l'a racheté de son sang; c'est sa chose qu'il prédestine à la mort, à la gloire. Si le christianisme était ce dogme de la grâce poussé à l'excès, il n'y aurait pas à discuter un seul instant. Nous dirions hardiment: non, de quelque part que vienne le fatalisme, de Mahomet, de Luther, de Jansénius, je me sens libre. Je retiens ma liberté envers et contre tous; et cette prétendue révélation, antipode de ma raison, je la rejetterais. Mais il n'y a que les logiciens qui arrivent jusqu'à ces conséquences; esprits chagrins et inflexibles qui vont à l'absurde dans tous les systèmes. Il y a bien eu des subtilités pour savoir comment Dieu agit en nous par sa grâce; je me suis tenu à une remarque sage qui lève toute difficulté. Dieu nous a créés libres; nous avions perdu notre liberté par le péché; par la rédemption, il nous rend sa grâce. Nous sommes dans un état meilleur qu'avant notre chute. Nous rentrons donc au moins dans notre liberté. Comment cela peut-il se concilier avec la grâce suffisante, nécessaire, concomitante, prévenante? Je ne sais; je m'en tiens aux termes du catéchisme qui est d'accord avec notre sens intime.

Cela est bon pour ceux qui ont la foi, qui participent aux mérites de la rédemption; mais tous n'ont pas eu et n'auront pas ce bonheur. Le christianisme est donc venu pour damner ceux qui étaient avant lui et qui ne l'avaient ni connu, ni pu connaître. Il condamne les sauvages errant dans les bois, qui n'ont pu se douter que le salut viendrait d'un coin obscur de la Judée. Il condamne l'enfant encore à la mamelle; cela est dur, car l'intention seule rend coupable. Ce langage sévère s'est fait entendre pendant les années encore ignorantes de la première ferveur. Les idées peu à peu sont devenues plus larges; le mérite de la rédemption a été étendu à tous les temps et à toutes les nations. Le sang de la rédemption a rejailli dans l'éternité et l'espace pour les arroser et les purifier. Le sage d'Athènes, comme le sage de l'Inde ou de l'Amérique, sera sauvé par Jésus-Christ. Dès lors, il devient oiseux de se plaindre de ce que la rédemption n'a pas eu lieu dès le premier crime, et qu'elle ait laissé les hommes assis tant de siècles à l'ombre de la mort. Le rédempteur s'est fait désirer pour se faire mieux apprécier à la faiblesse humaine, comme le progrès, qui marche si doucement, se fait mieux sentir à nous quand il arrive. Si tous ne peuvent en jouir quand il met des siècles à faire un pas, Dieu a de quoi dédommager ceux qui ne se sont pas assis au banquet du bonheur terrestre, comme il a su faire participer toutes ses créatures au sacrifice de son fils.

L'enfer. — L'enfer est la fin, la conclusion, la sanction du christianisme. Un enfer sévère, terrible, mais à temps, est nécessaire et satisfait la raison ; mais un enfer à perpétuité, éternel, la trouble et la désespère. Elle n'y voit pas Dieu, sa sagesse, sa bonté et sa justice. Les hommes punissent les autres hommes; mais à mesure qu'ils avancent, ils le font de moins en moins pour se venger. Ils cherchent à ramener le coupable ; ils le punissent dans l'intention de le moraliser, de le rendre au bien. Eh quoi! Dieu au contraire, comme les bourreaux d'autrefois, se plairait dans les tortures éternelles ! Il aimerait à entendre les gémissements des damnés sans profit pour eux, rien que pour venger sa dignité ! Et, ce qui serait plus affreux, c'est que, sachant de toute éternité que l'homme sera coupable, méritera les châtiments, il l'aurait créé pour être lui-même témoin impassible de ses éternelles douleurs ! Ne dites pas qu'il faut que la peine soit sans fin, que Dieu n'a que cette manière d'être infini. Une offense d'un jour, de peu de portée, malgré sa malice, ne peut rester présente dans l'éternité de Dieu.

On a voulu invoquer la raison, la prendre à témoin que les supplices de l'enfer étaient sans fin, car, dit-on, le péché c'est l'abus de la liberté, la mauvaise volonté, l'intention perverse; le pécheur mort dans cet état ne peut plus revenir à de bons sentiments, il ira toujours s'enfonçant dans son péché. Non, cela n'est pas supposable. L'habitude du mal est funeste, mais ne détruit pas notre liberté. En général, l'homme n'en veut pas à Dieu; il veut son bien-être aux dépens des autres, mais il n'offense pas pour le plaisir d'offenser. Voyez les grands criminels au moment du supplice, ils reculent toujours épouvantés. Ils seraient tous prêts à faire amende honorable, tous disposés à bien faire en détestant leurs crimes. Que sera-ce donc quand, au lieu de se voir menacés par les hommes, ils se verront atteints par Dieu! Ils crieront vers lui, ils se repentiront; et le repentir est la vertu de l'homme toujours et partout. Le repentir soulèvera, détruira l'enfer. Ce sera priver les orateurs de leurs beaux mouvements d'éloquence, de leurs peintures épouvantables, qui portent le désespoir dans les âmes faibles, sans être un frein pour les grands coupables. La certitude de la punition suffit. Là où l'on a aboli la peine de mort et les tortures, on ne s'en est pas plus mal trouvé. Abolissons l'éternité de l'enfer sans rien craindre pour la morale.

Pour moi, je n'aurais pu rester longtemps dans le christianisme, s'il m'avait fallu accepter ce dogme sans réticence. Il y a des communions chrétiennes qui veulent que l'enfer soit comminatoire, qui le considèrent comme une peine annoncée pour effrayer, mais qui ne sera jamais appliquée dans sa rigueur. Puis, je me disais: je ne sais ce qu'il faut entendre par éternité; c'est un mot qui me passe; c'est comme un purgatoire sévère: je m'y tiens. J'accepte même cette idée que l'homme dans ces lieux n'est pas entièrement séparé de l'homme, qu'il y a encore solidarité, fraternité. La solidarité me plaisait dans l'histoire; c'était avec joie que je la trouvais dans la révélation. Je ne serai jamais tenté de faire de cette idée un crime aux catholiques.

Guerres de religion.

J'ai pris les dogmes du christianisme par ce qu'ils avaient de plus doux; bien d'autres les ont envisagés d'une manière toute différente. On y a cherché le côté le plus désespérant, petit nombre des élus, grand nombre de prédestinés à l'enfer, condamnation des petits enfants, réprobation de l'univers païen, et par-dessus tout, le génie du mal déchaîné, cherchant à dévorer et à ôter au pauvre monde le peu de chance de salut qui lui reste. L'homme a été effrayé de ce tableau; craignant de se voir damné, privé de tout bien, il a vécu dans des alarmes, des terreurs continuelles; de là une guerre acharnée contre l'ennemi du genre humain, le diable. Cette lutte a eu un double aspect. Le sentiment d'humanité a cherché à retirer du mal le plus grand nombre d'âmes; de là, pitié pour les malheureux damnés hors de l'église, espoir dans la communion, dans la société d'un plus grand nombre de fidèles. L'enthousiasme de la conversion a produit un bien immense, a porté la civilisation à travers les mers, et a inspiré plus de courage et de persévérance que l'ambition, l'intérêt, le commerce, pour remuer et faire progresser les nations. Mais il y a aussi un côté bien douloureux.

Lorsque des chrétiens se sont détachés pour mettre au jour de nouvelles manières de voir, on a vu dans tous ces efforts des tentatives de l'esprit malin pour faire périr les âmes. De quelle crainte ne s'est-on pas senti saisi! Le fer, le feu, les tourments ont fait bonne justice des premiers suppôts du diable. Mais lorsqu'ils sont devenus nombreux, qu'ils ont été une légion, un peuple, il a fallu porter la guerre chez les mahométans, chez les Albigeois. L'Allemagne a été ensanglantée; le nouveau monde a vu périr ses habitants dans les supplices. Les persécutions qui avaient accueilli le christianisme ont été rendues avec usure aux païens et aux chrétiens dissidents.

Ces malheurs, ces crimes, nous feront-ils déserter l'étendard du Christ comme celui de l'intolérance et du fanatisme? Non. Il n'a jamais dit qu'il fallait établir son royaume par la force; à peine peut-on trouver dans l'Evangile quelques paroles équivoques qui sont démenties par toute sa doctrine. Si les chrétiens ont plus tard usé du fer et du feu, avec lesquels on avait voulu les extirper d'abord, ce n'est pas dans les entrailles même du christianisme qu'ils ont puisé ces idées. La colère, la passion les ont portés à ces horribles excès; plaignons-les, et surtout rappelons-nous que nous sommes tous sujets à de pareils entraînements. Je parle de tous les représentants des choses nouvelles ou anciennes, dont la vérité est annoncée ou contestée. La liberté est une chose sainte s'il en fût dans le monde, et en son nom on a répandu des torrents de sang qu'elle ne demandait pas. Soyons indulgents et ne nous arrêtons pas à la surface. Nous ne pourrions rien connaître des œuvres des hommes, si nous n'allions pas chercher leur pensée, leurs progrès, au-dessous de ce sang qui répugne, qui n'était pas nécessaire, mais que la sottise et la barbarie mélangées à la vérité et à la justice ont fait couler à flots. Ne disons rien de la Saint-Barthélemy, car on nous jetterait les massacres de Septembre à la face; mais aussi, si l'on nous reproche le tribunal révolutionnaire, nous pouvons nous défendre avec l'inquisition et les tribunaux arbitraires des deux Bonapartes.

Après les choses graves, passons aux choses de moindre importance. On ne peut pas croire à une religion qui, proclamant l'unité de Dieu, en vient à rétablir le paganisme, l'idolâtrie, par ses statues, ses images, ses reliques, ses saints qu'elle offre à la vénération publique et qui représentent à bien peu de choses près les superstitions et les adorations des païens. Eux aussi honoraient les dieux, les demi-dieux, espèces de saints, d'anges, accompagnés de leurs légendes, de leurs pèlerinages, de leurs miracles, de leurs spécialités de guérison et de leurs attributs.

Les réformés ont fait disparaître toute cette superfétation, et cependant ils n'en sont pas plus avancés. Ces prières, ces cérémonies, ces histoires d'édification, peuvent avoir leur avantage pour rendre le culte plus pompeux. On parle à l'imagination des hommes, parce qu'ils se laissent prendre volontiers par les dehors. Mais si l'on use de ce moyen avec discrétion, sans lui donner plus d'importance qu'il n'est nécessaire, on peut en retirer quelque avantage sans porter aucune atteinte au sérieux de la religion. D'ailleurs, cela est réglé par l'Église, qui, si elle est réellement à la tête d'une vraie religion, saura bien y mettre la mesure qui convient. Il ne faut pas que ces accessoires nous empêchent de réfléchir sur les raisons sérieuses qui nous ont fait entrevoir la possibilité de la révélation.

Preuves du christianisme.

Nous ne nous sommes pas laissé arrêter par les premières difficultés qui devaient nous faire rejeter le christianisme. Abordons maintenant l'examen des preuves que l'on mettra sous nos yeux pour nous convaincre que non-seulement la religion est possible, mais qu'elle est vraie. Ses mystères pleins de grandeur, de sublimité, nous ont été présentés si souvent avec tant d'éloquence qu'ils méritent d'attirer toute notre attention. Ne nous laissons pas cependant éblouir par les merveilles de la parole et de l'écriture. Écartons ceux qui veulent nous persuader avant d'avoir pénétré dans le sanctuaire; de magnifiques tableaux, des considérations plus ou moins puissantes ne sont pas des raisons. Toutefois, examinons ces considérations, car elles peuvent avoir plus tard leur importance.

Établissement de la religion.

Le christianisme a triomphé; prêché par de pauvres pêcheurs, il a confondu la sagesse des philosophes; né parmi les humbles, il a vaincu la résistance des grands et des puissants; persécuté par le fer et le feu, le sang de ses martyrs a cimenté sa victoire; caché sous les cabanes et dans les souterrains, en peu de jours il s'est assis sur le trône du monde. De là, il a embrassé l'univers, il a rempli tous les esprits et tous les cœurs. De nos jours, malgré les efforts de l'impiété, il est ferme et inébranlable, bravant les flots du temps et de l'erreur qui viennent se briser à ses pieds. Son maintien, son établissement, sa propagation sont d'autant plus admirables qu'il vient abaisser l'orgueil de l'homme et réprimer la concupiscence de la chair. Il n'y a là rien d'humain; le pouvoir divin brille de tout son éclat; c'est un miracle qui doit nous convaincre sans que nous demandions d'autres raisons.

Je n'ai jamais été partisan aveugle du succès; il ne m'a pas entraîné par cela seul qu'il est. Démêlons ce qu'il y a de vrai, de miraculeux et d'humain dans la victoire chrétienne.

Dans le commencement, le christianisme obscur et silencieux s'est propagé dans les rangs inférieurs de la société sans trop attirer l'attention; mais, les premiers temps de son enfance passés, la propagation de ses doctrines a été rapide, universelle; le feu qui couvait sous la cendre s'est allumé, il s'est enflammé sous le souffle des persécutions et a bientôt éclairé le monde. Cependant la rapidité de ses progrès n'a pas égalé ceux de l'islamisme; le temps qu'il a fallu à l'un pour commencer a suffi à l'autre pour arriver à son apogée.

Mais les moyens sont bien différents, dira-t-on. Les apôtres ne marchent que le bâton et l'Évangile à la main, humbles, pauvres, persécutés; tandis que Mahomet, armé du glaive, combat, gagne des victoires à la tête d'armées nombreuses.

Cela n'est pas tout à fait exact. Mahomet a commencé, lui aussi, avec le bâton de conducteur de chameaux; il a été d'abord persécuté, banni; si les deux religions se sont établies ensuite par des moyens différents, elles ont eu du moins leurs jours de ressemblance. Le christianisme au pouvoir a tourmenté, a persécuté à son tour; il s'est établi, maintenu par la force; la messe ou la mort, a souvent dit l'empereur, pendant que le sultan ne disait que la circoncision ou l'esclavage. Le pape a fini par où le calife avait commencé.

Il est une autre religion établie par la persuasion. Lorsque le bouddhisme a commencé dans l'Inde, nulle trace qu'il se soit établi par la force. Persécuté, chassé, dit-on, en tous cas anéanti par les Brâhmanes, il s'est relevé pour se propager dans une grande partie de l'Asie. Le succès de cette religion, qui ne s'est pas ordinairement établie par la force des armes, ne suffit pas pour démontrer la divinité du grand Lama.

Le christianisme réprime les passions; il doit trouver des résistances dans le cœur de l'homme. Mais est-ce que toutes les autres religions viennent sanctionner le mal? Sans doute, Mahomet permet la polygamie; mais elle était tolérée dans l'ancien Israël. Il donne à ses prédestinés un paradis de délices, pour ainsi dire terrestre; c'est une image grossière du bonheur qu'on nous promet aussi, mais plus pur, plus éthéré, plus vague dans un paradis peuplé d'anges et non de houris. Le génie des nations entre pour beaucoup dans ces conceptions. En définitive, le musulman doit jeûner, prier, faire l'aumône, suivre la morale humaine et réprimer toutes ses passions comme le chrétien. Celui qui veut devenir Bouddha, c'est-à-dire saint, puis dieu, doit observer des pratiques plus dures, plus sévères que celles du moine le plus austère. Les macérations, les cilices ne sont que des jouets auprès des tortures que s'imposent les fakirs et autres religieux de l'Asie, qui regardent la chair, la matière, comme la cause du mal, et la mort comme une délivrance de l'âme. Malgré la sensualité humaine, ces idées de privation, de sacrifice, ont conquis des sectateurs par millions tout comme le christianisme. C'est que l'on ne prend pas les hommes par ce qu'ils ont de vulgaire dans leurs idées, de relâché dans leurs mœurs; il leur faut quelque chose de grand et d'élevé pour les séduire et les entraîner. Le christianisme les a bien servis sous ce rapport, aussi se sont-ils mis à genoux devant le Christ. Il est vrai que ce ne sont pas seulement les ignorants et les simples qui sont venus à cette lumière, mais encore les hommes éclairés de tous les siècles. Le succès du christianisme au milieu des peuples païens abrutis serait bien semblable à celui des autres religions, s'il n'était venu se fonder dans notre Europe, au milieu du plus grand développement de l'esprit, et se maintenir dans les temps où la raison humaine a fait le plus de progrès. Cette considération n'est pas sans valeur. De grands génies se sont soumis à son enseignement. Pendant une certaine époque de l'histoire, pas une âme européenne qui n'ait pensé par lui. Mais les temps sont bien changés. Fouillons un peu au fond des cœurs ; les intelligences d'élite sont au moins partagées, et sous une surface de foi se cache souvent beaucoup d'incrédulité. Il faut mettre de la bonne volonté pour compter autant de chrétiens que de baptisés. Le nombre et la qualité des croyants importent peu à la vérité, qui est toujours la même, au moyen âge comme dans l'antiquité, ou dans les temps modernes, dans la bouche des pêcheurs du lac de Tibériade, comme dans celle des papes assis sur leur trône du Vatican.

Utilité de la religion.

Si nous ne nous sommes pas laissé séduire par la grandeur du succès, serons-nous plus touchés par l'utilité de l'Évangile pour la société ? C'est une grande chose que ce qui est utile, et ce côté a été traité admirablement dans le *Génie du christianisme* de Chateaubriand. Embellir, couvrir de fleurs la religion, faire toucher du doigt son utilité pratique, dire que c'est non-seulement un beau vêtement, mais encore un préservatif du froid et des intempéries, toutes ces considérations ont touché bien des personnes qui se sont affublées de ce manteau. C'est bien porté, surtout dans ce temps-ci, où la peur a fait froid aux gens. Nous ne cherchons pas en premier lieu ce qui est utile, mais ce qui est vrai et juste ; l'utilité viendra après par surcroît, comme elle pourra. La beauté de l'Évangile, l'utilité de la religion, sont de puissantes considérations à faire valoir ; c'est une préparation oratoire pour ouvrir le cœur aux raisonnements, faire aimer, désirer ce que l'on veut prouver, prendre l'humanité par son faible, par le sentiment ; mais ce n'est pas un ordre de preuves suffisant pour convaincre.

Lorsque la religion chrétienne fit son apparition dans le monde, elle trouva l'éloquence morte avec la liberté sous les empereurs ; la poésie antique se traînait dans les redites de la mythologie ; elle a donné à l'une et à l'autre de nouvelles ailes pour parler de Dieu conçu plus grand et unique, et de la nature délivrée de toutes ces divinités qui la cachaient. Elle a conservé les belles-lettres, les écrits des anciens ; elle a couvé le trésor de la science, et celle-ci est éclose parmi les moines. Elle a inventé une architecture nouvelle, rivalisant par sa grandeur avec celle des anciens. Elle a conservé les traditions de la statuaire dans les images des saints, un peu raides d'abord, mais qui ont pris du mouvement en descendant des piédestaux des cathédrales. Enfin, par les sujets empruntés à la vie de Jésus et de Marie, elle a donné aux plus grands peintres une mine à jamais inépuisable et à laquelle ils doivent la meilleure partie de leur gloire. Ces services sont réels. Cependant ils ne suffisent pas pour établir la vérité. La religion chrétienne se prête à l'éloquence, elle inspire le domaine entier des lettres et des beaux-arts. Les railleries qu'on avait dirigées contre elle, comme si elle eût été incapable d'inspiration élevée à cause des ridicules de certains de ses disciples et de ses écrivains, n'étaient pas justes. Ne regarder les choses que par le côté faible ou défectueux, plaît un moment, mais la vérité a bientôt triomphé de cette critique partielle et partiale. Seulement parce que le christianisme est favorable aux choses d'imagination, il ne faut pas trouver là une preuve de sa divinité. La religion païenne, elle aussi, n'avait pas été inutile aux lettres et aux beaux-arts. L'antiquité est là avec ses poèmes, ses statues, ses tableaux, ses monuments, pour dire sa puissance créatrice, et montrer en même temps combien l'erreur peut être éloquente et belle.

On doit d'autres bienfaits au christianisme. Il a recueilli, organisé les débris du monde romain à sa chute. Il a reçu les barbares dans son sein pour les adoucir et les civiliser. Il a défriché l'Europe au propre et au figuré, dans ses forêts et dans ses intelligences. Il a aboli l'esclavage en faisant de tous les hommes des frères en Jésus-Christ. Enfin, il a relevé la femme et l'a tirée de la réclusion à laquelle l'antiquité l'avait condamnée. Tout cela est vrai en grande partie ; cependant, il ne faut rien exagérer.

Le clergé chrétien a adouci la transformation du monde ancien par les barbares. Mais l'empire n'avait-il pas, du moins en partie, dû sa chute aux dissentiments des chrétiens entre eux et avec les païens? Le christianisme n'a-t-il jamais été avec les barbares? Ne les a-t-il jamais appelés? Il était payé d'avance du service rendu par la puissance due à son intervention.

Les institutions chrétiennes nous ont servi puissamment. On sent percer le principe d'égalité, même dans les choses qui lui paraissent le plus contraire ; ainsi, le pape est appelé le serviteur des serviteurs, et même il a été pris parfois parmi les gardeurs de troupeaux. L'esclavage a été frappé virtuellement à mort, du jour où l'esclave a été admis dans la communion chrétienne. Mais ici un phénomène particulier est à remarquer. Oui, l'esclavage devait tomber par le christianisme ; mais pas une loi, pas un décret qui l'ait formellement aboli, et au moment de sa toute-puissance, lorsque le pape donnait et retirait des empires, il n'a pas donné la liberté à l'esclave. Les actes n'ont suivi la doctrine que lorsque la grande séparation de l'esprit ecclésiastique et de l'esprit humain a été accomplie. Alors l'homme laïque a formulé la liberté en lois pour abolir l'esclavage. Dans les pays où subsiste encore cette tache humaine, ce n'est pas le clergé qui se met ordinairement à la tête de l'émancipation. Le plus souvent il courbe la tête et accepte le fait.

La femme a gagné beaucoup à l'Évangile. Elle lui en est reconnaissante, car elle reste fidèle au christianisme; néanmoins, je ne crois pas qu'il ait fait pour elle tout ce qu'il aurait pu, tout ce qu'il aurait dû. Par compensation, on lui donne la meilleure place dans les choses de la religion; la Vierge est au-dessus de tous les saints, car il ne faut point regarder Jésus comme un homme. Un fait, dans le genre de considérations qui nous occupe, doit donner à penser. Pendant qu'a régné l'union des idées dans une seule croyance, le monde a été son train; mais lorsque la séparation a été faite, la marche de l'humanité, loin de se ralentir, a été accélérée; art, industrie, science, civilisation, ont fait d'immenses progrès. Autrefois le catholicisme était à la tête de l'humanité; maintenant, il est évident qu'il n'y est plus. De là, on pourrait tirer contre lui de terribles conséquences. Si on veut lui accorder le mérite des bienfaits d'autrefois, il doit être responsable de son inutilité actuelle pour certains actes de la vie de l'homme. Cependant, ne poussons pas trop loin cette réflexion. De même que les avantages qu'il nous a procurés ne m'ont pas ébloui, de même je n'irai pas m'enquérir s'il est devenu un inspirateur moins utile, mais s'il est toujours le véritable maître et le précepteur de la race humaine.

Gardons-nous aussi de maudire la religion pour les guerres qu'elle a excitées, pour les cachots qu'elle a remplis, pour les échafauds qu'elle a élevés, pour les bûchers qu'elle a allumés. N'écoutons pas trop les cris des victimes. Au nom de quelle chose sacrée, patrie, honneur, famille, liberté, égalité, religion, l'homme n'a-t-il pas commis des crimes! Rois, peuples, prêtres, anciens et modernes, vous avez tous sur les mains du sang innocent; c'est à travers les vapeurs qui s'élèvent des lieux de supplice qu'il faut chercher les rayons du soleil de la vérité. Soyons indulgents pour tous les partis; n'en avons-nous pas besoin pour le nôtre?

Ces questions préliminaires vidées, tout ce qui n'est que simples considérations écartées, entrons dans le fort de la discussion.

En droit, la religion est nécessaire. En fait, elle existe.

Nécessité de la révélation.

Dieu a créé l'homme, il le dirige, le gouverne, a soin de ses jours, lui prodigue les biens de la nature; il est l'enfant chéri de sa droite. L'homme doit lui témoigner sa reconnaissance, admirer sa puissance, l'aimer, l'adorer; il faut qu'il lui rende un culte intérieur, qu'il lui consacre son esprit, ses facultés. Il faut aussi que sa voix, ses gestes, ses actions, témoignent de sa foi; il lui doit un culte extérieur. Il faut, en un mot, qu'il soit uni avec

Dieu et ses semblables par une religion. Voyez, en effet, les peuples païens qui avaient bien une religion, mais fausse, ce qui est peut-être aussi dangereux que de n'en avoir pas, dans quel degré d'abaissement ils étaient tombés. Ils s'enfonçaient dans l'idolâtrie ; tout était Dieu, excepté Dieu lui-même. Les vérités morales s'en allaient une à une avec la vérité religieuse. La femme n'avait aucune dignité ; on la prostituait dans les temples, on la mettait au second rang pour l'amour, et l'impureté avait été jusqu'à changer l'ordre de la nature. L'esclave n'était qu'un instrument. La vie de l'homme était abandonnée en spectacle à un peuple transformé en bête féroce et venant respirer le sang aux combats des gladiateurs. Les gouvernements n'avaient nul souci des droits de l'espèce humaine, qui allait arriver au dernier degré d'abrutissement, si Dieu n'avait eu pitié d'elle et ne lui avait envoyé le rédempteur, car l'homme n'aurait pu se relever par sa propre force. Pour cela il aurait fallu avoir la vérité dans la religion ; mais l'homme ne sait que bien peu de chose sur Dieu ; toutes les fois qu'il a voulu s'en faire une idée un peu distincte, il est tombé dans des erreurs déplorables. Il ne sait non plus pourquoi il est sur la terre, pourquoi il y est malheureux, il n'a pas la certitude d'une autre vie, il ne peut rendre à la divinité un hommage éclairé si elle ne lui a pas révélé sa grandeur, ses intentions et ses volontés à son égard. Il ne sait pas non plus comment il peut plaire à Dieu par ses actions. Doit-il lui offrir un cœur pur seulement? Faut-il ajouter des cérémonies, des offrandes, des sacrifices, et de quelle manière? Comment deviner ce qui est digne de Dieu dans toutes ces choses qui peuvent varier à l'infini? Et cependant, aussi bien que les sentiments intérieurs, les actions doivent y correspondre pour nous rendre témoignage à nos propres yeux et à ceux des autres.

Un exemple montrera combien nous sommes faibles pour nous procurer les choses les plus usuelles, les plus nécessaires à l'intelligence. Notre âme ne saurait penser, se rendre compte d'elle-même, communiquer ses pensées, si elle n'avait pas une parole, un verbe pour leur donner l'existence. Or, comment l'homme aurait-il pu se donner un langage? Comment, avant de pouvoir s'entendre, aura-t-on convenu que tel mot désignerait telle pensée, telle chose? Il a fallu qu'en créant l'homme, Dieu le complétât en lui donnant la parole; à plus forte raison a-t-il dû lui donner, lui révéler une religion qui non-seulement lui est indispensable pour vivre avec ses semblables comme la parole, mais encore pour vivre en Dieu, avec Dieu. Il l'a fait dès les premiers jours de la création; il a dit à Adam ce qu'il fallait faire pour lui complaire. Il lui a donné ses ordres, il a constitué son culte. Après sa faute, Adam est devenu plus savant; la science qu'il avait acquise par son péché, par les malédictions divines, par la promesse d'un rédempteur, lui a révélé toute la religion. Il a su la trinité, l'incarnation, le péché originel, le mal et la réparation. Cette connaissance se transmet à ses enfants, s'obscurcit avec les siècles, mais il en reste toujours quelque chose. Ces vérités se rajeunissent au déluge dans la famille de Noé par l'extinction de la race humaine. Dans les temps qui suivent, malgré le débordement des crimes et l'oubli de Dieu, il y a un vague pressentiment qui se traduit par des mythes, des allégories, des idées de rédemption, d'incarnation, d'enfant sauveur, de vierge enfantant; toutes ces croyances sont mêlées d'idées d'expiation, de sacrifice. Lorsque Abraham, Moïse promulguent la loi que Jésus-Christ vient accomplir, il n'est pas besoin de chercher la religion, la véritable, la seule, l'unique; c'est la religion chrétienne qui existe par nécessité, parce qu'elle est celle qui doit nécessairement relier l'homme à Dieu.

Ce raisonnement ne m'a pas paru concluant. Par cela seul que Dieu est créateur, que sa créature est raisonnable, il doit y avoir, de la part de Dieu, soin de sa créature, et de la part de celle-ci, reconnaissance envers son créateur. C'est notre raison qui crie que cela est ainsi; si l'homme n'adorait pas, il ne serait pas raisonnable, il ne serait pas complet. La religion ainsi entendue est bien nécessaire, indispensable, ne peut ne pas être; c'est l'effet qui suit la cause, c'est l'homme qui suit son principe, Dieu. Mais cette religion n'est pas révélée, elle est dans le propre fond de l'homme, elle n'a aucun dogme sur l'essence de Dieu, sur telle ou telle forme qu'il faut employer pour s'élever vers lui. Elle n'est pas une religion particulière appuyée sur une idée que la raison seule ne peut apercevoir, sur le péché du premier homme, sur la rédemption. A ce point de vue il n'y a pas nécessité absolue de révélation, il y a seulement convenance, utilité, de donner à l'homme plus qu'il n'aurait sans elle. Mais lorsqu'il a été créé, il était complet avec sa raison, il pouvait vivre ainsi ; la preuve, c'est que cette révélation n'a éclaté que dans le temps, qu'elle n'est répandue que sur une partie de la terre. Si elle avait été d'une nécessité absolue, Dieu n'aurait pas laissé écouler des siècles sans la donner. Nous ne pouvons lui demander compte de ce qu'il a voulu qu'elle n'éclairât l'humanité qu'en partie et successivement, tout progrès s'accomplit de même ; mais il n'en aurait pu être de la sorte si elle était nécessaire. Je sais bien que l'on a dit que la rédemption embrassait tous les temps, qu'il y avait eu une première révélation ; mais elle était presque inutile au genre humain, puisqu'elle était tombée en oubli et que, d'ailleurs, elle était confinée dans un coin obscur de l'Asie, où elle ne pouvait être d'un grand secours au reste de la terre. Si elle avait été si indispensable, Dieu ne l'aurait pas mise ainsi sous le boisseau, il aurait placé cette lumière dès les premiers jours sur les plus hauts sommets, afin que l'humanité fût guidée par elle dans sa marche. On veut trouver dans les faits de l'histoire la preuve de cette nécessité de la religion révélée. Mais il faudrait établir que l'humanité allait à la dérive ; est-ce prouvé ?

On a beau jeu avec la corruption romaine du temps de l'empire ; mais il aurait fallu que le monde entier fût aussi corrompu. Si les historiens nous font un triste tableau des mœurs des Romains, ils nous peignent, au contraire, les mœurs des barbares sous des couleurs plus avantageuses. Nous ne connaissons que ce qui se passait à cette époque autour du bassin de la Méditerranée, et nous n'avons que des notions confuses, si nous ne l'ignorons pas entièrement, sur ce qui avait lieu dans le reste de l'univers. Il pouvait bien y avoir là place pour quelques vertus.

Babylone, Rome, les grands centres, offrent à l'œil bien des misères réunies ; c'est que là étaient venues s'accumuler les richesses de l'univers. Un climat ardent avec toutes les facilités de jouir créent de terribles tentations d'intempérance ; mais les campagnes, les royaumes dépouillés n'avaient ni ce luxe, ni cette dépravation.

En prenant en général les mœurs de l'époque où vint le christianisme comme mauvaises, il faudrait savoir si elles étaient pires qu'auparavant, si elles allaient toujours en se corrompant ; pour une telle appréciation les détails nous manquent. Lorsqu'on parle de ce qui est sous ses propres yeux, il est difficile de voir plus ou moins d'amélioration ou de perversité dans l'ensemble des actions humaines; les vieillards se plaignent, les jeunes admirent. Mais croyons-nous sérieusement que des enfants pires étaient venus de pères meilleurs? On le dit aussi de temps où le christianisme existait, où il aurait dû remettre sur la voie du progrès, ou du moins empêcher les peuples de défaillir. Les Romains de l'empire, les chefs surtout, étaient souvent affreux, j'en conviens; mais transportons-nous aux premiers jours de Rome, au milieu des bandits ses fondateurs, pillant leurs voisins et volant jusqu'à leurs femmes. Eussions-nous mieux aimé être gouvernés par Romulus tuant son frère ou par Néron faisant mourir Britannicus et sa mère? Le choix est difficile. En Judée, au temps de la venue de Jésus, la nation n'était pas dans un état très brillant; cependant, même sous le point de vue religieux, les Juifs ne valaient-ils pas mieux que leurs aïeux se révoltant contre Moïse, adorant le veau d'or, etc.? Et si nous remontons dans le lointain des âges, pensez-vous que les Atrides avec leurs assassinats, leurs incestes, leurs adultères, valussent mieux que les Ptolémées et les Cléopâtre?

Au moins, dans les derniers temps de l'antiquité, il y avait une certaine civilisation qui pouvait adoucir les effets de l'arbitraire. Il est incontestable que la société avait fait des progrès immenses sous certains rapports; en bien des choses nous n'avons pas dépassé les anciens. Je sais bien que la perfection matérielle n'est pas une preuve de la grandeur morale; mais elle ne l'empêche pas, au contraire, car elle lui donne plus de facilité pour se produire. L'homme, moins absorbé par la nécessité de se procurer le vivre, peut s'élever aux choses de la pensée. Quoi qu'il en soit, depuis la venue du christianisme, le progrès a marché; quelquefois retardé, il a bien vite repris son cours. Je veux croire, jusqu'à preuve contraire, que depuis le commencement il en a toujours été ainsi. Nous n'avons donc pas trouvé sous ce point de vue un argument invincible de la nécessité d'une révélation. On cherche à nous démontrer notre impuissance pour nous faire une religion; sans doute, nous ne pouvions pas deviner le péché originel et ses suites, nous ne pouvions pas savoir que Dieu viendrait sur la terre, mais notre raison nous disait que nous devions l'adorer en esprit et en vérité, lui présenter une âme pure, célébrer ses louanges, ce qui suffit pour le salut de celui qui n'en sait pas davantage. L'homme pouvait se donner une religion, comme il s'est donné un langage. Sans doute, pour pouvoir fonder un langage, il faut pouvoir s'entendre; mais n'y a-t-il pas d'autres moyens que la voix articulée? Ne se comprend-on pas par le geste, par le jeu de la physionomie, par des exclamations? Mettez deux individus en présence, un homme et une femme venus d'Europe et d'Asie, avec un langage aussi différent que possible; si vous les placez dans une île, séquestrés du reste du monde, et qu'ils puissent y vivre, ils fonderont une nation qui aura son idiome. Dieu donne la faculté de parler, mais il ne crée pas la langue, le langage. S'il l'avait donné à l'homme, il n'y en aurait qu'un, et toutes les langues n'en seraient que des dialectes; ce qui est loin d'être prouvé.

Il ne l'est pas non plus que l'idée de faire des sacrifices, répandue dans toutes les nations, fût comme un ressouvenir de la révélation primitive. Elle pouvait venir d'ailleurs, de la crainte superstitieuse de l'inconnu, du mal qui frappe toutes les imaginations et qui semble nous représenter Dieu comme un être colère, susceptible d'être apaisé par des présents et des victimes. Nous ne trouverons dans cet ordre d'idées une considération à faire valoir en faveur de la révélation que lorsqu'elle nous sera prouvée par des faits. Le dix-huitième siècle avait ramassé toutes les institutions qui avaient chez les nations antiques l'apparence de nos mystères, pour s'en prévaloir et dire que les chrétiens n'avaient fait qu'emprunter leurs dogmes à toutes les superstitions. On a retourné l'argument et l'on a dit que c'était de la révélation que s'étaient échappées, plus ou moins défigurées, toutes ces lueurs de vérité. Attendons pour savoir qui a raison que les faits aient prononcé sur l'ensemble de la religion. C'est ce qui nous reste à examiner. C'est ici que nous trouverons la vérité ou jamais.

Preuves de la révélation par les faits.

Le curé de notre paroisse nous baptise, nous marie et nous enterre. Il nous apprend le catéchisme ; il nous dit ce que nous devons croire et ne pas croire, faire et ne pas faire. Ce ne sont pas des conseils qu'il nous donne, comme plus habile, plus instruit que nous, il nous parle d'autorité ; nous n'avons pas à disputer, mais à obéir, et si nous ne voulons pas nous en rapporter à lui, il nous fournira son titre qui le constitue notre pasteur, notre maître en religion, titre qui lui a été déféré par son évêque. Celui-ci ne s'est pas donné non plus l'autorité qu'il a transmise ; il la tient du pape. Ici nous trouvons le chef visible de l'Église, qui n'est, lui aussi, qu'un intermédiaire, un représentant. Il est le serviteur des serviteurs, l'humble entre les humbles ; par lui-même il n'est rien. Il n'est que ce que tous les papes étaient avant lui, des délégués, des successeurs d'un pauvre pêcheur du lac de Tibériade. Les apôtres ne sont pas les envoyés d'un homme, mais ils ont reçu de Jésus-Christ leur mission, de Dieu même leur pouvoir. Ils le disent et le prouvent aux nations de leur temps, par les miracles, les choses merveilleuses dont ils les rendent témoins. A nous, ils le font croire par l'énergie de leur prédication et de leur conviction. Ils nous rendent témoignage de ce qu'ils ont vu et cru eux-mêmes. Ils ne sont pas emportés par l'amour de la gloire, par l'ambition ; car ils sont persécutés et méprisés. Ils ne sont pas amoureux des richesses ; ils n'ont que le bâton de pèlerin. Ils ne viennent pas nous apporter le fruit de leurs veilles, de leur génie ; ils ne sont que des ignorants, disant ce qu'on leur a enseigné. Ils donnent leur vie pour témoigner de la vérité de ce qu'ils avancent. Ils n'ont point organisé un complot ; ils sont trop nombreux et trop simples pour cela. Ils ne se sont d'ailleurs jamais démentis, ni dans aucun lieu, ni dans aucun temps. Enfin, ils n'ont pas pu se faire illusion à eux-mêmes, car ils ont vu de leurs propres yeux les faits extraordinaires qu'ils racontent. S'ils avaient pu se laisser éblouir, ils avaient un contrôle dans leur propre personne, puisqu'ils avaient eux-mêmes la faculté de se convaincre les premiers, soit par le don des langues, soit par la faculté de guérir les infirmes, de ressusciter les morts, etc. Ce sont donc des témoins dignes de foi ; et voici ce qu'ils nous disent :

Un de leurs compatriotes, un Juif de Galilée, fils de charpentier, les a rencontrés, l'un à sa pêche, l'autre à son bureau de péage, pendant qu'il prêchait la foule dans les bourgs et les places publiques de la Judée. Il s'est fait suivre par eux ; il leur a enseigné que toute la loi et les prophètes se réduisaient à l'amour de Dieu et du prochain ; que le prochain n'est pas le Juif seulement, mais l'étranger, le barbare ; que Dieu n'avait pas besoin d'être honoré par les cérémonies minutieuses de la loi, mais en esprit et en vérité avec un cœur pur ; qu'il n'était cependant pas venu abolir l'ancienne religion, mais la réformer, la compléter ; que pour être sauvé du péché, des flammes de l'enfer, pour être admis auprès de Dieu avec ses saints, il fallait croire en lui, le suivre et tout abandonner pour lui. Il leur donnait ces enseignements avec autorité. Ses disciples devaient le croire, parce qu'il était le Messie promis aux Juifs. Il était envoyé de Dieu, fils de Dieu, un avec son Père. Il promit aux siens qu'après lui le Saint-Esprit viendrait les visiter. Pour leur prouver sa mission, il faisait des miracles en leur présence ; les sourds entendaient, les aveugles voyaient, les démons étaient chassés, les morts ressuscitaient. Sa prédication souleva les pharisiens, les scribes et les prêtres ; ils le firent condamner à mort. Suivant sa prédiction, il ressuscita, donna à ses apôtres le pouvoir de baptiser en son nom, de faire des miracles et de fonder une Église. Lorsqu'il fut monté au ciel, il leur envoya le Saint-Esprit ; et eux, ayant reçu le complément de leur mission, prêchèrent, firent des miracles et fondèrent ainsi la religion de leur maître, du Sauveur, du Christ. Telle est la suite des faits qui prouvent la révélation, depuis nous jusqu'à Jésus-Christ. Mais avant lui un autre ordre de faits se présente.

Adam vient de pécher et d'entraîner l'humanité dans sa chute ; Dieu lui annonce un rédempteur, un sauveur, consolation, espoir de sa postérité. Cette promesse se perd dans la mémoire des hommes, Dieu la renouvelle à Noé, choisit Abraham pour chef d'une nation qui gardera le dépôt de cette idée, idée qui se transmettra de patriarches en patriarches. Moïse viendra alors fonder, organiser la nation d'Israël pour conserver, avec la connaissance de Dieu, celle de la dégradation, de la punition de l'homme et de la réparation. Il annoncera un prophète plus grand que lui. A chaque événement important, Dieu renouvellera la promesse du Sauveur, fera prédire sa venue par ses envoyés et ses orateurs. Il donnera des figures, des signes de ce rédempteur dans tous les hommes marquants de son peuple, des images de la rédemption dans les événements de sa vie nationale, jusqu'au moment où naîtra celui qui vient accomplir la loi et les prophètes, remplacer l'allégorie par la réalité et faire paraître Dieu sur la terre. C'est en Jésus-Christ que vient se fondre le judaïsme; s'il ne disparaît pas, c'est une preuve de plus de sa mission, car la ruine et la dispersion du peuple juif étaient également annoncées comme devant suivre la venue du Messie.

Ainsi, Jésus-Christ, en venant faire des miracles pour prouver sa mission, a confirmé ceux de Moïse; le christianisme est devenu le complément du judaïsme. Jésus-Christ prouve Moïse, comme Moïse est témoin de Jésus-Christ; une religion est attachée à l'autre, ou pour mieux dire, toutes les deux n'en font qu'une. Leurs preuves se rattachent, d'un côté au péché d'Adam, aux prophéties, aux miracles de l'Ancien Testament, le déluge, les plaies d'Égypte, le passage de la mer Rouge, la loi au Sinaï, les victoires et les malheurs d'Israël; de l'autre, à la prédication, aux miracles du Christ, à sa mort, à sa résurrection, aux martyrs, à la dispersion des Juifs et à la propagation du christianisme. La première de ces religions vient de l'arbre du bien et du mal, et la seconde sort de l'arbre de la croix.

Cette suite de faits, ces preuves qui s'enchaînent si bien doivent porter la conviction dans l'esprit des hommes. Ajoutons maintenant les considérations que nous avions d'abord écartées, la rapidité de l'établissement de la religion chrétienne malgré les obstacles, les merveilles qu'elle a enfantées dans les sciences et les arts, l'utilité dont elle est la source pour la tranquillité de la société; faites voir combien elle satisfait l'instinct religieux inné dans tous les hommes; prêchez cela pendant des siècles dans toutes les chaires du monde; répandez-le dans tous les ouvrages; entourez de ces idées, de ces croyances, toutes les générations, et après cela, ne vous étonnez pas que les hommes aient été pendant longtemps dévoués au christianisme et qu'une partie du monde ait pu se dire chrétienne.

Le paganisme laissait croupir ses pauvres dans la misère, sans secours et sans consolation, les esclaves dans leur vieillesse mouraient comme un vil bétail; le christianisme vint apporter au monde la charité pour soulager, adoucir toutes les infirmités par les secours terrestres, les transformer par les consolations spirituelles et faire un lien rattachant la souffrance à la vertu. Il unit les pauvres et les riches, les heureux et les malheureux dans une communauté d'affection toute divine. C'est là un éternel bienfait d'avoir institué et développé la charité; cependant, on ne saurait disconvenir que la force des choses n'ait été pour beaucoup dans cette institution de la charité.

Dans les cités antiques, enfermées dans un étroit espace, fondées depuis peu de temps, les citoyens riches et pauvres conservaient comme un souvenir de l'ancienne indivision du sol de la république; lorsque des membres de la cité se trouvaient réduits à la misère, il y avait un instinct qui les poussait à revendiquer avec hauteur, au nom de leur titre de citoyen, non des secours, mais des droits usurpés ou extorqués par la force ou la ruse. Nous ne saurions comment expliquer autrement ces chefs de Rome nourrissant les pauvres et leur distribuant du pain et des spectacles. Ce n'était pas à titre d'aumônes qu'ils recevaient ces largesses; c'était un tribut que leur payait l'aristocratie; c'était leur portion de la conquête du monde qu'on leur donnait.

La société païenne était une société à esclaves. L'esclave était la chose du citoyen, le pouvoir intervenait le moins possible dans la gestion de la chose privée. Le maître était censé traiter son esclave suivant son intérêt. Intervenir entre le maître et l'esclave pour consoler ou secourir ce dernier, c'était attenter au droit de propriété, c'était une mesure révolutionnaire. Je ne m'étonne pas que les chrétiens, venant apporter la pitié, l'égalité d'affection dans la maison antique, aient effrayé les possesseurs d'esclaves et les aient jetés du côté des persécuteurs. Pour que la charité pût s'exercer librement, il fallait que l'institution même de l'esclavage tombât en ruine, n'eût plus la force morale d'autrefois, comme aussi il fallait que l'antique institution de la cité eût fait son temps. En effet, le citoyen riche avait toujours à peu près la même position, mais le citoyen pauvre qui avait perdu ses droits était resté avec sa pauvreté. Il ne pouvait plus attendre sa subsistance du pouvoir, il fallut, par conséquent, que l'amour de l'homme pour son semblable intervînt en particulier. La cité avait été brisée; ce fut une cause de malheurs d'un moment, mais l'idée de patrie s'agrandit, se généralisa, devint plus humaine. Ces nouveaux sentiments se faisaient déjà jour de tous côtés, quand le christianisme s'en empara et leur donna une forme, un nom, la charité. Supposez un moment qu'il n'ait pas été là pour recueillir la société, la force des choses aurait amené un changement analogue. Voyez ce qui s'est passé presque de nos jours; la position respective des hommes ayant changé, le nom donné entre les relations de l'heureux et du malheureux n'est plus le même, il s'est introduit quelque chose de nouveau dans ce sentiment, qui pour un grand nombre est devenu la bienfaisance à côté de la charité. Maintenant, on va même plus loin, l'homme sent sa dignité de citoyen, il revient à la fierté antique, il demande des droits, non des aumônes. Les gouvernements favorisent ces réclamations, en développant de plus en plus la bienfaisance publique que le peuple demandera bientôt comme un droit et non comme une concession.

La vie du monde païen n'était plus qu'une orgie dans laquelle l'humanité dépérissait corps et âme; la religion est venue l'en retirer. Sans doute, le bonheur est envisagé bien différemment par le chrétien et par le païen. Le paganisme trouvait le bien suprême dans une vie heureuse, sans trouble d'esprit ni de cœur, en jouissant sans scrupule de tous les plaisirs que les sens peuvent donner et sans dédaigner ceux que le cœur et l'imagination pouvaient procurer aux âmes élevées. Le christianisme, au contraire, ne mettait l'homme ici-bas que pour être éprouvé; la terre n'était pas sa demeure, mais son cachot; les plaisirs n'étaient pas son partage ici-bas, mais la douleur et la mortification pouvaient seules le tirer de ce lieu d'exil, d'humiliation, de souffrance. Chrétiens et païens semblent s'être laissé emporter au delà du but.

Le bonheur, souvent le plaisir, était la grande affaire de l'antiquité; elle s'abandonna souvent à l'intempérance. Dans le boire et le manger, elle commit des excès ; mais nous, avons-nous été plus sages, plus modérés ? Je ne sais, je croirais seulement que notre goût, notre palais, est plus raffiné ; mais au surplus le falerne et tous les vins grossiers ont-ils plus troublé la raison que l'eau-de-vie et le champagne ?

Au premier aspect, dans les choses qui regardent la pudeur, l'antiquité semble avoir été plus loin dans l'immoralité. L'amour était devenu une divinité, maîtresse des hommes et des dieux ; il avait ses temples, ses autels, ses prêtres et ses prêtresses. Tout ce qui regarde la génération était fort peu voilé dans les paroles et dans les vêtements. Il y avait une effronterie pour ainsi dire générale ; les désordres contre nature, entre personnes du même sexe, n'étaient pas chose à effrayer beaucoup la pudeur publique. Depuis le christianisme, la robe est descendue plus bas sur les pieds de la statue ; la parole est devenue de plus en plus prude ; certaines actions sont devenues de plus en plus déshonorantes. La surface est plus polie ; n'y a-t-il là que plus d'hypocrisie ? Nous n'avons presque que des poètes satiriques ou licencieux pour nous faire connaître les mœurs anciennes. Dans les temps qui ont suivi, on n'est guère plus avancé ; sous nos yeux, il serait bien difficile de connaître le vrai ; les appréciations varient d'un individu à un autre ; la même personne, dans sa vie, ne sait trop de quelle manière juger, à différentes époques, les mœurs de ses contemporains ;

elle ne sait point si elles vont s'améliorant ou se pervertissant. La nature de l'homme est bien sans doute la même et doit produire les mêmes choses; les circonstances font beaucoup pour modifier le jugement, mais ici elles se balancent.

Le monde antique ressemblait au monde musulman. Il y avait beaucoup de ce que nous pourrions appeler le sérail, la réclusion des femmes. De là plus de retenue, moins d'occasion chez les femmes ainsi séparées et séquestrées; sans doute, la matrone et la vierge avaient des passions et commettaient des crimes, mais c'était l'exception. Les hommes vivant entre eux, le langage devait avoir moins de circonspection, et leur commerce continuel devait amener des relations criminelles. Puis, l'esclavage fournissait aux passions ses courtisanes, ayant presque une existence politique, et qui devaient avoir un caractère tout particulier au milieu d'hommes seuls. Depuis le christianisme, la femme a tendu à se mêler de plus en plus à la société. Il est évident qu'il y a plus d'occasions de chute entre personnes de sexe différent; mais l'autre amour a disparu et la courtisane est tombée toujours plus bas. Tout cela se passe hors de la vue, dans l'intimité; la statistique ne peut y avoir prise que lorsque la passion va en cour d'assises, et nous ne pouvons connaître l'état présent des mœurs, encore moins deviner ce qui se passait réellement dans l'antiquité. Nous ne saurions donc nous prononcer en connaissance de cause sur la pureté et la chasteté.

Mais si les mœurs générales nous échappent, si nous ne pouvons constater le progrès chrétien sous ce rapport, du moins il y a un fait incontestable, c'est que le célibat religieux, de dévotion, était on peut dire inconnu aux anciens, tandis qu'il est comme le fait distinctif des deux mondes coexistant dans le christianisme. En effet, il y a toujours une division de l'homme du monde et du chrétien, du païen pour ainsi dire et du fidèle ; ce qui les sépare par-dessus tout, c'est le célibat réel ou même spirituel ; l'un n'a que l'amour divin, l'autre ne veut pas abandonner l'amour humain. L'antiquité s'était trop abandonnée à la nature ; le christianisme a réagi, mais n'a-t-il pas péché par excès contraire ?

La haine de la matière, des sens, des œuvres de la chair, la crainte de la concupiscence ont fait une institution du célibat. Nous ne parlons pas du célibat de gens fuyant la charge de la société conjugale, de l'éducation, de l'entretien de la famille, source féconde de désordres, de prostitutions, que la décadence de l'empire avait mis en honneur, comme de nos jours, ou que l'égoïsme a su inspirer à bien des personnes paresseuses ou indépendantes, mais du célibat regardé comme une perfection, élevant l'homme au-dessus de l'humanité, de façon qu'il soit digne d'être l'interprète de la divinité. On a exagéré les reproches que la société pouvait lui faire sous le rapport de sa prospérité matérielle ; c'est à tort que l'on dit que chaque célibataire, prêtre ou moine, livre une femme à la prostitution ou à la privation d'un établissement convenable. D'abord, il est bon nombre de femmes qui suivent la même vocation, et puis, surtout dans nos climats tempérés, beaucoup de femmes ne sont pas portées par leur complexion à l'état de mariage. D'ailleurs, les infirmités, les antipathies, la laideur privent un grand nombre de personnes des chances de bonheur dans des unions qui seraient mal assorties. Des occupations sérieuses, des recherches pénibles de l'esprit éloignent certaines intelligences de l'étroitesse du ménage ; on leur pardonne ; on peut bien tolérer aussi le célibat du prêtre, dont la mission est si belle et promet de si heureux résultats pour la société. Le célibat ne porte pas même atteinte à la prospérité matérielle de la société ; une nombreuse population ne diminue pas par cette institution, car ce ne sont pas les nombreux mariages qui l'augmentent, mais les mariages féconds. Si la religion en diminue le nombre, de l'autre elle répare le mal qu'elle fait, en recommandant, non le plaisir, mais le devoir, en donnant de plus nombreuses familles où les enfants n'effrayent pas, parce qu'on a plus de confiance en Dieu pour les nourrir. Les moines, fils du célibat, ont pu être quelquefois, par leur multiplicité et le peu de service qu'ils rendaient, un grand embarras, mais à l'origine ils n'étaient pas des bras inutiles, c'étaient, pour ainsi dire, des associations de travailleurs ; s'ils étaient devenus de pieux fainéants, ils étaient encore ce que sont uniquement bon nombre d'honnêtes gens de nos jours, d'utiles consommateurs.

L'institution du célibat n'a donc pu avoir de graves résultats à l'encontre du bien-être et de la prospérité des nations chrétiennes ; mais on peut dire qu'elle a faussé les esprits, en donnant à la virginité un mérite qu'elle n'a pas, en mettant la mère au-dessous de la jeune fille, ce qui n'est pas juste. C'est un état différent ; l'enfance a sa grâce, comme l'âge mûr sa dignité ; l'amour vient de Dieu comme tout ce qui nous fait vivre ; il n'y a de mal que dans les excès par lesquels nous dégradons l'œuvre de Dieu.

De l'authenticité et de l'inspiration de la Bible.

Cependant ce n'est pas tout que de nous rapporter les merveilles de la religion ; il faut nous les prouver, il faut demander acte des titres justificatifs, enfin il faut les examiner. Nous pourrions nous en tenir à la parole de ceux qui ont eu les révélations, si nous les avions entendus et vus ; mais leurs discours et leurs actions ne nous sont arrivés en partie que par la tradition orale, qui est repoussée par un certain nombre de chrétiens. Ce n'est pas à tort ; il est facile de s'apercevoir combien le fait le plus simple change de physionomie en passant par plusieurs bouches. Il faut donc, pour avoir quelque chose de certain, que la déposition du premier témoin ait été écrite par lui ou sous sa dictée et que cette pièce de conviction nous soit parvenue sans altération. Cela est ainsi, nous assure-t-on ; à mesure que les miracles ont eu lieu devant le peuple de Dieu, l'histoire en a enregistré le souvenir dans la Bible, la charte des Juifs, leur répertoire, où ils consignaient leurs lois, leurs cérémonies, leurs coutumes civiles et militaires. Plus tard, l'Évangile a eu le même caractère ; c'est un recueil écrit par les acteurs mêmes de ce drame divin, par les disciples immédiats de Jésus. Pour repousser l'autorité de l'Ancien et du Nouveau Testament, il faut ébranler toute certitude historique, car pas un fait humain ne nous est arrivé d'une manière aussi précise et aussi assurée.

L'authenticité des livres saints ne nous paraît pas si certaine. D'abord, ils n'ont été connus du monde savant que du temps des Ptolémées par la traduction qui en a été faite en grec, par les Septante. Depuis, il est certain que cette version n'a pu être retouchée pour les choses graves ; elle était trop connue et trop répandue. Quelque temps auparavant une importante partie de la Bible, le Pentateuque, avait reçu une date certaine. Depuis la Captivité, la nation juive s'était scindée en deux : la Judée qu'habitaient les vrais Juifs qui conservaient le temple et son culte, et la Samarie, où avait été le royaume d'Israël et où s'était établi un mélange d'étrangers et de quelques Israélites ;

ces deux nations étaient ennemies, et le Pentateuque était seul reçu par les Samaritains.

Mais avant ces deux époques quelle garantie avons-nous, que ces ouvrages n'aient pas été retouchés, remaniés, par divers personnages? Il n'y avait pas de moyen rapide de répandre les livres et il y avait bien peu d'exemplaires de l'ensemble de la Bible. Nous voyons que nous n'en avons pas toutes les parties; il y en a qui se sont perdues; ainsi le livre du Juste. Quelques fragments, quelques lois, des cantiques, des psaumes, pouvaient se trouver en plusieurs mains; mais la plus grande partie, considérée comme les archives de la nation, était à la disposition des lévites, qui pouvaient en modifier souvent le contenu suivant les besoins des temps. De plus, au moment de la Captivité une grande partie a pu se perdre facilement; il a fallu la recomposer de souvenir. Les prédictions qui regardent Cyrus sont très claires, mais qui nous garantit qu'elles aient été réellement faites avant l'événement; rien n'était plus facile que de les ajouter à des manuscrits, peut-être uniques, composés souvent au fur et à mesure des événements. Lorsque les prédictions regardent les faits postérieurs à la traduction des Septante, la clarté diminue et on a peine à deviner ce qu'elles veulent dire. L'Ancien Testament n'exprime pas, comme on voudrait le persuader, l'assentiment de tout un peuple sur des faits qui se sont passés au vu et su de tous, il faut s'en rapporter à la bonne foi des écrivains, ses auteurs. Nous ne sommes pas sûrs d'avoir la déposition complète des témoins ; cette authenticité ne suffit donc pas pour nous fermer la bouche, pour nous arrêter la main lorsque nous voulons ouvrir le livre pour examiner son contenu.

La Bible renferme beaucoup de choses que l'écrivain n'a pas pu savoir en qualité de simple témoin, ainsi des faits antérieurs à lui, la création, la chute, et il n'a pu trouver que dans l'inspiration de Dieu la vue des choses futures ; il faut donc qu'il soit soutenu par la divinité elle-même. Ce n'est pas à dire que Dieu parle par sa bouche, mais il dirige son esprit de manière qu'il ne dise rien d'indigne et de contraire à ce que la raison nous dit. C'est encore un autre motif pour nous de voir si réellement la Bible est inspirée; pour cela, il faut la lire, la méditer, la comparer avec elle-même et en voir par là la véracité, l'authenticité et savoir le degré de foi que nous devons y ajouter. Cet examen a été fait bien souvent, et des conclusions bien différentes en ont été tirées : les uns ont trouvé ce livre digne à chaque page, à chaque ligne, de son divin auteur ; les autres, au contraire, n'y ont vu qu'une œuvre tout humaine, pleine d'invraisemblances et d'impostures.

Objections contre les preuves de faits.

On a tâché de montrer que le Pentateuque n'était pas l'œuvre de Moïse; qu'il n'avait été rédigé que longtemps après lui; qu'il était impossible de composer un ouvrage de si longue haleine dans un désert, où les matériaux pour écrire manquaient complètement, et dans un temps où l'écriture courante n'était pas inventée. On a montré des interpositions évidentes, des indications de faits qui ont eu lieu longtemps après Moïse. On a trouvé dans le corps de l'ouvrage des doctrines que la divinité n'a pas pu inspirer; ainsi, nulle indication des peines et des récompenses d'une autre vie; ainsi, des faits impossibles, le déluge; des actions contraires aux bonnes mœurs, la polygamie permise ou pour ainsi dire ordonnée; enfin des crimes de barbares. On en a conclu que le Pentateuque n'était ni révélé, ni même écrit par la personne à qui on l'attribue; dès lors, qu'il n'avait aucune autorité. On n'a pas eu de peine ensuite pour attaquer les livres de la Bible qui ont bien moins d'importance, excepté les prophéties, auxquelles on s'est arrêté pour exposer à tous les yeux combien peu il fallait y ajouter foi. On a dit que celles qui étaient claires étaient évidemment supposées, que les autres n'étaient que des mots équivoques sans précision, et qu'à force de prédire les prophètes pouvaient rencontrer juste, lorsque surtout il y avait des prophéties pour et contre tous les événements.

L'Évangile n'a pas été mieux traité. Les chercheurs y ont trouvé des contradictions dans les faits, des erreurs dans la doctrine; ils ont découvert que les diverses parties qui le composent n'ont été écrites que plus d'un demi-siècle après les événements, qu'il s'était écoulé ainsi un espace de temps suffisant pour laisser la fiction embellir, exagérer un fait peut-être vrai en lui-même, la mort d'un homme, d'un révolté contre les lois juives. On a ajouté que ces livres n'avaient été connus d'abord que par d'obscurs plébéiens sans instruction, superstitieux, qui avaient tout reçu sans rien examiner, et qu'ainsi le christianisme était le produit d'une intrigue opérée par d'obscurs sectaires se séduisant eux-mêmes.

Les livres saints n'ayant plus d'autre autorité que celle qu'on accorde aux livres ordinaires, il n'a pas été difficile de mettre sur la même ligne que les fables anciennes, que les allégories de l'Inde, que les prétentions de Mahomet, toutes les choses merveilleuses qu'ils racontent. On a dit que dans les temps de crédulité chrétienne on avait entassé miracles sur miracles, qui avaient disparu quand la raison avait fait briller son flambeau; on a ajouté que, de nos jours, il n'y avait plus de miracles, lorsque cependant ils seraient plus nécessaires que jamais en face de l'incrédulité croissante, et on en a conclu que s'il n'y en avait pas aujourd'hui, c'est qu'il n'y en avait pas eu davantage autrefois. Puis, revenant sur toutes les critiques, sur les objections que l'on a faites contre toute révélation, on n'a pas laissé pierre sur pierre du temple chrétien. Cette œuvre a été surtout celle du dix-huitième siècle; mais les libres-penseurs d'alors ne se sont pas contentés d'examiner sérieusement, ils ont emprunté leurs traits les plus mordants à la raillerie; ils ont couvert la religion, les prêtres, les cérémonies, de flots d'injures, de plaisanteries; on a déchiré jusqu'au style de la Bible. Les sciences, la littérature, la noblesse comme la bourgeoisie, la jeunesse, la vieillesse, les hommes et les femmes, tous ont pris part à cette guerre. Un homme surtout s'est mis à la tête de toutes les attaques, a dirigé, organisé, excité l'armée de l'incrédulité contre l'Église; il a ameuté les souverains eux-mêmes, il les a fait servir d'instrument à ses passions aussi bien que les classes les plus infimes de leurs sujets; cet homme, c'est Voltaire. Quelque chose de non moins remarquable, c'est que les attaques sans retenue de Voltaire, mélangées de beaucoup d'assertions fausses ou équivoques, sans aucune impartialité, ont été aisément réfutées par la démonstration de leurs côtés faibles et défectueux. Les esprits généreux se sont vite tournés du côté des opprimés, car la lecture des œuvres de Voltaire devait les ramener au christianisme plutôt que les en éloigner; voilà du moins l'effet général qu'elles ont produit sur moi, et je ne suis pas le seul.

On avait été trop loin dans l'exagération, et par

là on a donné la partie belle à l'Église. Forcée de reconnaître des obscurités, mais n'y trouvant qu'un sujet d'édification et de soumission de la raison à la foi, elle n'a pas eu de peine à faire voir la duplicité évidente de ses adversaires dans maintes circonstances. On avait invoqué les sciences contre elle, et, mieux informées, elles se prononçaient pour elle. Instruite par le malheur, l'Église s'était réformée dans ses mœurs, dans son instruction ; retrempée, régénérée, elle présenta de nouveau le christianisme au monde effrayé de son absence d'un moment. C'est là où nous en sommes maintenant. Que faut-il penser ? Que faut-il croire ?

Choix.

Après avoir lu un ouvrage marquant en faveur de la religion ou contre elle, on ne peut qu'hésiter ; chaque auteur, comme dans un plaidoyer, présente sa cause sous son beau côté, dissimulant, atténuant les raisons de son adversaire. Longtemps incertain après avoir écouté toutes les parties, je m'étais décidé, j'avais rendu mon jugement en ma propre conscience. Voici en deux mots les raisons qui avaient fait pencher la balance.

Par caractère, je ne puis rester dans l'indifférence ni dans le doute ; il s'agit ici de la chose la plus importante de la vie, il faut prendre son parti ; si je vais au christianisme, je n'ai en définitive aucun sacrifice pénible à faire, je n'ai pas grand'chose à changer à ma manière de vivre. Quelques formalités seulement séparent l'honnête homme du chrétien ; je n'ai rien à perdre ici-bas et tout à gagner là-haut.

Et puis je me disais : Dieu doit être honoré en esprit et en vérité, je le fais ; il est bon aussi de lui rendre un culte public, or ce que la religion m'enseigne n'est pas contraire à ma raison ; si ce qu'elle me dit n'est pas la vérité, Dieu pourrait-il m'en vouloir, après mes recherches consciencieuses, de m'être soumis humblement au culte qu'on me disait lui être seul agréable? D'ailleurs, ce culte ne pourrait être déshonorant pour sa majesté ; les cérémonies religieuses n'ont rien de blessant, et on ne nous demande au fond que l'accomplissement de nos devoirs d'homme. Là était le raisonnement de l'esprit; mais ce qui a eu plus d'influence a été un sentiment, une chose tout humaine.

Combien n'avais-je pas vu de ces prétendus esprits forts, railleurs, impies à l'occasion, devenus vieux, infirmes ou malades, perdre toute leur superbe insolence, redevenir humbles, faibles, crédules, pusillanimes, se jeter à genoux devant la mort! Voilà ce que je ne voulais pas ; je voulais me soumettre, dans la force de l'âge et de l'esprit, et qu'il n'y eût pas dans ma conduite de brusque passage de l'incrédulité à la soumission qu'on pût attribuer à la peur. Était-ce faiblesse ou orgueil de ma part? Je ne sais ; mais cette considération m'avait poussé bien fort et fait pencher du côté de la foi.

Dans ces dispositions d'esprit je me prouvais à moi-même le christianisme en me disant : les apôtres tels que l'histoire nous les représente dans leurs actions, leurs paroles, sont des gens convaincus qui ne veulent pas tromper ; ils se dévouent sans arrière-pensée ; ils ont cru à la divinité de leur maître, parce qu'ils ont vu ses miracles ; ils ont cru en lui du plus profond de leur cœur; pourquoi ne croirais-je pas comme eux, pourquoi ne me laisserais-je pas gagner à leur foi, lorsque d'ailleurs, en vivant comme eux, je ne fais pas le mal et que je puis faire le bien?

J'ai donc cru. Ma foi n'était peut-être pas absolue. Je ne disais pas mon acte de foi comme l'Église ; je disais dans mon cœur : O mon Dieu ! je crois les vérités que l'Eglise m'enseigne, parce que j'espère que vous les lui avez révélées. Je n'ai jamais pu me soustraire à cette nuance du doute.

J'étais chrétien, devais-je rester catholique? L'ombre d'une hésitation ne s'est jamais, à cet égard, élevée en moi. Je ne trouve pas le protestantisme logique. Qu'il y ait eu des abus dans l'Église de Jésus-Christ, que les hommes aient varié dans leur conduite, peu importe. Si le christianisme est la vérité, il doit être unique, simple, le même dans tous les temps et dans tous les lieux ; sans doute, il est bon de ne pas croire à la légère, d'établir sa foi sur de bonnes preuves, mais la vérité une fois reconnue doit s'imposer. Les réformés ont fait des recherches immenses pour surprendre les défaillances de l'Église ; ils ont eu tort; chaque erreur, chaque variation qu'ils ont surprise est un argument non-seulement contre le catholicisme, mais encore contre le christianisme. La vérité ne peut changer ; les hommes peuvent l'envisager chacun d'une manière différente, qui sera vraie pour eux, mais cela ne fait rien à la vérité en elle-même ; celle-ci est toujours la même, en religion comme en mathématique. De toutes les idées qu'on se fait du christianisme, il n'y en a qu'une de vraie. La vraisemblance humaine est que la vérité doit se trouver dans la manière de voir du plus grand nombre ; or, cette majorité se trouve chez les catholiques ; l'Église catholique est pluralité, ce que pense le pape, chaque fidèle le pense de même ; le protestant au contraire est unité, il est sa propre Église à lui tout seul, il est perdu dans l'isolement. Le christianisme venant rallier les hommes à une même pensée, il ne fallait pas les laisser à leur propre force, à leurs vaines recherches, il fallait qu'il y eût un centre de foi et de direction visible, où l'on pût aller sans se tromper, les yeux fermés.

Ce n'est pas à dire qu'il n'y ait matière à examiner dans le catholicisme comme dans le protestantisme, seulement celui-ci dit : Prends la Bible, lis et crois ce qui te semblera bon, tu seras toujours chrétien. L'autre, au contraire, dit : Lis, examine, interroge, ne te gêne pas, mais si tu ne crois pas comme moi, tu seras ce que Dieu voudra, seulement tu ne seras pas chrétien catholique ; choisis dès lors entre toi et nous.

L'auteur catholique.

J'ai eu dès lors une foi fille du raisonnement, et comme dans la vie il faut être conséquent, qu'il faut mettre ses actions à l'unisson de ses pensées, j'ai prié, jeûné, communié en vrai chrétien, avec toute la force d'attention, tout le respect dont j'étais capable. Je me suis, autant que j'ai pu, abstrait dans les régions inconnues de la grâce, du mysticisme ; j'ai compris jusqu'où pouvait s'élever une âme ardente, mais retenu par le prosaïsme de mes fautes, je n'ai pu m'élever jusqu'au troisième ciel comme Paul ; cependant, je n'ai pas laissé de jouir de ce bien-être spirituel, de ce commencement d'extase dont l'enfant reçoit si aisément l'impression et qui n'était plus pour moi qu'un souvenir comme perdu dans ma mémoire.

Dans un certain monde, à un certain âge, il s'attache à la vie que je menais un vernis de ridicule ; j'ai eu à supporter mots railleurs, allusions ironiques, sourires dédaigneux, sans être découragé ; il m'était peut-être plus facile qu'à bien d'autres de défier ce respect humain qui gêne toutes les idées généreuses. On mettait tout sur le compte de mon originalité. Mais cela est toujours cuisant ; il nous passe une rougeur intérieure qui déconcerte. Je me suis trouvé dans une situation encore plus pénible, plus délicate ; pour me maintenir dans mon parti pris de chrétien sincère et de toutes pièces, il a fallu faire acte de scission, d'opposition. J'ai dû me séparer de mes compagnons de convictions politiques.

Hélas! cette séparation était bien inutile, je pouvais m'en passer. Il m'a fallu braver alors le respect humain, et aujourd'hui, en sens contraire, je dois de nouveau m'y exposer, faire amende honorable, brûler ce que j'ai adoré. Triste retour des choses d'ici-bas ; palinodie que j'ai reprochée à tant de gens, il faut que je te chante à mon tour! Mais je vous remercie, ô mon Dieu! du bonheur que vous m'avez accordé! Je renie une partie de mes opinions au moment où elles sont triomphantes, je conserve l'autre lorsqu'elles sont opprimées et proscrites. Esprit de contradiction, soit; mais au moins désintéressé.

Je voyais mon siècle aller loin du Christ. Je m'obstinais à remonter le cours du fleuve; maintenant que les flots sont suspendus, je me laisse aller. J'étais donc chrétien, dévot; je le serais peut-être encore si les événements de décembre n'étaient venus me secouer et me faire avancer.

Depuis quelques années mes idées s'accordaient mal ensemble. D'un côté, liberté, indépendance, insoumission; de l'autre, soumission, dépendance, autorité. Il y avait là solution de continuité, incohérence. Au moment de la Révolution de Février, j'eus un tressaillement, je crus voir la conciliation de toutes mes pensées. Le catholicisme sembla prendre fait et cause pour la liberté, se mettre à la tête du mouvement, le diriger pour le conduire à bien. Hélas ! je me trompais, ce n'était que pure rancune contre la monarchie bourgeoise et universitaire de Juillet. A la chute de celle-ci, l'Église laissa quelques-uns de ses membres se mettre en avant ; mais bientôt elle fit un signe et Lacordaire abdiqua sans résister, comme Lamennais en 1830. Il n'y eut accord un moment entre les deux évangiles que du bout des lèvres ; bientôt on cria que les catholiques qui étaient républicains se jetaient dans une voie sans issue ; que tout ce qui était rouge, socialiste, jurait avec le christianisme. Curés dans leur chaire, ministres dans leurs prêches, évêques dans leurs mandements, se hâtèrent de condamner, de flétrir les opinions qui faisaient le fonds de ma conscience politique. Je résistai néanmoins ; puis vinrent les événements de décembre. Alors, je vois le clergé prendre vite son parti ; croix et bannière, pape et cardinaux, tous ensemble passent au vainqueur. J'étais mis en demeure de les suivre ou de rester avec les vaincus, d'être inconséquent, en n'obéissant pas au maître de ma conscience. J'avais beau me cramponner, trouver dans l'Évangile le fondement de mes idées politiques, du moment que l'Église ne les y voyait pas, je devenais protestant, et les protestants eux-mêmes se jetaient aussi à genoux devant le char de triomphe ! Mais, d'un autre côté, abandonner les enseignements de mon enfance, choyés, nourris, rappelés avec tant d'efforts dans le fond de ma conscience, c'était une extrémité déchirante. Je passai les jours agités de cette époque moins occupé des événements extérieurs que de ceux de mon âme; me repliant sur moi-même, je m'examinais.

Sous le feu de la persécution, mes sentiments politiques devenaient des idées plus précises, plus claires, plus évidentes; elles s'identifiaient de plus en plus avec moi, et cependant j'aurais eu le courage de les mettre de côté, de les tenir comme non avenues, s'il m'avait été démontré que l'Église avait autorité, mission divine pour les condamner. Il me fallut alors repasser en moi-même toutes les raisons qui m'avaient fait chrétien. Ne voulant plus m'en rapporter à autrui, écouter les discours éloquents ou ironiques, les louanges ni les satires, je voulus enfin juger par moi-même avec toute l'impartialité dont j'étais susceptible, et pour cela, je savais qu'il n'y avait qu'un moyen, c'était de voir les pièces du procès dont j'ai parlé, de lire la Bible où se trouve contenu tout le mystère de la vérité.

Je l'avoue à ma honte, moi chrétien, moi dévot, moi catholique, me confessant, communiant, moi, toujours prêt à la défense de ma foi, je n'avais jamais lu la Bible. Je l'avais feuilletée, j'avais lu quelques passages, les psaumes, l'Évangile et des fragments d'épîtres. J'entrepris donc de la lire du commencement à la fin, avec toute l'attention, toute la bonne foi dont j'étais susceptible. Cette lecture n'est pas attrayante dans son ensemble, quelques morceaux détachés et que tout le monde sait vous délassent; mais après avoir connu les facilités, goûté l'élégance de la littérature moderne, même après avoir étudié des livres de science, il faut la bonne volonté d'un savant ou d'un néophyte pour lire toute la Bible. Je le fis la plume à la main; mon impartialité était complète. Je relis mes notes, et je vois que je me rappelais les apologies plutôt que les attaques que j'avais vues dans le temps. Je prends le texte de la Vulgate, traduction protestante, traduction catholique; je ne me laisse pas arrêter par un mot, par une phrase, ma délicatesse ne se laisse pas offenser par l'expression. Mais à mesure que j'avance, je me désillusionne; l'impatience me prend; les superstitions, les crimes, les abominations se multiplient tellement que le livre me tombe des mains, que je m'indigne contre moi-même qui ai cru cela divin, contre les autres qui le croient et contre ceux qui l'enseignent. Je ne me suis pas laissé prévenir par les railleries, les objections que le dernier siècle avait accumulées sur la Bible. On ne cesse de répéter qu'elles ont été anéanties, réfutées, et qu'il n'en reste plus que le souvenir. Cela est vrai jusqu'à un certain point. La haine, la moquerie, s'étaient emparées des esprits et on avait tout confondu dans un égal mépris; on n'admettait rien, on traitait tout de fables et de contes ridicules. On a très bien réfuté toutes les mauvaises chicanes; et partant de là, victorieux sur l'accessoire, on a chanté victoire sur toute la ligne. Il n'en est rien cependant; les reproches les plus graves n'ont rien perdu de leur vérité et de leur importance. Il n'est pas difficile de le prouver. On n'a qu'à ouvrir le livre et mettre le doigt sur des milliers de passages. C'est ce que nous allons faire.

D'abord gardons-nous de tomber dans des excès d'anathème contre ce livre. S'il nous a révolté, ce n'est pas comme ouvrage humain, mais comme œuvre divine. Nous lui pardonnons bien les imperfections du moment qu'il nous est présenté par les hommes, nous y trouverons même un ensemble rare dans les ouvrages des simples mortels. Mais nous ne pouvons pas voir sans colère qu'on nous le présente comme l'œuvre de Dieu ; dans ce cas, il serait trop indigne de son auteur.

Disons un mot des grandes choses que nous montre la Bible.

Elle est parmi les livres les plus anciens que nous possédions. Elle nous donne les traditions des premiers âges du monde d'une manière plus précise, plus vraisemblable, moins remplies de fables que toutes les autres histoires religieuses ou philosophiques. La Bible revêt d'un nom, d'une vie, les premiers pères du genre humain ; elle en fait descendre toutes les nations, puis elle prend un peuple particulier, entre dans les détails de son existence, le met en rapport avec beaucoup d'autres dont l'histoire est ainsi conservée en partie et sert de contrôle aux annales des autres pays. Elle nous peint les mœurs des Juifs et des païens, leurs idées, leurs opinions; elle sert de commencement et de complément à l'histoire de tous ceux qui ont habité le point de réunion de l'Afrique, de l'Asie et de l'Europe. Sous le rapport historique on peut affirmer que ce livre n'a pas d'égal dans l'antiquité.

Il est d'un faible secours pour ce que l'on appelle la science proprement dite. On peut y trouver la date de quelques inventions, mais on ne peut pas y suivre le progrès des connaissances qui ont mis sur la voie des découvertes. Comme livre de morale, c'est bien différent; il y a une quantité innombrable de passages qui donnent les conseils, les préceptes les plus sages sur la conduite des hommes, des grands et des petits, des rois, des magistrats et des particuliers. On en tire, comme d'une mine inépuisable, des sentiments, des maximes, pour servir d'ornements aux discours des orateurs, aux livres des littérateurs, aux institutions des politiques; les derniers venus y trouvent encore des choses nouvelles, parce qu'elles sont éternellement vraies.

Il y a dans la Bible des choses utiles et dites souvent en style magnifique. La poésie la plus noble, la plus vraie, la plus élevée y règne dans une infinité de parties, soit qu'elle raconte les premiers jours du monde, qu'elle nous peigne les malheurs des Juifs infidèles ou le bonheur des Juifs repentants, soit enfin qu'elle retrace les grands tableaux de la nature. Elle est pleine d'histoires touchantes, depuis la mort d'Abel jusqu'à l'agonie de Jésus. Elle est souvent inégale comme Homère et les grands poètes, qu'elle surpasse souvent.

Surtout ce qui fait de la Bible un livre à part, au-dessus des autres, c'est qu'elle n'est pas l'histoire, le code, le chant d'un peuple ordinaire vivant pour vivre; mais d'un peuple qui sait, qui veut quelque chose, qui a son idée, sa mission. On a voulu de nos jours trouver à chaque peuple sa signification; celle qu'on lui prête est toujours bien obscure, bien arbitraire; mais du peuple juif il n'en est pas ainsi. Il n'y a pas à se méprendre sur sa destinée; il est venu établir, maintenir, à l'encontre du paganisme, l'unité de Dieu, du maître absolu des nations; ses rois, ses prêtres, ses prophètes viennent le lui rappeler à chaque instant; s'il l'oublie, il y revient; l'enfant suce cette idée avec le lait, elle s'incorpore dans la nation tout entière; c'est là ce qui fait la grandeur incontestable des enfants de la Bible, grandeur qui se reflète dans ce livre et qui peut servir d'excuse à ceux qui se sont laissé aveugler sur ce qu'il y avait d'humain, de faible, de criminel dans les moyens pour arriver au but.

Je prends le livre; mais on m'arrête la main en disant: Prenez garde, il a été écrit par de saints personnages sous la dictée de Dieu même. Une nation tout entière vous l'affirme; l'Église le croit et vous ordonne de le croire. C'est Dieu qui va donc vous parler: lisez, tâchez de comprendre, édifiez-vous; mais si vous êtes arrêté par quelques difficultés, humiliez-vous, soumettez votre raison.

Mais non, il n'en est pas ainsi ; aussitôt que chaque livre de la Bible a été écrit, il n'a pas été imprimé, distribué à des milliers d'exemplaires dans toute la nation juive et chez les autres. Nous ne savons qu'à peu près quand ont été composés les différents livres de la Bible. Nous ne connaissons pas les auteurs de la plupart d'entre eux. Ils n'ont pour nous de date certaine qu'un temps très long après les événements ; le plus récent, l'Évangile, n'a reçu une publicité hors d'atteinte qu'une centaine d'années après la mort de Jésus. Comment, d'ailleurs, ajouter une foi sans limite aux paroles de ces rédacteurs ? Ceux dont on raconte la vie ne sont plus là pour confirmer leur mission par leurs miracles, et ceux qui nous présentent leurs enseignements n'ont plus ce don depuis de longues années ; eux-mêmes l'avouent.

Prenons donc le livre, ouvrons-le et cherchons-y le témoignage, la révélation, la confirmation ou la réfutation de tout ce qu'on est venu nous annoncer de la part de Dieu.

Ancien Testament.

Pour preuve de la confiance que méritent les premiers livres de la Bible, on dit qu'ils sont écrits par Moïse et Josué, et sous les yeux des témoins mêmes des événements qu'ils racontent. Supposons que cela fût vrai, ce ne serait pas une nécessité pour nous d'y ajouter une foi aveugle. Voyons comment se fait l'histoire sous nos yeux. Nous avons le *Moniteur* qui nous transmet chaque jour les lois, les décrets devenus publics et certains pour tous. A côté, ce journal nous raconte les événements de France et de l'étranger, nous parle des personnages qui jouent un rôle dans le monde, mais à son point de vue seulement ; par notre expérience, par les changements de gouvernements, nous savons assez que l'oracle officiel n'a pas dit en tout et pour tout ce qu'il y avait à dire. L'historien qui voudra démêler la vérité sera obligé de consulter les récits particuliers, les prétentions des peuples étrangers pour modifier et probablement rétablir la véritable physionomie de l'histoire contemporaine.

Ainsi, en admettant que le législateur des Hébreux, Moïse et ses premiers successeurs nous aient fait l'histoire de leur mission, nous n'avons pas, pour la contrôler, les dires de ceux qui avaient lutté d'influence avec lui, ni l'histoire des mêmes événements racontés par les peuples intéressés. Cela n'est arrivé que beaucoup plus tard, lorsque les Juifs se sont trouvés mêlés aux Grecs et aux Romains.

Il est loin d'être démontré que Moïse ait écrit le Pentateuque et Josué le livre qui porte son nom ; ou plutôt le contraire est évident.

Moïse n'est pas l'auteur de la religion juive ; elle existait longtemps avant lui ; mais c'est en lui qu'elle s'est incarnée, c'est par lui qu'elle est devenue peuple. On ne peut révoquer en doute son existence historique, pas plus que celle de Numa, de Solon, de Lycurgue: les peuples que ces législateurs ont constitués rendent témoignage de leur vie matérielle, non pas de leur vie mythologique. Moïse aurait donc pu écrire l'histoire des premiers temps du monde et de son peuple, nous donner les mémoires de sa vie, quoique errant dans le désert, à une époque où la civilisation pouvait ne pas être très avancée en fait de lettres; mais il n'a rien écrit ou du moins son ouvrage n'est pas arrivé directement jusqu'à nous.

D'abord, dans aucun endroit du Pentateuque il n'est dit que Moïse l'ait rédigé. Il est parlé de plusieurs livres qu'il a composés : le livre de la loi [1], le livre des « Guerres du Seigneur » [2], où il a dû consigner la défaite d'Amalec [3]. Ce sera sans doute d'après ces données et la tradition que le premier ouvrage de la Bible aura été composé, et non par Moïse, car, au dernier chapitre, nous trouvons le

---

[1] Deut. ch. XXXI, v. 24: «Après donc que Moïse eut écrit les paroles de cette loi dans un livre et qu'il l'eut achevé, etc.»

[2] Nomb. ch. XXI, v. 14: «C'est pourquoi il est dit au livre des «Guerres du Seigneur» : Comme il a paru en la mer Rouge, ainsi il paraîtra dans les torrents d'Arnon.»

[3] Ex. ch. XVII, v. 14: « Et le Seigneur dit à Moïse: Écris ceci dans un livre pour en conserver la mémoire, et fais-le entendre à Josué; car j'effacerai la mémoire d'Amalec de dessous le ciel. »

récit de sa mort ; on ne peut pas dire qu'il aura été ajouté, puisqu'il fait corps avec toute la suite du Deutéronome. On ne saurait préciser le point où finit l'ancienne histoire et où commence le morceau ajouté. Dans plusieurs passages, Dieu dit à Moïse de consigner tel événement ou telle loi dans un livre ; un jour le prophète compose un cantique, lequel a dû être déposé dans l'arche avec le livre de la loi (cf. Deutér. XXXII et XXXI, 26). Si c'était lui qui eût écrit le Deutéronome, il n'aurait pas manqué de dire : Moïse, après avoir composé ce cantique, l'écrivit dans le présent livre, et ce même livre il le fit mettre dans l'arche.

D'ailleurs, cette histoire donne de grands éloges à Moïse, qui ne se serait pas certainement exprimé avec si peu de modestie. Ainsi on dit de lui qu'il était très doux entre les hommes [1], qu'il passait pour un grand homme parmi les Egyptiens [2] et qu'il n'y a plus eu d'aussi grand prophète en Israël [3]. Ici on voit bien que cette réflexion a été faite longtemps après ; on ne pouvait pas savoir pendant sa vie, et immédiatement après sa mort, s'il ne paraîtrait plus un

---

[1] Nomb. ch. XII, v. 3 : « (Car Moïse était un homme très doux entre tous les hommes qui étaient sur la terre.) »

[2] Ex. ch. XI, v. 3 : « ......Et Moïse devint très grand en la terre d'Égypte devant les serviteurs de Pharaon et devant tout le peuple. »

[3] Deut. ch. XXXIV, v. 10 : « Et il ne s'éleva plus aucun prophète en Israël semblable à Moïse, qui connût le Seigneur face à face. » (Voir aussi les versets suivants.)

aussi grand homme. On aurait mis : il ne paraîtra jamais un prophète qui fera de tels prodiges.

Le rédacteur du Pentateuque montre souvent qu'il n'est pas contemporain des événements et qu'il écrit dans un temps bien plus rapproché de nous.

Ainsi, après avoir dit que les Chananéens habitaient le pays depuis Sidon jusqu'à Sodome, il raconte l'arrivée d'Abraham dans ce pays, en ajoutant : le Chananéen était alors sur cette terre. Si nous avions un historien qui dît que, entrant dans les Gaules, César y trouva les Gaulois, nous conclurions que cet historien a connu les Francs successeurs des Gaulois en France.

Il nous raconte qu'Abraham, après avoir secouru Lot, poursuivit les cinq rois jusqu'à Dan[1], or cette ville ne fut ainsi nommée que sous les Juges[2].

Il nous dit que Jacob fit élever à Rachel un monument qui subsiste encore aujourd'hui à Bethléem. Comment l'auteur pouvait-il le savoir et dire à ses auditeurs qu'ils pouvaient s'en assurer s'il était encore avec eux dans le désert[3]?

---

[1] Gen. ch. XIV, v. 14 : « Or, quand Abraham apprit que son frère Lot était captif, il prit trois cent dix-huit de ses serviteurs, nés en sa maison, et poursuivit les ennemis jusqu'à Dan. »

[2] Jug. ch. XVIII, v. 29 : « On lui donna le nom de Dan, à cause de leur père, qui était fils d'Israël, au lieu de Laïs qu'elle portait auparavant. »

[3] Gen. ch XXXV, v. 20 : « Et Jacob mit une inscription sur son sépulcre ; et c'est l'inscription du sépulcre de Rachel qu'on voit encore aujourd'hui. »

Moïse vient de s'emparer du pays de Basan et de faire mourir le roi de ce pays, Og, dont « on montre » le lit de fer à Rabbath. Ce devait être, quand le texte fut écrit, une curiosité ancienne [1].

Dans le même chapitre, il est dit que l'on donna les villes de ce pays à Jaïr et que de son nom elles furent nommées Havoth-Jaïr « jusqu'à ce jour » [2].

En parlant d'un peuple qui s'était établi dans un pays par lui conquis, on dit qu'il fit comme a fait Israël en la terre de la possession que le Seigneur lui a donnée [3]. Moïse n'a pu dire cela, puisqu'il n'a pas introduit le peuple juif dans la terre promise ; même, au moment où l'on parle, il n'avait établi à l'est du Jourdain que deux demi-tribus et non tout Israël.

Les Hébreux mangèrent la manne pendant quarante ans, jusqu'à ce qu'ils fussent établis en Chanaan [4]. Si c'était une prophétie, il aurait fallu dire :

---

[1] Deut. ch. III, v. 11 : « Car Og, roi de Basan, était resté seul de la race des géants : on montre son lit de fer qui est en Rabbath des enfants d'Ammon ; etc. »

[2] Deut. ch. III, v. 14 : « Jaïr, fils de Manassé, posséda toute la région d'Argob jusqu'aux confins de Gessuri et de Machati : et il appela de son nom Basan, Havoth-Jaïr, c'est-à-dire, les villes de Jaïr, nommées ainsi jusqu'à ce jour. »

[3] Deut. ch. II, v. 12 : « Les Horrhéens habitèrent d'abord en Séir ; mais ayant été chassés et exterminés, les fils d'Ésaü y habitèrent, comme Israël en la terre de sa possession que le Seigneur lui a donnée. »

[4] Ex. ch. XVI, v. 35 : « Or, les enfants d'Israël mangèrent la manne durant quarante ans, jusqu'à ce qu'ils fussent par-

les Hébreux mangeront la manne pendant quarante ans.

Pour deviner l'époque où le Pentateuque fut rédigé ou retouché, il n'y a qu'à jeter un coup d'œil sur les passages que nous allons citer.

L'auteur du Pentateuque se sert très souvent du mot prophète ; or, dans les Rois, il est dit que du temps de Samuel on nommait «voyant» celui que l'on nomme aujourd'hui prophète[1]. Si Moïse avait écrit, il se serait dit «le voyant» et non le prophète de Dieu. Dans la Genèse[2], énumération des enfants d'Ésaü, il est dit : voici les rois qui furent en Édom, avant qu'aucun roi ne régnât en Israël. Ce récit date donc du temps des rois, à moins qu'on ne veuille prétendre que Moïse prophétise. Mais dans une généalogie cela n'est motivé par rien. On pourrait mieux invoquer cette raison pour expliquer le passage du Deutéronome où Moïse engage le peuple qui demandera un roi, lorsqu'il sera dans la terre promise, de lui imposer certaines obligations,

venus en la terre habitable; et ils se nourrirent de cet aliment jusqu'à ce qu'ils eussent touché aux frontières de la terre de Chanaan.»

[1] I Rois ch. IX, v. 9 : («Autrefois dans Israël tous ceux qui allaient consulter Dieu s'entredisaient : Venez, allons au voyant; car celui qui s'appelle aujourd'hui prophète s'appelait alors le voyant.»)

[2] Gen. ch. XXXVI, v. 31 : « Or, voici les rois qui ont régné en la terre d'Edom, avant qu'aucun roi régnât sur les enfants d'Israël : »

notamment de transcrire le Deutéronome et de le lire tous les jours[1]. Il n'est guère probable que cet endroit soit du législateur des Hébreux; il vient, dans le passage qui précède, d'organiser le pouvoir théocratique sous la conduite des Juges ; tout l'esprit de ses lois, de sa conduite, est que Dieu soit pour ainsi dire le roi invisible d'Israël résidant dans le sanctuaire où le grand-prêtre va prendre ses ordres. Peut-on croire qu'il annonce ainsi la ruine de l'édifice qu'il a élevé? Comment alors les Juifs ont-ils attendu si longtemps pour quitter la république des Juges et adopter la monarchie?

On n'expliquerait pas leur hésitation, si la royauté eût été prévue et comme recommandée par leur législateur; en effet, c'est par violence, par surprise que la royauté se fonde. Gédéon refuse d'être roi, parce que, dit-il, Dieu seul doit l'être[2]. Lorsque Samuel est forcé de sacrer Saül, il dit au peuple : un roi règnera sur vous, quoique Dieu soit votre roi[3]. C'était donc une

---

[1] Deut. ch. XVII, v. 14 et suivants.

[2] Jug. ch. VIII, v. 22 : « Et tous les enfants d'Israël dirent à Gédéon : Commande-nous, toi, ton fils, et le fils de ton fils, parce que tu nous as délivrés de la main de Madian. » — 23 : « Gédéon répondit : Je ne vous dominerai point, et mon fils ne dominera pas sur vous; mais le Seigneur nous dominera. »

[3] Voy I. Rois, ch. VIII. — Ch. XII, v. 12 : «...Vous m'avez dit : Nous le voulons ; un roi nous commandera, quoique le Seigneur votre Dieu fût alors votre roi. » Voy. même chapitre, les versets 17 et 18.

espèce de révolution dans les lois de Moïse et l'on aura voulu la sanctionner en insérant dans la loi une sorte de justification du fait accompli.

Si Moïse n'est pas l'auteur du Pentateuque, il est encore plus évident que Josué n'a pas écrit l'histoire de la conquête de Chanaan. Comme dans le Pentateuque, on trouve dans cette histoire le récit de la mort du conquérant, et pourtant c'est lui qui est censé raconter ce qu'il a fait. Dans le livre de Josué, les Israélites couvrent le corps du roi de la ville de Haï d'un monceau de pierres qui existe encore « aujourd'hui »[1]. Les Chananéens restent tributaires des enfants d'Éphraïm « jusqu'aujourd'hui »[2]. De même pour les Jébuzéens[3].

Lorsqu'il s'agit du soleil et de la lune arrêtés, on n'invoque pas le témoignage des anciens ; mais on s'autorise du livre du Juste, qui sans doute avait

---

[1] Jos. ch. VIII, v. 29 : « Et il attacha à un poteau le roi de la ville de Haï jusqu'au soir, au coucher du soleil. Et, sur l'ordre de Josué, les Israélites ôtèrent son cadavre de la croix, et ils le jetèrent à l'entrée de la ville, et le couvrirent d'un monceau de pierres qui subsiste encore aujourd'hui. »

[2] Jos. ch. XVI, v. 10 : « Les enfants d'Éphraïm n'exterminèrent point les Chananéens qui habitaient dans Gazer ; mais les Chananéens ont habité jusqu'aujourd'hui au milieu d'Éphraïm, et sont restés tributaires. »

[3] Jos. ch. XV, v. 63 : « Mais les enfants de Juda ne purent exterminer les Jébuzéens, qui demeuraient à Jérusalem, et les Jébuzéens ont habité dans Jérusalem avec les enfants de Juda jusqu'à ce jour. »

recueilli une tradition déjà ancienne [1]. On s'autorise également pour l'histoire de David de ce même livre du Juste [2].

Quant à l'histoire des Juges, elle n'a été rédigée que sous la royauté. En effet, on y répète que dans ce temps il n'y avait pas de roi en Israël [3], ce qu'il était bien inutile de faire observer. On dit aussi que chacun faisait ce qui lui semblait juste, et on dépeignait ainsi les troubles de l'anarchie pour faire apprécier le régime nouveau, la royauté.

Livres perdus.

Ainsi, Moïse et les autres grands personnages de la Bible n'ont pas écrit l'histoire de leur vie et des

---

[1] Jos. ch. X, v. 13 : « Et le soleil et la lune s'arrêtèrent jusqu'à ce que le peuple se fût vengé de ses ennemis. Ceci n'est-il pas écrit au livre du Juste : C'est pourquoi le soleil s'arrêta au milieu du ciel, et ne se coucha point durant l'espace d'un jour ? »

[2] II Rois, ch. 1er, v. 17 : « Alors David fit entendre ces plaintes sur Saül et sur Jonathas son fils ; » 18 : « Et il commanda qu'on apprît aux enfants de Juda le cantique appelé l'Arc, ainsi qu'il est écrit au livre du Juste ; et il dit : O Israël, considère ceux qui ont été frappés, qui sont morts sur tes hauts lieux. »

[3] Jug. ch. XVIII, v. 1 : « En ce temps-là il n'y avait point de roi dans Israël, etc... » — Ch. XXI, v. 24 : « Les enfants d'Israël retournèrent aussi sous leurs tentes, chacun dans sa tribu et dans sa famille. En ces jours-là, il n'y avait point de roi dans Israël ; mais chacun faisait ce qui lui semblait juste. »

faits contemporains. Ils auront peut-être laissé des écrits, des traditions sur lesquels auront travaillé des historiens postérieurs, sans doute les lévites et les prophètes. Ce serait donc là comme une authenticité de seconde main si les ouvrages primitifs avaient été intacts, indestructibles; mais il n'en a pas été ainsi, la plupart des écrits originaux sont perdus.

Les divers livres de Moïse dont nous avons parlé n'existent plus; celui d'où a été tirée l'histoire du miracle de Josué est mentionné, mais ne se retrouve pas.

La prophétie d'Énoch, rapportée par saint Jude, n'est pas parvenue jusqu'à nous[1], à moins qu'on ne regarde comme authentique la rapsodie apocalyptique datant du premier siècle de notre ère et connue sous le nom de livre d'Énoch.

Après l'élection de Saül, Samuel écrit la nouvelle loi du royaume dans un livre qu'il déposa devant le Seigneur[2].

[1] St. Jude, v. 14 : « C'est d'eux que le septième patriarche depuis Adam, Énoch a prophétisé lorsqu'il a dit : Voilà que le Seigneur vient avec la multitude de ses saints, » — 15 : « Pour juger tous les hommes, et pour convaincre tous les méchants de toutes leurs œuvres d'iniquité, et de toutes les paroles perverses que ces pécheurs impies ont proférées contre Dieu. » 16 : « Murmurateurs inquiets, marchant selon leurs désirs, et dont la bouche profère l'orgueil, admirateurs des personnes selon le profit qu'elles en espèrent. »

[2] I Rois, ch. X, v. 25 : « Samuel lut ensuite devant le peuple la loi du royaume, qu'il écrivit dans un livre, et il déposa ce livre devant le Seigneur. Après cela, Samuel renvoya tout le peuple chacun chez soi. »

Les actions de David sont consignées dans les livres de Samuel, de Nathan, de Gad [1], et celles de son fils « dans le livre où l'on raconte les jours de Salomon » [2]. La plupart des œuvres de ce roi ne nous sont pas connues [3]. Sa vie a été écrite par Nathan, Ahias et Addo [4]; la vie de Roboam par Addo et Séméias [5]. Les actions de Josaphat sont racontées par Jéhu fils d'Hanani [6]. Là et dans plusieurs endroits, il est question du livre des Annales de Juda et d'Israël [7]. Le

---

[1] I Paral. ch. XXIX, v. 29 : « Or, les actions du roi David, les premières et les dernières, sont écrites dans le livre du prophète Samuel, et dans le livre du prophète Nathan, et dans celui du prophète Gad ; »

[2] III Rois, ch. XI, v. 41 : « Le reste des actions de Salomon, tout ce qu'il a fait et tout ce qui regarde sa sagesse, est écrit dans le livre où l'on raconte les jours de Salomon. »

[3] Livre III, chapitre IV, v. 32 et suivants.

[4] II Paral. ch. IX, v. 29 : « Les autres actions de Salomon, tant les premières que les dernières, sont écrites dans les livres du prophète Nathan, dans ceux du prophète Ahias, qui était de Silo, et dans les prédictions du prophète Addo contre Jéroboam, fils de Nabat. »

[5] II Paral. ch. XII, v. 15 : « Quant aux actions de Roboam, soit les premières, soit les dernières, elles sont écrites dans les livres du prophète Séméias et du prophète Addo, où elles sont rapportées avec soin. etc... »

[6] II Paral. ch. XX, v. 34 : « Et le reste des actions de Josaphat, les premières et les dernières, est écrit dans l'histoire de Jéhu, fils d'Hanani, qui a été placée dans les livres des rois d'Israël. »

[7] II Paral. ch. XXV, v. 26 : « Le reste des actions d'Amasias, tant les premières que les dernières, est écrit dans le livre des rois de Juda et d'Israël. »

repentir de Manassé est célébré par Hozaï [1], et la mort de Josias par Jérémie [2].

Comment pouvons-nous savoir maintenant si ces ouvrages ont été fidèlement résumés dans les histoires qui nous restent ? N'y aura-t-on ajouté ou supprimé rien d'essentiel ? On nous dit, il est vrai, que les lévites étaient les dépositaires fidèles des annales du peuple juif ; qu'ils ne pouvaient pas y toucher, parce que la connaissance des principaux ouvrages était très répandue parmi les Juifs ; qu'il en existait de nombreuses copies. Tout cela est inexact ; nous allons en trouver la preuve dans la Bible elle-même.

Moïse avait dit [3] qu'il fallait faire tous les sept ans

II Paral. ch. XXXV, v. 26 : « Le reste des actions de Josias et toutes ses miséricordes ordonnées par la loi de Dieu,

27. « Et tout ce qu'il a fait depuis le commencement jusqu'à la fin de son règne, est écrit dans le livre des rois de Juda et d'Israël. »

[1] II Paral. ch. XXXIII, v. 19 : Et la prière de Manassé « et la manière dont Dieu l'exauça, et ses crimes, et le mépris de Dieu, et les hauts lieux, et les bois profanes, et les statues qu'il éleva avant son repentir, sont écrits dans les livres d'Hozaï. »

[2] II Paral. ch. XXXV, v. 25 : « Et surtout Jérémie, dont les lamentations sur la mort de Josias sont répétées jusqu'à ce jour par les musiciens et par les musiciennes. »

[3] Deut. ch. XXXI, v. 10 : « Et il leur donna cet ordre, disant : Après sept ans, dans l'année de la rémission et en la solennité des tabernacles,

11. « Quand tous les enfants d'Israël s'assembleront pour paraître devant le Seigneur, au lieu que le Seigneur votre Dieu aura choisi, vous lirez les paroles de cette loi devant tout Israël qui l'écoutera attentivement, etc. »

une lecture publique de la loi, que les Juifs devaient la porter écrite sur leurs vêtements, la graver sur leurs maisons [1], et l'enseigner à leurs enfants. Ces prescriptions ne supposent pas que toute la loi fût écrite dans de nombreux manuscrits répandus parmi le peuple, car dans ce cas une lecture publique aurait été superflue.

Mais comment ces ordonnances avaient-elles été exécutées ? Nous voyons Josaphat envoyer des lévites dans Juda pour instruire le peuple. Ils portaient avec eux le livre de la loi [2]. Cette simple observation montre qu'à cette époque ce livre était peu répandu. Après la captivité, Esdras fait lire le livre de la loi [3], l'explique au peuple qui pleure et a l'air de le connaître bien peu.

Sous Josias, il se passe un fait extraordinaire dont on a voulu tirer des conséquences très graves ;

---

[1] Deut. ch. XI, v. 18 : « Gravez mes paroles dans vos cœurs et dans vos esprits, et suspendez-les comme un signe en vos mains, et placez-les devant vos yeux.

19. « Apprenez-les à vos enfants, afin qu'ils les méditent ; instruisez-les lorsque vous êtes assis en vos maisons ou que vous marchez, et quand vous vous couchez, et quand vous vous levez.

20. « Écrivez-les sur le seuil et sur les portes de votre demeure, »

[2] II Paral. ch. XVII, v. 9 : « Et ils instruisaient le peuple en Juda, avec le livre de la loi du Seigneur ; et ils parcouraient toutes les villes de Juda, et ils enseignaient le peuple. »

[3] II Esdras, chapitre VIII.

mais qui, pris seulement au pied de la lettre, montre combien on avait peu de soin des livres saints[1]. Le grand prêtre Helcias, s'occupant des travaux du temple, trouve le livre de la loi donnée par Moïse, est-il dit dans une des deux relations que nous avons. On y voit les promesses et les menaces que Dieu fait aux Juifs suivant leur conduite ; aussitôt grande rumeur dans Israël ; on fait la lecture publique de ce livre, et le peuple est effrayé des menaces qu'il semble ne pas connaître. Ce n'est pas d'un ancien exemplaire qu'il est question ; car, s'il en avait été ainsi, on aurait observé qu'il était conforme aux livres que l'on avait. Josias lui-même, prince dévot tout adonné à la gloire du Seigneur, âgé de dix-huit ans, élevé par les prêtres, ne connaît pas cette loi. Quel était donc ce livre ? Le Pentateuque ou le Deutéronome, ou encore le livre de la loi seulement ? Nous ne pouvons le savoir ; mais nous voyons facilement dans ce récit combien il était facile d'arranger, suivant les circonstances, un livre enfermé dans le sanctuaire, dont si peu de personnes pouvaient approcher et qui était si peu répandu.

---

[1] IV Rois, ch. XXII, v. 8 : « Or, le grand prêtre Helcias dit à Saphan, secrétaire : J'ai trouvé le livre de la loi dans le temple du Seigneur. Et Helcias donna ce livre à Saphan, qui le lut. » Voir aussi les versets suivants.
II Paral. ch. XXXIV, v. 14 : « Or, comme l'on transportait l'argent qui avait été déposé dans le temple du Seigneur, le pontife Helcias trouva le livre de la loi du Seigneur, donnée par les mains de Moïse. » Voir les versets suivants.

D'après ces quelques considérations, nous pouvons conclure que l'Ancien Testament se trouva exposé aux vicissitudes de la nation juive, qu'il fut augmenté, diminué selon les circonstances ; qu'il n'a pas eu un caractère exceptionnel de conservation, et qu'il faut l'examiner avec les lumières de la raison, comme nous agissons pour les écrivains de l'antiquité que nous ne croyons pas d'une foi aveugle. Voyons donc le contenu de ce livre.

De l'inspiration des livres saints.

Nous avons contesté à l'Ancien Testament le droit d'imposer son contenu à notre foi par cela seul qu'il existe, qu'il est parvenu jusqu'à nous comme un titre authentique de la mission du fondateur de la religion juive ; mais il n'est pas prouvé par cela seul que les auteurs ou rédacteurs ne soient pas inspirés de Dieu.

Si l'inspiration divine existe, il n'est pas nécessaire que les mots, les phrases soient dictés par Dieu. Quelque sublime que puisse être le langage humain, il ne pourrait jamais traduire que d'une manière défectueuse les idées divines. Il ne faut demander aux auteurs qui prétendent avoir reçu une mission de Dieu qu'un langage ordinaire, suivant le génie de leur époque et de leur nation ; mais il faudra qu'ils ne se contredisent pas dans les faits qu'ils racontent, et qu'ils ne blessent pas notre raison dans les doctrines qu'ils nous enseignent. Quelques observations vont nous prouver qu'ils se sont trompés de l'une et l'autre manière, et que l'inspiration leur fait défaut, quoiqu'ils prétendent parler au nom de la divinité.

Contradictions.

Nous n'avons qu'un récit des premiers âges du monde, et il serait difficile de trouver des narrations différentes; cependant, il y a quelques passages qui semblent dire des choses contraires.

Ainsi, Caïn après son crime craint que dans sa fuite il ne soit tué par le premier qui le trouvera [1]; ce qui supposerait qu'il y avait déjà d'autres hommes sur la terre. Un peu plus loin, Caïn bâtit une ville à laquelle il donne le nom de son fils Énoch [2]. Comment un fugitif dans le dénuement des premiers âges, pouvait-il entreprendre pareille chose avec quelques enfants ?

Dans Josué [3], Juda ne peut pas chasser les Jébuzéens de Jérusalem; dans le livre des Juges, c'est la tribu de Benjamin qui habite Jérusalem avec le Jébu-

---

[1] Gen. chapitre, IV. v. 14, 15 et 16.
[2] Gen. chapitre, IV. v. 17.
[3] Jos. ch. XV, v. 63 : « Mais les enfants de Juda ne purent exterminer les Jébuzéens, qui demeuraient à Jérusalem, et les Jébuzéens ont habité dans Jérusalem avec les enfants de Juda jusqu'à ce jour. »

zéen[1]. Josué a fait tout ce qu'il a pu pour exterminer les peuples qu'il a trouvés dans la terre promise, et il annonce que Dieu achèvera de les détruire[2]. Dans le livre des Juges, l'ange du Seigneur vient reprocher aux Juifs de les avoir épargnés[3]. Ce reproche se reproduit souvent ; cependant, il n'est guère fondé, car on peut voir qu'en général les Juifs exterminent les Chananéens quand ceux-ci ne sont pas les plus forts.

Dans le livre de Josué, la tribu de Dan ayant déjà sa part de la terre promise s'empare de la ville de Lésem à laquelle elle donne son nom[4]. Les Juges racontent les mêmes faits avec détail, mais en y ajoutant cette observation, que jusqu'alors cette tribu n'avait pas eu sa part ; ce qui est contraire au premier récit[5].

---

[1] Jug. ch. 1er, v. 21 : « Or, les enfants de Benjamin ne tuèrent point le Jébuzéen qui habitait à Jérusalem ; et le Jébuzéen habita Jérusalem avec les enfants de Benjamin jusqu'à ce jour. »

[2] Jos. — Voir tout le chapitre XIII.

[3] Jug. ch. II, v. 1 et 2.

[4] Jos. ch. XIX, v. 40 : « Le septième partage échu par le sort fut celui de la tribu des enfants de Dan, distribué selon leurs familles etc. »

47. « Et là se termine le partage. Mais les enfants de Dan, ayant marché contre Lésem, l'assiégèrent et la prirent : ils frappèrent du tranchant du glaive tout ce qu'ils rencontrèrent ; ils s'en emparèrent et y habitèrent, l'appelant Lésem-Dan, du nom de Dan, leur père. »

[5] Jug. ch. XVIII, v. 1er : « En ce temps-là il n'y avait

Moïse donne à Jaïr des villes qui de son nom sont appelées Havoth-Jaïr [1] ; dans les Juges, ces mêmes villes prennent ce nom d'un autre Jaïr, juge d'Israël [2].

Pendant les accès de fureur de Saül, on fait venir David pour calmer le roi par ses chants [3]. Dans le chapitre suivant, on fait paraître ce même David après la mort du géant Goliath devant Saül qui a l'air de ne l'avoir jamais connu. [4].

point de roi dans Israël, et la tribu de Dan cherchait des terres pour y habiter ; car jusqu'alors elle n'avait point eu de partage parmi les autres tribus. »

[1] Deut. ch. III, v. 14 : «Jaïr, fils de Manassé, posséda toute la région d'Argob jusqu'aux confins de Gessuri et de Machati : et il appela de son nom Basan, Havoth-Jaïr, c'est-à-dire, les villes de Jaïr, nommées ainsi jusqu'à ce jour. »

[2] Jug. ch. X, v. 3 : «Jaïr de Galaad lui succéda, et jugea Israël durant vingt-deux ans.

[4]. « Il avait trente fils qui montaient sur trente poulains d'ânesses, et qui étaient princes de trente villes de la terre de Galaad, aujourd'hui nommées de son nom, Havoth-Jaïr, c'est-à-dire villes de Jaïr. »

[3] I Rois, ch. XVI, v. 21 : « Et David vint vers Saül et s'arrêta devant lui. Et Saül l'aima, et il devint son écuyer.

22. « Et Saül envoya vers Isaï, disant : Que David se tienne en ma présence ; car il a trouvé grâce devant mes yeux.

23. « Toutes les fois donc que l'esprit mauvais du Seigneur saisissait Saül, David prenait la harpe et la touchait de sa main, et Saül était soulagé ; car l'esprit mauvais se retirait de lui. »

[4] I Rois, ch. XVII, v. 58 : « Et Saül lui dit : Jeune homme, de quelle famille es-tu ? Et David dit. Je suis fils de votre serviteur Isaï bethléemite. »

Sous les Juges et sous Saül, les Israélites remportent de grandes victoires sur leurs ennemis ; Saül notamment bat les Philistins. Et cependant, on vient de dire que « hors Saül et Jonathas, son fils » personne n'avait d'épée, parce que les ennemis ne permettaient pas qu'il y eût des forgerons en Israël[1].

David fait faire le dénombrement du peuple ; il se trouve dans les Rois treize cent mille hommes en état de porter les armes[2] ; tandis que dans les Paralipomènes on donne le chiffre de quinze cent soixante-dix mille hommes, tous portant le glaive[3].

Lors de la peste qui ravage Israël, l'ange exécuteur de la sentence s'arrête sur Jérusalem, et David seul l'aperçoit[4]. Dans les Paralipomènes,

---

[1] I Rois, ch. XIII, v. 19 : « Or, il ne se trouvait point de forgerons dans toute la terre d'Israël ; car les Philistins avaient pris leurs précautions pour empêcher que les Hébreux ne forgeassent ni épées ni lances. »

[2] II Rois, ch. XXIV, v. 9 : « Joab donc donna le dénombrement du peuple au roi, et il se trouva d'Israël huit cent mille hommes forts pour tirer l'épée, et de Juda, cinq cent mille combattants. »

[3] I Paral. ch. XXI, v. 5 : « Il donna à David le nombre de tous ceux qu'il avait comptés, et il se trouva onze cent mille hommes d'Israël, tous portant le glaive, et quatre cent soixante-dix mille combattants dans Juda. »

[4] II Rois, ch. XXIV, v. 17 : « Et David dit au Seigneur, quand il vit l'ange frappant le peuple : C'est moi qui ai péché et qui ai agi injustement etc. »

Ornan et ses quatre fils aperçoivent aussi bien que le roi l'ange exterminateur[1].

Salomon fait la dédicace du temple et une nuée remplit le lieu saint. Les Chroniques ou Paralipomènes disent que le feu du ciel vint brûler les holocaustes sur l'autel[2]. Cette circonstance assez merveilleuse n'est pas racontée dans les Rois[3].

Josaphat perd des vaisseaux à Asiongaber ; il refuse l'alliance d'Ochozias qui lui offre son concours pour réparer ce désastre[4]. Dans les Chroniques, ces

---

[1] I Paral. ch. XXI, v. 20 : « Mais Ornan et ses quatre fils, qui battaient alors le blé dans l'aire, ayant levé les yeux et ayant vu l'ange du Seigneur, se cachèrent. »

[2] II Paral. ch. VII, v. 1 : « Salomon ayant achevé sa prière, le feu descendit du ciel, et consuma les holocaustes et les victimes ; et la majesté de Dieu remplit le temple.

2. « Et les prêtres mêmes ne pouvaient entrer dans le temple du Seigneur, parce que sa majesté remplit le temple.

3. « Mais tous les enfants d'Israël virent descendre le feu et la gloire du Seigneur sur le temple, et ils se prosternèrent sur le pavé : ils adorèrent le Seigneur et le louèrent, disant : Que le Seigneur est bon ! sa miséricorde est éternelle. »

[3] III Rois, ch. VIII, v. 10. « Et quand les prêtres furent sortis du sanctuaire, une nuée remplit la maison du Seigneur ;

11. « Et les prêtres ne pouvaient plus y demeurer ni remplir leur ministère à cause de la nuée, parce que la gloire du Seigneur avait rempli la maison du Seigneur.

12. « Alors Salomon dit : Le Seigneur a dit qu'il habiterait dans une nuée. »

[4] « III Rois, ch. XXII, v. 49. « Or, le roi Josaphat avait envoyé sur la mer des vaisseaux, qui firent voile vers Ophir,

deux princes, au contraire, font alliance pour construire une flotte qui se perd en allant à Tharsis ¹.

Jéhu tue Joram d'Israël et Ochozias de Juda; mais dans les Rois (IV Rois IX, 27), c'est à la montée de Gaver qu'est frappé Ochozias qui va mourir à Mageddo. Dans les Paralipomènes, Ochozias va se cacher à Samarie, et c'est là qu'il est pris et tué (II Paral. XXII, 9).

Dans les Rois, Achaz, persécuté par le roi de Syrie, fait des présents à Théglathphalasar qui le délivre de son ennemi ².

pour apporter de l'or ; et ils n'y parvinrent pas, parce qu'ils se brisèrent à Asiongaber.

50. « Alors Ochozias, fils d'Achab, dit à Josaphat : Que mes serviteurs aillent, je vous en prie, sur la mer avec les vôtres. Mais Josaphat ne voulut pas. »

¹ II Paral. ch. XX, v. 35: « Après cela, Josaphat, roi de Juda, s'allia à Ochozias, roi d'Israël, dont les œuvres furent très impies.

36. « Et ils s'entendirent pour construire une flotte qu'ils envoyèrent à Tharsis ; et ils firent construire des vaisseaux à Asiongaber.

37. « Et Eliézer, fils de Dodaü de Maséra, prophétisa devant Josaphat, disant : Parce que vous avez fait alliance avec Ochozias, Dieu a frappé vos œuvres, et vos vaisseaux ont été brisés, et ils n'ont pu aller à Tharsis. »

² IV Rois, ch. XVI, v. 8: « Et, ayant amassé l'argent et l'or qu'on put trouver dans la maison du Seigneur et dans les trésors du roi, il (Achaz) envoya des présents au roi des Assyriens.

9. « Le roi des Assyriens consentit à son désir : car il monta contre Damas, ravagea la ville, en transféra les habitants à Cyrène, et tua Rasin. »

Dans les Chroniques, le roi d'Assyrie lui fait la guerre, et il ne peut pas l'apaiser par des présents [1].

Dans les Rois, l'ange du Seigneur vient tuer les cent quatre-vingt-cinq mille soldats de Sennachérib [2]. On ne parle pas du nombre des morts dans l'autre récit du même fait [3].

Ézéchias tombé malade est rassuré par Isaïe, qui, pour lui donner un témoignage de sa guérison, fait rétrograder l'ombre du cadran de dix degrés; c'était là un grand miracle [4]. Les Chroniques se

---

[1] II Paral. ch. XXVIII, v. 20 : « Et le Seigneur amena contre lui Théglathphalasar, roi des Assyriens, qui le frappa et ravagea son pays sans trouver aucune résistance.

21. « Achaz, ayant donc dépouillé la maison du Seigneur et le palais du roi et des princes, donna des présents au roi des Assyriens et cependant cela ne lui servit pas. »

[2] IV Rois, ch. XIX, v. 35 : « Il arriva donc en cette nuit que l'ange du Seigneur vint dans le camp des Assyriens, et y tua cent quatre-vingt-cinq mille hommes. Et Sennachérib, roi des Assyriens, s'étant levé dès l'aube du jour, vit tous ces corps morts, et il se retira aussitôt. »

[3] II Paral. ch. XXXII, v. 21 : « Et le Seigneur envoya un ange qui frappa les forts et les guerriers, et le chef de l'armée du roi des Assyriens ; et Sennachérib retourna honteusement en son royaume ; et, lorsqu'il fut entré dans le temple de son dieu, ses enfants, qui étaient sortis de lui, le frappèrent du glaive. »

[4] IV Rois, ch. XX, v. 11 : « C'est pourquoi le prophète Isaïe invoqua le Seigneur, et le Seigneur ramena l'ombre sur le cadran d'Achaz des dix degrés dont elle était descendue. »

contentent de rapporter que Dieu avait fait un signe en faveur d'Ézéchias [1].

L'histoire de Judith est pleine de contradictions. Holopherne, général de Nabuchodonosor, interroge sur l'état des Juifs un de ses capitaines, qui lui dit que ce peuple, dispersé à cause de ses prévarications, s'est rassemblé et possède de nouveau Jérusalem. De quelle captivité, de quel retour, veut-on parler [2]?

A la fin du livre, il est écrit que Judith vécut cent cinq ans dans la maison de son mari, et que longtemps après sa mort personne ne troubla le repos d'Israël. Or, depuis le commencement de l'invasion de Nabuchodonosor jusqu'à la destruction complète du peuple juif, on ne saurait trouver tant d'années de tranquillité. Dans le cantique que chante Judith, elle atteste les Mèdes et les Perses qui ont admiré sa valeur [3]. Comment pouvait-elle connaître ces peuples qui n'avaient pas encore été mêlés aux affaires des Hébreux?

---

[1] II Paral. ch. XXXII, v. 24: « En ces jours-là Ezéchias fut malade jusqu'à la mort, et il pria le Seigneur, et le Seigneur l'exauça, et lui donna un signe. »

[2] Judith, ch. V, v. 23: « Mais depuis peu de temps ils sont revenus au Seigneur leur Dieu, ils se sont rassemblés après la dispersion qui les avait jetés çà et là, et ils ont reparu sur toutes ces montagnes, et ils possèdent encore Jérusalem, où est leur sanctuaire. »

[3] Judith, ch. XVI, v. 12: « Les Perses ont été épouvantés de sa constance, et les Mèdes de son audace. »

Nous avons tous appris qu'après le festin où le doigt de Dieu avait tracé la sentence du royaume de Babylone, Balthazar avait été tué par Cyrus qui s'était emparé de cette capitale en détournant l'Euphrate. Dans le livre de Daniel ce n'est plus ainsi. Le roi chaldéen tué, un vieillard de 62 ans, Darius le Mède, lui succède. Quel est ce personnage ? Un roi chaldéen ? On pourrait l'induire du texte même qui ne parle d'aucun changement de dynastie, de toute la Bible qui parle de Cyrus comme de l'envoyé de Dieu pour détruire l'empire de Babylone [1]. Cependant, ce Darius est entouré de courtisans qui cherchent à diriger sa conduite d'après les us et coutumes des Mèdes et des Perses [2].

On dit que Daniel fut en faveur sous ce prince et sous Cyrus [3]. On donne aussi Astyages pour prédécesseur à Cyrus ; on aurait donc fait entendre qu'Astyages fut le vainqueur des Chaldéens et que ce ne fut pas son petit-fils Cyrus. Ce n'est pas le dire des autres historiens. Nabuchodonosor fait choisir des jeunes gens parmi les captifs [4], et il les fait instruire

---

[1] Daniel, ch. V, v. 30 : « En la même nuit, Balthazar, roi de Chaldée, fut tué.

31. « Et Darius, le Mède, succéda au trône : il avait soixante-deux ans. »

[2] Dan. ch. VI, v. 8 : « Maintenant donc, ô roi, confirme la loi et écris le décret, afin que ce qui est ordonné par les Mèdes et par les Perses, personne ne puisse le transgresser. »

[3] Dan. ch. VI, v. 28 : « Or, Daniel conserva son pouvoir jusqu'au règne de Darius et au règne de Cyrus, roi de Perse. »

[4] Dan. ch. 1ᵉʳ, v. 3 : « Et le roi dit à Asphenez, chef des

pendant trois ans[1]. La seconde année de Nabuchodonosor, Daniel explique les songes[2].

Daniel nous est représenté fort jeune sous Nabuchodonosor; il est encore jeune homme lorsqu'il sauve la chaste Suzanne. Cependant, cette action semble se passer vers la fin du règne d'Astyages[3].

Daniel est jeté dans la fosse aux lions. S'il est vrai que la Bible parle de deux événements différents, le récit ne paraît guère vraisemblable. Darius ou Astyages vient de voir le miracle opéré en faveur du prophète, et un ou deux ans après,

eunuques, de choisir parmi les enfants d'Israël, et de la race des rois et des princes,

4. « Des jeunes gens sans aucun défaut, beaux de visage, instruits dans la sagesse, habiles dans les sciences et dans les arts, pour les faire habiter dans le palais du roi, et leur apprendre à écrire et à parler la langue des Chaldéens. »

[1] Dan. ch I, v. 5 : « Et le roi ordonna qu'on servît devant eux, chaque jour, des mets de sa table, et du vin dont il buvait lui-même, afin que, nourris pendant trois ans de cette sorte, ils pussent être présentés au roi. »

[2] Dan. ch. II, v. 1er: « En la seconde année du règne de Nabuchodonosor, Nabuchodonosor eut un songe, et son esprit fut troublé ; et le songe s'enfuit loin de lui. »

Voir tous les versets suivants.

[3] Dan. ch. XIII, v. 45 : « Comme on la conduisait à la mort, le Seigneur suscita l'esprit saint d'un jeune homme nommé Daniel.....

64. « Et Daniel devint grand en la présence du peuple, depuis ce jour-là et dans la suite.

65. « Et le roi Astyages fut réuni à ses pères, et Cyrus de Perse reçut le royaume. »

Cyrus répèterait la même épreuve! S'il s'agit d'un seul fait, les circonstances en sont bien différentes; dans la première histoire, les satrapes, par la défense qu'ils ont arrachée à Darius de ne laisser adorer aucun dieu pendant un temps, perdent Daniel[1]. Dans la seconde, c'est le peuple, irrité de la mort du dragon, qui le fait livrer aux bêtes sous le règne de Cyrus. Dans l'une, le prophète ne reste qu'une nuit dans la fosse, car le roi vient le délivrer à l'aurore. Dans l'autre, ce n'est qu'au bout de six jours[2]; aussi, pour qu'il ne meure pas de faim, l'ange du Seigneur transporte de Judée en Chaldée le prophète Habacuc avec son dîner[3].

De quelque manière qu'on envisage ces tradi-

---

[1] Dan. ch. VI, v. 7 : « Tous les princes de ton royaume ont pris conseil avec tous les magistrats et les satrapes, les sénateurs et les juges, afin qu'un décret soit publié et un édit : Que tous ceux qui feront quelque demande à quelque dieu ou à quelque homme d'ici à trente jours, sinon à toi seul, ô roi, qu'il soit jeté dans la fosse aux lions. »

[2] Dan. ch. XIV, v. 30 : « Alors ils le jetèrent dans la fosse aux lions, et il demeura là six jours. »

Voir aussi le verset suivant.

[3] Dan. ch. XIV, v. 33 : « Et l'ange du Seigneur dit à Habacuc : Porte le dîner que tu as en Babylone à Daniel, qui est dans la fosse au lions.

34. «Et Habacuc dit: Seigneur, je ne vis jamais Babylone, et je ne sais où est la fosse.

35. « Et l'ange du Seigneur le prit par le haut de la tête, et le porta par les cheveux, et le mit en Babylone, sur la fosse par la force de son esprit. »

tions, elles ressemblent à des fables. On aurait ainsi voulu punir Daniel de son peu de respect pour les idoles, et les Perses n'étaient pas idolâtres; leur religion se rapproche de celle des Juifs qu'ils n'ont jamais persécutée par fanatisme religieux.

Voici comment est racontée la mort d'Antiochus Epiphane dans le premier livre des Macchabées [1]: ce prince veut piller le temple d'Elymaïde en Perse; il est repoussé et revient à Babylone; ayant appris la révolte des Juifs, il tombe malade et meurt ainsi dans une terre étrangère. Dans le second livre [2], la même action se passe à Persépolis; Antiochus fuit à Ecbatane, il tombe de son char en se rendant en Palestine et meurt rongé des vers.

Ces contradictions sont peu de chose par elles-mêmes, et ne sauraient changer l'ensemble et la physionomie de l'histoire d'un peuple ordinaire; mais ici, elles ont une très grande portée parce qu'elles prouvent que les historiens sacrés ont manqué d'inspiration, qu'ils se trompaient, qu'ils étaient livrés à leurs propres lumières dans le récit des événements. Nous allons voir qu'il en a été de même lorsqu'ils nous ont présenté certains détails, certains calculs.

---

[1] Livre 1er des Macchabées, voir le chapitre VI.
[2] II Macchabées, lire tout le chapitre IX.

Exagérations.

Les Orientaux aiment l'hyperbole; les écrivains hébreux les ont servis à souhait.

A la sortie d'Égypte, il y avait six cent mille hommes, sans compter les femmes et les enfants, ce qui suppose plus de deux millions d'individus [1]. Ce chiffre est encore augmenté dans les Nombres [2], où l'on ajoute plus de trois mille personnes sans compter les lévites. Comment faire mouvoir un peuple si nombreux au milieu d'un désert, le vêtir, le loger sous les tentes, le nourrir avec les femmes, les vieillards, les enfants et les animaux ?

Dans le petit pays de Madian, les Israélites enlèvent six cent soixante-quinze mille brebis, soixante-douze mille bœufs, et soixante-un mille ânes [3]. Il faudrait deux de nos départements pour

---

[1] Ex. ch. XII, v. 37 : «Et les enfants d'Israël partirent de Ramessès pour Socoth, environ six cent mille hommes à pied, sans les enfants. »

[2] Nom. ch. 1, v. 45 : « Or, le nombre de tous ceux qui furent comptés des enfants d'Israël, par leurs maisons et familles, depuis l'âge de vingt et au-dessus, tous combattants,

46. « Ce nombre s'éleva à six cent trois mille cinq cent cinquante hommes.

47. « Et les lévites ne furent point comptés avec eux dans les tribus de leurs familles. »

[3] Nom. chapitre XXXI, v. 32 et suiv.

nourrir autant d'animaux. Dans le pays de Basan, grand peut-être comme trois de nos arrondissements, on trouve soixante villes entourées de hautes murailles, et un nombre énorme de villes ouvertes [1].

Gédéon, avec quelques soldats, tue cent vingt-six mille hommes [2].

Le Seigneur tue cinquante mille Bethsamites parce qu'ils avaient regardé l'arche d'alliance [3].

Le dénombrement de David donne plus de quinze cent mille guerriers, ce qui suppose au moins six millions d'habitants [4]. La Palestine est enfermée dans moins de trois degrés; la France en a une soixantaine; si sa population était dans la même

---

[1] Deut. ch. III, v. 4 : « Dévastant toutes leurs villes, et il n'y eut point de ville qui nous échappât : soixante villes, toute la contrée d'Argob, le royaume d'Og, en Basan.

5. « Toutes les villes étaient fortifiées de murailles très hautes, et de portes et de verrous, outre les villes sans nombre qui n'avaient pas de murs. »

[2] Jug. ch. VIII, v. 10 : « Or, Zébée et Salmana se reposèrent avec toute leur armée ; car il n'était resté à ce peuple d'Orient que quinze mille hommes de toutes leurs troupes, cent vingt-six mille hommes ayant péri, tous guerriers portant les armes. »

[3] I Rois, ch. VI, v. 19 : « Or, le Seigneur frappa les habitants de Bethsamès, parce qu'ils avaient regardé l'arche du Seigneur, et il fit mourir soixante-dix des principaux de Bethsamès, et cinquante mille d'entre le peuple ; et ils pleurèrent tous de ce que le Seigneur avait frappé le peuple d'une si grande plaie. »

[4] Comp. I Paral. ch. XXI, v. 5. Le chiffre donné par II Rois ch. XXIV, v. 9. est inférieur, mais encore inacceptable.

proportion que celle de la Judée, elle s'élèverait à cent vingt millions d'habitants.

Salomon emploie à la construction du temple cent cinquante mille gens de peine, sans compter tous les autres ouvriers et artistes. Ce prince avait quarante mille chevaux dans ses écuries[1].

Il y a guerre entre Abia, roi de Juda, qui arme quatre cent mille hommes d'élite, et Jéroboam d'Israël qui lui oppose huit cent mille soldats[2]. Abia vainqueur tue cinq cent mille Israélites[3].

Asa lance une armée de cinq cent quatre-vingt mille hommes contre l'Éthiopien Zara qui vient avec un million d'hommes[4].

---

[1] II Paral. ch. IX, v. 25 : « Salomon eut aussi quarante mille chevaux dans ses écuries, douze mille chars et douze mille cavaliers, et il les distribua dans les villes destinées à recevoir ses chars, et dans Jérusalem, où il résidait. »

[2] II Paral. ch. XIII, v. 3 : « Abia se prépara à combattre, et il avait des hommes très vaillants, au nombre de quatre cent mille guerriers d'élite. Jéroboam mit aussi son armée en bataille : elle était de huit cent mille hommes, tous choisis et très forts. »

[3] II Paral. ch. XIII. v. 17 : « Abia et son peuple les frappèrent donc d'une grande plaie, et cinq cent mille des hommes les plus forts tombèrent du côté d'Israël. »

[4] II Paral. ch. XIV, v. 8 : « Or, Asa leva dans Juda une armée de trois cent mille hommes qui portaient des boucliers et des piques, et dans Benjamin une armée de deux cent quatre-vingt mille hommes qui portaient aussi des boucliers et qui lançaient des flèches, tous hommes très vaillants :

Josaphat met onze cent soixante-mille soldats en campagne[1].

Achab tue en un jour cent mille Syriens; les murailles d'une ville où se réfugient les ennemis en écrasent, en tombant, vingt-sept mille[2].

Évidemment ces chiffres sont exagérés; si ce sont les rédacteurs qui les ont donnés, quelle confiance pouvons-nous avoir dans leur véracité? si ce sont les copistes, quelle confiance dans leur exactitude?

Des miracles.

Nous ne nous arrêterons pas à examiner si les miracles sont possibles, mais s'ils ont été faits. Nous avons déjà vu que les témoins qui nous les racontent sont suspects de s'être trompés dans plu-

---

9. « Et Zara, roi d'Ethiopie, sortit contre eux avec une armée d'un million d'hommes et trois cents chariots de guerre, et il arriva jusqu'à Marésa. »

[1] II Paral. ch. XVII. Voir les versets 14, 15, 16, 17, 18 et 19.

[2] III Rois, ch. XX, v. 29: « Les deux armées se rangèrent en bataille l'une devant l'autre, durant sept jours; le septième jour, la bataille fut livrée, et les enfants d'Israël tuèrent en un jour cent mille Syriens.

30. « Ceux qui échappèrent s'enfuirent dans la ville d'Aphec, et les murailles tombèrent sur vingt-sept mille hommes qui étaient restés, etc. »

sieurs circonstances ; ils se sont laissé entraîner à des exagérations évidentes; n'en peut-il pas être de même pour les prétendus miracles qui ne seraient qu'une exagération de faits naturels? Prêtons attention à ce que nous allons trouver de merveilleux dans l'histoire juive. Dieu et les anges vont apparaître, les lois de la nature vont être changées; c'est dans le récit même de ces événements que nous allons chercher s'ils sont vraisemblables et possibles.

Visions de Dieu.

On peut dire que dans les premiers livres de la Bible Dieu se prodigue; si quelquefois il se montre dans de grands événements, d'autres fois il apparaît pour bien peu de chose.

Lorsque Adam a désobéi, il entend la voix de Dieu qui se promenait dans le jardin. Dieu lui fait des habits[1]. Il parle à Caïn et répond à ses observations[2]. Il apparaît à Abraham pour lui faire part

---

[1] Gen. ch. III, v. 8: « Et ils entendirent la voix du Seigneur Dieu qui s'avançait dans le jardin, à l'heure du jour où il s'élève un vent doux, et ils se cachèrent parmi les arbres, pour éviter la présence de Dieu. »

21. « Le Seigneur Dieu fit à Adam et à sa femme des tuniques de peau, et les en revêtit. »

[2] Voir Genèse, chapitre IV.

de sa vocation [1]. Il lui explique ses promesses [2] et lui ordonne le sacrifice d'Isaac. Rébecca va consulter le Seigneur, toujours prêt à répondre aux questions de tous les personnages de la Bible [3].

Jacob lutte une nuit avec Dieu même [4].

Mais Dieu ne parle à aucun patriarche aussi assidûment qu'à Moïse. Il lui apparaît dans le buisson ardent, lui donne la mission de délivrer les Hébreux, et lui prouve que c'est lui le vrai Dieu, en changeant son bâton en serpent.

Lorsque Dieu apparaît sur le mont Sinaï, il ne se montre qu'à son prophète. Là, il lui parle comme à son intime ami, face à face; plus loin, il est dit que Dieu ne veut pas que Moïse voie sa face; il se cache dans le creux d'un rocher et ne lui permet de le regarder que lorsqu'il est passé.

---

[1] Voir Genèse, chapitre XII.

[2] Id., chapitres XV et XXII.

[3] Gen. ch. XXV, v. 22: « Or, des enfants s'entrechoquaient en son sein ; et elle dit: S'il en devait être ainsi, quel besoin aurai-je de concevoir? Et Rébecca alla implorer le Seigneur,

23. « Qui lui répondit: Deux nations sont en ton sein, et deux peuples sortiront de tes entrailles; et un de ces peuples triomphera de l'autre, et l'aîné servira le plus jeune. »

[4] Gen. ch. XXXII, v. 28: « Mais l'inconnu ajouta: Ton nom ne sera plus Jacob, mais Israël, car, si tu as été fort contre Dieu, combien seras-tu plus fort contre les hommes ?...

30. « Jacob appela ce lieu du nom de Phanuel, disant: J'ai vu le Seigneur face à face, et mon âme a été sauvée. »

Tout cela est contradictoire. Moïse entendait une voix qui lui parlait de dessus l'autel entre les chérubins [1].

Marie, sa sœur, et Aaron se vantent d'avoir des visions comme lui; Dieu descend dans une nuée, les appelle pour leur dire, que lorsqu'il leur adresse la parole ce n'est qu'en songe, tandis qu'il parle face à face avec Moïse [2].

Le prophète demande à Dieu d'entrer dans la terre promise et Dieu lui répond en lui interdisant de lui parler de cette affaire [3]. Dieu ensevelit Moïse, et aucun homme ne connut son tombeau [4].

---

[1] Ex. ch. XXV, v. 1 : « Et le Seigneur parla à Moïse, disant...
22. « Et là, je commanderai, et je te dirai du haut du propitiatoire, et du milieu des deux chérubins qui seront sur l'arche du témoignage, toutes les choses que j'ordonnerai par toi aux fils d'Israël. »
Nombres, ch. VII, v. 89 : « Or, quand Moïse entrait au tabernacle d'alliance pour consulter l'oracle, il entendait la voix de celui qui lui parlait du haut du propitiatoire placé sur l'arche du témoignage entre les deux chérubins : et là Dieu parlait à Moïse. »

[2] Voir Nombres, chapitre XII, 4—8.

[3] Deu. ch. III, v. 26 : « Et le Seigneur Dieu fut irrité contre moi à cause de vous : il ne m'exauça pas ; mais il me dit : C'est assez, ne m'en parle plus. »

[4] Deut. ch. XXXIV, v. 5 : « Et Moïse, serviteur du Seigneur, mourut là dans la terre de Moab par l'ordre du Seigneur;
6. « Et il l'ensevelit dans la vallée de la terre de Moab en face de Phogor, et aucun homme n'a connu le lieu de sa sépulture jusqu'à ce jour. »

Quand il parle à son prophète, il ne faut pas que le peuple cherche à le voir, car il périrait [1]. Il envoie un ange pour conduire le peuple, parce que sa présence consumerait Israël [2]. Josué a les mêmes privilèges que Moïse; Dieu lui parle et lui apparaît [3].

Dans le 1er livre des Rois il est dit que la parole du Seigneur était rare, et que Samuel ne connaissait pas encore sa voix [4]. Ce passage donne bien à comprendre, que dans d'autres temps la parole de Dieu se faisait entendre souvent.

---

[1] Ex. ch. XIX, v. 21 : « Et le Seigneur lui dit : Descends et avertis le peuple qu'il ne veuille pas dépasser les limites pour voir le Seigneur, de peur qu'une grande multitude ne périsse. »

[2] Ex. ch. XXXIII, v. 2 : « Et j'enverrai un ange devant toi, et je chasserai les Chananéens, les Amorrhéens, les Héthéens, le Phérézéens, les Hévéens et les Jébuzéens.

3. « Et vous entrerez dans cette terre où coulent des ruisseaux de lait et de miel; car je n'y monterai pas avec vous, de peur que je ne vous extermine durant le chemin, parce que vous êtes un peuple à la tête dure. »

[3] Jos. ch. IV, v. 1er. « Et, quand ils eurent passé, le Seigneur dit à Josué : » etc.

Jos. ch. XIII, v. 1er : « Josué étant vieux et plein de jours, le Seigneur lui dit : Tu es vieux et avancé en âge,.... »

[4] I Rois, ch. III, v. 1er : « Or, l'enfant Samuel servait le Seigneur en présence d'Héli, et la parole du Seigneur était rare en ces jours-là; il n'y avait point de vision manifeste...

7. « Or, Samuel ne connaissait pas encore le Seigneur, et la parole du Seigneur ne lui avait pas encore été révélée. »

Dieu vient visiter Elie et s'entretient avec lui dans la caverne; il n'était pas dans un vent impétueux, ni dans un tremblement de terre, ni dans le feu, mais dans un léger souffle [1].

Dans toutes ces circonstances, la personne à qui Dieu s'adresse est seule; comment savoir si ce n'est pas un songe, une hallucination? Comment la personne favorisée peut-elle s'assurer elle-même de la faveur qui lui est faite? L'air est-il frappé par une vibration inconnue qui rend un son articulé, ou bien une bouche de chair lance-t-elle une parole? Souvent, on dirait que Dieu se fait homme; il marche, se promène, montre sa face ou son dos. Il faut dans tous ces cas que la personne à qui Dieu a parlé se prouve à elle-même et aux autres sa mission par des prodiges. Enfin, Dieu se communique à tous ses prophètes qui ne pourront nous prouver leur inspiration que par l'accomplissement des prophéties.

Quelquefois, il semble que Dieu se montre à plusieurs; ainsi, les soixante-dix anciens d'Israël voient Dieu, mais nous n'avons nulle part le témoignage de ces individus [2]. Et lorsque Dieu apparaît sur le Sinaï, seul Moïse ose monter auprès de lui.

---

[1] III Rois, ch. XIX. Voir les versets 9, 10, 11, 12, 13, 14 et suivants.

[2] Ex. ch. XXIV, v. 9: « Et Moïse et Aaron, Nadab et Abiu, et les soixante-dix anciens d'Israël montèrent,

10. « Et virent le Dieu d'Israël, et sous ses pieds comme un ouvrage de saphir, et comme le ciel lorsqu'il est serein. »

Création. — Déluge.

Dieu crée ou façonne le ciel et la terre suivant les divers textes. Une organisation du monde, plutôt qu'une véritable création, semblerait répondre mieux au déroulement de la narration faite par la Genèse. Tout d'abord deux grandes difficultés se présentent. La première est celle-ci: l'aride est séparé des eaux, puis celles-ci sont divisées en deux parties; l'une forme la mer, la seconde est élevée au-dessus et en est séparée comme par une voûte solide où sont les astres, le soleil et les étoiles. C'est là une chose fausse que personne ne croit plus; nous ne sommes pas étouffés ainsi, les limites du ciel ont fui devant la science et nous ont donné de l'air.

Dieu sépare, dans le récit de Moïse, la lumière des ténèbres, et donne à la lumière une existence propre, indépendamment des corps lumineux. On a cru trouver la justification de cette physique biblique dans un système de physique moderne, qui a expliqué la lumière au moyen d'un éther répandu dans l'espace; mais cette hypothèse est loin d'appuyer la Bible, car pour que cet éther soit lumineux, devienne la lumière, il faut qu'il soit mis en mouvement par les corps lumineux, le soleil, le feu, et il n'y a séparation de la lumière et des ténèbres que par l'action de ces corps.

La Création, nous dit-on, a été complète dans

six jours. On a renoncé à la croire possible dans si peu de temps. Depuis qu'on a fouillé la terre, on a trouvé empreinte sur chaque feuillet l'histoire de son existence successive. On a dit avec esprit que Dieu s'était amusé à créer une terre nouvelle avec toutes les apparences de la vétusté, qu'il avait enterré les débris de végétaux, d'animaux qui n'avaient jamais existé, pour se donner le plaisir de se jouer de nos efforts à deviner le passé. Présenter Dieu comme ces gens qui font de fausses antiquités pour les amateurs, n'est pas une réponse sérieuse. On a essayé alors de faire des six jours des époques indéterminées, dans lesquelles on a tâché de placer toutes les découvertes de la géologie, et on a reconnu Moïse comme le premier des géologues; il faut convenir qu'il ne se doutait guère de cet honneur. Il semble bien qu'il y a eu des créations, ou des apparitions successives des êtres organisés à peu près dans l'ordre indiqué par la Bible; mais les divisions sont loin d'être aussi tranchées. Ainsi les végétaux apparaissent avec des animaux, et continuent de se montrer longtemps après les premières apparitions des êtres animés. Les reptiles se montrent avant les oiseaux; on prétend avoir trouvé des quadrupèdes presque aux premières époques; mais tout cela est encore un peu dans le vague, la terre a été feuilletée dans un trop petit espace pour que l'on puisse tirer de ces découvertes des conclusions définitives.

Ce que l'on peut assurer déjà, c'est qu'il est bien difficile de concilier la Bible avec la géologie. Quel que soit l'ordre dans lequel arrivent les êtres organisés, il est certain qu'ils sont séparés par de grands bouleversements de la nature, éruptions de volcans, soulèvements de montagnes, inondations, par des lacs qui rompent leurs digues, par les mers qui se déplacent. Moïse, au contraire, nous dit les arbres naissant, les animaux se multipliant à leur tour, venant habiter la terre leur demeure paisible, sans faire mention d'aucune convulsion. S'il s'était douté des catastrophes épouvantables qui avaient précédé chaque nouvel état de notre terre, il n'aurait pas manqué de rappeler les déluges antérieurs comme faisant pressentir le déluge futur aux enfants d'Adam. Il est en contradiction avec la science, de quelque civilité de langage que puissent se servir les savants.

D'ailleurs toutes ces explications sont inutiles, car Moïse entend bien parler de jours et non d'époques, du soir et du matin, de la nuit et du jour, d'une journée véritable; le sabbat est là pour attester son intention. Le sabbat est un jour, non une époque indéterminée, non une allégorie des siècles.

Nous n'avons rien à dire contre la création de l'homme, il n'y a là rien qui choque notre raison. La suite du récit pourrait nous embarrasser avec le paradis terrestre, l'arbre de la science, la chute de l'homme, si l'on ne devait pas y trouver une allégorie dont le voile est facile à soulever. Mais si l'on voulait parler de faits réels, nous demanderions où était situé ce paradis terrestre; quels étaient ces deux arbres de la vie et de la science? Comment parlait le serpent? Comment se mouvait-il avant d'être condamné à ramper sur son ventre? Nous voudrions savoir aussi où il se nourrit de poussière. Et pourquoi il y a plus d'inimitié entre lui et l'homme qu'entre l'homme et les autres animaux féroces et dégoûtants qui sont également tués et écrasés. Enfin, nous pourrions sans trop railler demander ce qu'est devenu l'ange qui gardait l'entrée du paradis terrestre. Il aura sans doute disparu avec le déluge.

Si l'on trouve quelques aperçus ingénieux dans le récit biblique et qui s'accordent avec la science, on n'a qu'à prendre le premier livre d'Ovide, et on trouvera des idées qui peuvent aussi bien se rapporter aux recherches et aux découvertes modernes. La même chose se présenterait avec les relations de l'Inde et de l'Égypte.

Dans la Bible, la création principale est la terre; le reste de l'univers n'est que l'accessoire en étendue et en importance. La science démontre tout le contraire; nous n'occupons qu'une des sept ou huit places de notre tourbillon, et notre soleil se perd dans les millions de soleils ses frères et peut-être ses aînés.

Il y a des savants et des livres qui se vantent de traiter la géologie suivant l'ordre et les indications de Moïse. Je ne sais de cette science que ce qu'on peut en apprendre dans les livres élémentaires, mais je défie ces savants de prouver nettement qu'ils sont d'accord avec la Bible. Sans doute on peut y arriver en ajoutant, en retranchant au texte; par exemple, on trouve dans la Genèse que pendant le déluge les eaux couvraient tout sur la face de la terre et on a prétendu que le mot « terre » ne désignait que l'Arménie. Ce serait le soulèvement des montagnes de ce pays qui aurait amené l'inondation des plaines. Seulement ce n'est pas du tout là ce que dit le récit biblique. Il parle de toute la terre, de tous les animaux, de tout ce qui avait vie à sa surface.

Les savants d'autrefois soutenaient que le déluge n'était pas possible, et ils mêlaient à leurs assertions des railleries ridicules, telles par exemple, que ces coquillages qu'ils disaient provenir du déjeuner de quelques moines des environs. Les savants de nos jours croient à la possibilité du déluge, et même en reconnaissent plusieurs. Malgré cela, et en y regardant de plus près, on voit que d'après la science moderne le déluge de Moïse n'est pas plus vraisemblable qu'auparavant. C'est qu'en effet ce cataclysme n'a rien de commun avec ceux de la science. Les déluges reconnus sont locaux, s'étendent sur de grandes contrées, mais ne sont pas universels; leurs causes sont très variées, elles sont locales ou générales, leurs effets sont aussi très divers; d'immenses dépôts ont été formés dans un jour ou ont mis des siècles à s'accumuler, mais toujours, ils ont changé complètement l'aspect des lieux: montagnes dénudées d'un côté, de l'autre vallées comblées. Le déluge de Moïse n'a pas produit ces résultats; la terre est inondée lentement, l'eau se retire au bout de quelques mois et laisse la terre couverte seulement de limon qui se dessèche, les arbres ne sont pas morts, et il suffit de quelques rayons de soleil et de l'haleine des vents pour rendre à la nature son premier aspect.

Le déluge raconté par Moïse est réellement impossible. La mer n'aurait pu couvrir la terre qu'en se portant d'un côté et en découvrant l'autre; de sorte que la terre n'aurait pas été inondée dans toute son étendue. Aussi notre auteur dit-il que le grand abîme fut ouvert et que, de plus, Dieu ouvrit les pertuis du firmament. Qu'est-ce que ce grand abîme? Est-ce une manière de décrire un déplacement de l'orbite terrestre ou la fusion des glaces polaires? Nous n'en savons rien, mais nous nions que les pertuis du ciel furent ouverts, c'est-à-dire que le firmament où sont fixées les étoiles et qui nous sépare des eaux supérieures les laissât écouler comme par des écluses, car nous savons que ces eaux supérieures et ce firmament n'existent pas.

Sous un autre point de vue, le déluge présente d'autres difficultés. Noé ne pouvait pas rassembler toutes les bêtes de la terre sans d'immenses difficultés, encore moins les faire vivre ensemble;

l'arche ne pouvait pas les contenir, et d'ailleurs, entassées dans un bâtiment n'ayant qu'une croisée d'un pied et demi, qui encore était fermée, elles seraient mortes asphyxiées; il était impossible qu'elles pussent vivre ainsi sans air. Ici on peut répondre que Dieu faisait un nouveau miracle; il s'agirait seulement de le prouver par la véracité de l'auteur sur tout le reste; mais, nous avons vu qu'il se trompe, par exemple, dans l'existence de ce firmament, ce qui suffit pour affaiblir singulièrement son autorité.

Nous voyons que l'écrivain sacré ne connaît pas les véritables lois de la nature, et qu'il est démenti par la science. Ce n'est donc pas l'auteur de ces lois qui lui aura révélé son secret; ce n'est qu'un historien ordinaire racontant d'anciennes traditions, et embellissant avec sa riche imagination ce que la contemplation de la nature avait pu lui enseigner. Allons plus avant, voyons le peuple pour qui de pareils miracles auraient été faits, et étudions la morale qu'on lui aurait enseignée, la disant autorisée par Dieu.

Personnages. — Faits de l'histoire juive.

Le peuple de Dieu est grossier, superstitieux, enclin aux voluptés; il est « tête dure », Dieu l'aura peut-être choisi pour cette qualité. Ses commandements seront difficilement acceptés; mais il les gardera bien une fois qu'il se les sera appropriés. Du reste, il tient ses vertus et ses vices de ses pères, de ses fondateurs. En effet, les patriarches n'ont pas toutes les vertus que leur seul nom éveille dans l'esprit; ils ont des vices, ils commettent des crimes. Dieu se sert de qui il lui plaît, il sait faire servir les plus vils instruments à ses vues. Il n'y aurait donc pas à se scandaliser des actions mauvaises qui sont rapportées par les historiens du peuple juif, si souvent elles n'étaient pas enregistrées avec louange ou approbation. Jetons un coup d'œil sur quelques-uns des faits auxquels nous faisons allusion.

Abraham est le père des croyants; il est pasteur, à la tête de nombreux serviteurs, maître d'immenses troupeaux; il y a de la poésie dans la description de cette vie sous la tente, avec ses campements, ses voyages, ses péripéties; mais tout n'est pas juste dans la conduite du patriarche.

Abraham est obligé par la famine d'aller en Égypte[1]. Il dit à Sara sa femme de se faire passer pour sa sœur; il prévoyait que le frère recevrait des cadeaux, tandis qu'il pensait que le mari pourrait être tué. Il avait bien prévu; sa femme est enlevée, et lui est comblé de présents. Dans la morale relâchée bien des gens diront qu'il valait mieux le mensonge que la mort; mais la dignité de nos jours ne permet pas que de gaieté de cœur

---

[1] Genèse, chap. XII.

on expose son honneur pour fuir le péril. Les suites de son mensonge ne corrigent pas notre patriarche. Longtemps après, Sara vieille est enlevée dans les mêmes circonstances[1]. Pour que cela ne lui arrive plus, on lui fait cadeau d'un voile afin d'éteindre le feu de sa beauté. Il paraît qu'on s'était bien trouvé de cette méthode, de faire passer sa femme pour sa sœur, puisque Isaac en use de même[2]. Eh bien, que voulez-vous conclure de cela? Ces actions étaient blâmables, mais les mœurs de cette époque les excusaient.

Elles n'avaient pas besoin d'excuses aux yeux de notre auteur. Qui est-ce qui est grondé par Dieu? Ce sont les princes qui ont enlevé la femme d'Abraham. Dieu ne les gronde pas précisément parce qu'ils ont commis des actes de violence, car enlever une belle fille était trop d'honneur que lui faisait un prince, mais il leur adresse des reproches pour avoir pris la femme de son serviteur, et il les punit. Il ne punit pas seulement les princes, mais encore toute leur maison. C'est au moment où Dieu vient de renouveler ses promesses à Abraham et à Isaac que ces deux patriarches commettent leur mensonge. Est-ce là une chose tolérable? N'est-ce pas blesser le sentiment moral de tout cœur honnête?

Voici maintenant un fait qui ne blesse pas seulement la délicatesse moderne, mais la justice de tous

---

[1] Genèse, chap. XX.
[2] Id., chap. XXVI.

les temps. Sara est stérile, elle donne sa servante Agar à son mari. La servante a un enfant ; la maîtresse à son tour en a un autre, et ne peut plus supporter Agar et son fils Ismaël. Elle force Abraham à les renvoyer, et à les exposer dans le désert à une mort certaine. C'est un cas de cour d'assises ! Mais non, Dieu l'ordonne, pour ainsi dire, parce qu'il saura tirer parti de cette mauvaise action en faisant sortir d'Ismaël un grand peuple [1].

Il fallait qu'Abraham fût bien sûr de l'autorisation de Dieu. Il est certainement le père des croyants, surtout quand il se décide à immoler son fils Isaac [2]. Je connais un paysan qui, voulant faire un pareil holocauste, fut envoyé à l'hôpital des fous. C'est ce que je fais d'Abraham plutôt que de consentir à me représenter Dieu ordonnant un sacrifice humain, un infanticide ; et cela, dans quelles circonstances ? Lorsque précisément Dieu vient de se choisir un peuple pour abolir ces sacrifices chez les nations idolâtres ! Cet exemple était-il bien fait pour éloigner des autels de Moloch les malheureux enfants que la superstition jetait dans ses fournaises ? Ici, peut-être n'y a-t-il qu'une apparence, un but caché, prenons encore patience.

Nous n'avons pas de si graves reproches à adresser à Jacob. Il y a de l'invraisemblance dans ses visions, dans sa lutte avec Dieu, dans ses

---

[1] Genèse, chap. XXI.
[2] Id., chap. XXII.

agneaux tachetés ; mais sa manière de ravir à Ésaü le droit d'aînesse et la bénédiction d'Isaac serait appelée maintenant une escroquerie par les gens sincères et peu polis[1]. Ce patriarche est le vrai type de ce que l'on pourrait appeler des faiseurs d'affaires juifs ou autres, se tenant dans un certain milieu entre l'adresse et la friponnerie.

La figure de Joseph est plus pure, son histoire est touchante et racontée avec une antique simplicité. Il est dommage qu'il paraisse comme un devin, un sorcier, une espèce de magicien qui lit les choses cachées ou rêvées.

Jusqu'ici ce ne sont que des peccadilles ; mais voici une action qui révolte[2]. La loi juive voulait que le frère épousât la veuve de son frère pour lui créer une famille, s'il était mort sans postérité. Juda marie son fils Herr à Thamar. Herr mort, il donne Onan à Thamar. Onan meurt aussi. Juda promet à sa belle-fille de lui donner encore son autre fils Séla lorsqu'il aurait l'âge requis ; mais, craignant le même sort pour ce dernier, il diffère sa promesse. Thamar se déguise en courtisane et devient enceinte de son beau-père. Juda apprenant sa faute la condamne à être brûlée vive ; mais elle fait connaître qu'elle est grosse de Juda. Il lui pardonne et elle met au monde deux jumeaux. Toute cette histoire est

---

[1] Genèse, chap. XXVII.
[2] Id., chap XXXVIII.

odieuse; inutile d'insister, adultère d'un côté, impudeur, inceste de l'autre; mais l'histoire raconte et n'approuve pas. Je l'ai cru d'abord; j'étais scandalisé, il est vrai, de voir Thamar parmi les aïeules du Christ, mais Dieu est miséricorde et il veut prouver que les gens coupables peuvent se relever. Quelle n'a pas été ma surprise lorsque j'ai vu Thamar chantée dans un épithalame au mariage de Ruth[1]! Cette action n'avait donc rien de coupable aux yeux des écrivains juifs; dès lors, pouvaient-ils se dire les interprètes de Dieu? Le sens commun ne dit-il pas déjà que ces hommes ne sont rien que de simples historiens sans plus de lumière que tous les autres?

La pudeur est souvent blessée par les expressions de la Bible, et par les actions qu'elle raconte. Sans doute les anciens avaient moins de délicatesse que nous à cet égard; on n'aurait plus aujourd'hui un livre de morale destiné à tout le monde, femme, enfant, jeune fille, écrit avec cet abandon. Dieu sachant que le livre qu'il dictait éveillerait la susceptibilité des imaginations modernes aurait dû le dicter plus chaste. Souvent le but que se propose l'historien n'est pas très louable; on voit bien que l'ivresse de Noé a pour but de justifier la haine contre les Chananéens, et que l'histoire de Lot et de ses filles est faite contre les deux peuples sortis d'elles.

---

[1] Ruth, chap. IV, v. 12.

Moïse et sa doctrine.

Moïse se présente à nous avec de grands miracles. Sa naissance, entourée d'une teinte d'invraisemblance, est poétique ; il est exposé sur le Nil, sauvé par une princesse, et instruit dans le palais de Pharaon de toutes les sciences des Égyptiens. A la vue de l'oubli de son Dieu, des misères de ses concitoyens, son âme s'enflamme, il tue un oppresseur et s'enfuit au désert. Dans le silence et la réflexion, il mûrit une grande idée, celle de la délivrance de son peuple. Dieu lui apparaît dans un buisson ardent, le confirme dans son projet et lui donne le pouvoir des miracles ; sa baguette est changée en serpent, sa main se couvre de lèpre et guérit au même instant. Sont-ce là des choses réelles ou des illusions qu'il se faisait ? Il est difficile de se prononcer ; nous ne savons si c'est lui-même qui rapporte ces faits ou son historien. La suite seule peut nous éclairer. Il vient donc remplir la mission qu'il s'est imposée ou qui lui a été imposée.

Moïse est venu annoncer en face du paganisme l'unité de Dieu ; c'est son éternel honneur et celui de son peuple ; c'est par là qu'il est grand dans l'histoire. Néanmoins, il ne nous donne pas de Dieu une idée qui réponde à nos aspirations ; ce n'est pas toujours celui qui est, l'Éternel, c'est plutôt un dieu national, le dieu des Juifs, plus puissant que les dieux des peuples voisins ; tantôt il les reconnaît comme existant, d'autres fois il ne les regarde que comme du bois et de la pierre. Il favorise son peuple, lui donne la terre promise, comme le dieu Chamos donne la leur aux Ammonites ; il l'aide dans ses victoires au milieu des montagnes, mais ne le protège pas aussi heureusement dans la plaine. Par la voix de Josué, il permet à son peuple de choisir entre les dieux de Mésopotamie ou ceux des Amorrhéens. [1]

Je veux pour un moment que Moïse ait écrit lui-même le Pentateuque ; qu'il ne se soit pas trompé dans les détails de la création et du déluge ; que les miracles d'Égypte et du désert ne laissent entrevoir aucune contradiction ; que son langage soit toujours décent ; qu'il ait blâmé ses héros toutes les fois qu'ils commettaient des actions mauvaises ; eh bien ! je dirai encore qu'il n'est pas un vrai prophète, qu'il n'est pas un envoyé du Seigneur. Les doctrines qu'il nous annonce suffisent seules pour le convaincre d'erreur.

Ce qui frappe le plus dans l'œuvre attribuée à Moïse, c'est qu'il n'y est jamais question d'une

---

[1] Jos., ch. XXIV, v. 15. «Si vous croyez que c'est un mal de servir le Seigneur, le choix vous est laissé ; choisissez aujourd'hui ce qui vous plaît, et voyez qui vous devez adorer, ou les dieux qu'ont servis vos pères dans la Mésopotamie ; ou les dieux des Amorrhéens, dans la terre que vous habitez ; mais moi et ma maison nous servirons le Seigneur.»

autre vie, qu'il n'y est jamais parlé du paradis ni de l'enfer. Je sais bien qu'on a cherché à pallier cette omission de bien des façons. La croyance à une autre vie est tellement naturelle à l'homme, tellement dans les affirmations instinctives de la nature humaine que l'on n'avait nul besoin de la rappeler. Les Juifs devaient avoir là-dessus des idées si claires, si répandues, dans tous les rangs de la société, que la pensée ne pouvait pas venir à Moïse de la mettre en question. De plus, c'est un législateur qui dicte des lois; il ne doit donc pas parler des peines de l'autre monde, puisqu'il règle les choses de celui-ci. Les prières, les sacrifices, le culte que l'on rendait aux morts, le soin de leur sépulture, les superstitions telles que les devins invoquant les morts, nous indiquent d'ailleurs que les Juifs étaient bien d'accord avec tous les peuples de la terre à l'égard d'une autre vie.

Ces raisons sont misérables. Qu'un sentiment vague soit répandu dans les esprits qu'il existe quelque chose encore de la personne au delà du tombeau, on peut l'admettre; mais ce n'est pas tellement clair qu'il ne soit bon de préciser les idées d'un peuple, et surtout d'un peuple enfant et barbare, qui pouvait très bien croire aux fantômes, aux revenants, sans avoir aucune notion arrêtée de la justice de Dieu s'exerçant par delà ce monde. Ce ne peut pas être sérieusement que l'on compare nos législateurs s'occupant de la vie sur cette terre, bornés par toute la nécessité de leur mission humaine, à Moïse prophète inspiré, venant non-seulement régler les rapports des hommes dans le petit pays d'Israël, mais encore établir les rapports de l'homme et de Dieu, et tout ordonner, jusqu'aux cérémonies les plus minutieuses du culte. N'avait-il pas des occasions pour ainsi dire forcées de corroborer les peines de ce monde par les peines de l'autre ? Fondateur de religion, ne devait-il pas donner la vraie sanction de toute sa loi, celle à laquelle on ne peut se flatter d'échapper jamais ? On cherche à atténuer ces objections en prouvant que Moïse a fait quelques allusions à l'immortalité de l'âme. Il se sert de deux mots différents pour exprimer le tombeau ; l'un est sans doute le tombeau du corps, l'autre la demeure des âmes. Dieu promet la vie à ceux qui observent ses commandements, c'est sans doute la vie éternelle. Il dit aussi qu'il est le Dieu d'Abraham, d'Isaac, de Jacob, qu'il n'est pas le dieu des morts, mais des vivants ; Jacob et les autres vivent donc. Mais cette interprétation n'a eu lieu que longtemps après l'époque de Moïse, et elle a été faite par ceux qui soutenaient la résurrection des morts. Que veut dire ce tombeau des âmes, lorsqu'il n'y a pas de différence entre le bon et le méchant, et que l'on dit des rois justes comme des mauvais rois qu'ils ont été dans le tombeau de leurs pères ? Dieu est le Dieu de Jacob, c'est-à-dire, celui que Jacob a honoré, a adoré ; rien ne prouve dans l'expression qu'il adore encore. Dieu, récompensant les justes dans leurs enfants, ne veut pas dire qu'il aime les fils parce que les pères sont vivants; Dieu engage les pères par une promesse terrestre, il les prend par l'amour paternel.

Au reste, ce n'est pas par des textes détachés que l'on peut juger de l'esprit d'un ouvrage; mais lisez tout le Pentateuque, et après cela, lisez les derniers livres de la Bible, l'Évangile et les Épîtres. Dans ces derniers, vous n'aurez pas besoin d'efforts pour trouver l'immortalité de l'âme, le paradis et l'enfer, cela saute aux yeux, cela jure avec le commencement de la Bible, et annonce une réforme immense, un bouleversement complet.

Ne nous étonnons pas trop cependant, de ce que Moïse ne nous parle pas des peines et des récompenses éternelles; on peut dire qu'elles n'entraient pas d'une manière formelle dans l'idée qu'il se faisait de la justice divine. Remarquons, en effet, comment il nous explique l'homme. A ses yeux, c'est un peu de poussière que Dieu a revêtu de la forme humaine et qu'il a animé; à la mort, la poussière redevient poussière, et l'âme, le souffle, revient, remonte à Dieu. Ce n'est pas une immortalité à notre manière que ce retour du souffle vers son auteur, c'est une sorte de panthéisme spirituel. Quand il en serait ainsi dans les idées de Moïse, ce ne serait pas trop extraordinaire, car il vient de l'Égypte, et il touche à l'Inde où fleurissent ces idées d'absorber plus ou moins tout en Dieu. Dès lors, on voit pourquoi notre prophète insiste si vivement sur la justice terrestre, sur la réalisation du bien pour le juste et du mal pour le coupable au moment même où ils viennent de mériter ou de démériter. Nous pouvons voir comme une justification de notre manière de juger dans le livre de Job. Ce livre nous représente parfaitement quel était l'état des esprits touchant l'idée de justice. On a voulu y trouver la preuve de la vie future, même de la rédemption, en forçant certaines expressions; rien de plus contraire à l'esprit de cet épisode. Quel en est le sujet? Dieu permet à Satan de tenter Job, de faire mourir sa famille, de détruire ses richesses et de couvrir son corps de plaies dégoûtantes. Ce saint au désespoir maudit le jour où il est né ; ses amis réunis pour faire semblant de le consoler lui disent qu'il a tort de se plaindre, parce que Dieu ne punit jamais que l'impie; que lui, Job, paraît bien un homme juste, mais que cependant, il doit avoir quelque crime caché à se reprocher. Ces consolations ironiques exaspèrent Job, qui prend Dieu à témoin de son innocence. A la fin, Dieu intervient pour terminer ce différend ; il n'avait qu'un mot à dire pour dénouer la difficulté; il n'avait qu'à faire voir qu'il a l'éternité pour récompenser le juste éprouvé, non pas puni ; mais ce mot, il ne le dit pas. Il parle en termes magnifiques du cheval qui se précipite au combat en disant: allons! Il dit à la mer de venir briser l'orgueil de ses flots sur les sables du rivage. J'avoue qu'en lisant le poète je suis impatienté, et que je lui crie: ce n'est pas de cela qu'il s'agit, concluez par l'immortalité, au lieu de finir votre poème en donnant au juste éprouvé plus de fils, de filles et de troupeaux qu'il n'en avait avant son épreuve !

Cette justice toute matérielle n'a pu satisfaire longtemps les imaginations. On a vu trop souvent le juste malheureux et le méchant prospère ; aussi peut-on suivre le développement de l'idée d'immortalité dans la suite des auteurs. Nous voyons Salomon se demander si le corps reste en bas et si l'âme revient à Dieu, ou si tout meurt, et s'effrayer de ce que la fin de l'homme et de la bête soit semblable. La récompense des bons et la punition des méchants dans une autre vie est acceptée peu à peu. Mais l'esprit juif ne peut se spiritualiser tout d'un coup; il ne peut s'imaginer que l'âme vive isolée, séparée; cette idée est antipathique à celle du souffle de Dieu revenant à Dieu. Il faut que ce souffle revienne dans un corps; la vie future s'accomplira donc par la résurrection des corps. C'était là qu'en étaient les Juifs dans les derniers temps. Les Sadducéens ne croyaient pas à l'immortalité de l'âme parce qu'ils ne la concevaient pas pouvant exister par elle-même. Les Pharisiens ne contredisaient pas cette assertion, mais ils disaient que les corps ressusciteraient pour la punition et la récompense. Cet état d'esprit des Juifs prouve invinciblement que la vie à venir n'était rien moins qu'exprimée d'une façon claire dans les premiers livres de la Bible, puisqu'après une lente élaboration des siècles cette question était encore entourée de nuages.

Ainsi, l'immortalité de l'âme, ce dogme sans lequel on ne conçoit pas une révélation, est tout au moins laissé dans le vague, dans le demi-jour, s'il n'est pas mis complètement de côté. Un législateur inspiré aurait dû le proclamer avec une évidence telle qu'il eût frappé tous les yeux. Cela seul ne suffit-il pas pour convaincre d'erreur un homme qui se dit envoyé de Dieu?

Nous avons de la peine à découvrir dans le Pentateuque le péché originel et la rédemption. Ces deux dogmes qui, d'après l'orthodoxie, sont tout le christianisme devraient y apparaître clairement, puisque c'est de la chute d'Adam qu'on les fait découler comme de leur source. Ève et Adam viennent de pécher, Dieu les punit. Ils retourneront en poussière, ils travailleront la terre et la femme enfantera avec douleur. Ces peines se sont accomplies, durent encore ; c'est la condition des descendants d'Adam, ils subissent la suite de la faute de leur père. C'est bien là si l'on veut le péché originel et ses suites ; mais il s'arrête là, puisque Moïse ne nous parle pas de la vie future. Si Adam et sa femme étaient damnés et tous les hommes avec eux, c'était bien le lieu ou jamais de nous parler des peines d'une autre vie qu'ils auraient encourues et nous tous avec eux, de nous dire comment ils avaient pu échapper par le repentir à la damnation. Sur tout cela pas un mot, pas la moindre allusion. La seule suite du péché a été de changer la condition de la race humaine sur la terre, de la faire sortir du paradis de délices.

Moïse n'est pas pour la transmission du venin mortel au delà de l'arrière petit-fils; s'il dit que Dieu punit l'iniquité des pères jusqu'à la troisième et la quatrième génération, ce n'est pas pour toujours. Il récompense le juste jusqu'à mille générations.

On semble après le déluge penser que le péché a eu des suites, car Dieu dit que l'homme est enclin au mal dès son adolescence[1]; mais c'est pour dire qu'il ne le fera plus périr par le déluge. Il prend en considération sa faiblesse et ses mauvais penchants sans les attribuer à la faute de ses pères.

L'idée de rédemption ne se montre pas plus clairement. Par quelle série d'allégories peut-on arriver de la femme dont la postérité écrasera la tête du serpent, à la femme qui enfantera le Sauveur, lequel tuera Satan? On dit bien que toutes les nations seront bénies dans la descendance des patriarches; c'est une formule de prospérité que Dieu répète à chaque instant. On est dans l'attente, si l'on veut, de celui qui réalisera plus particulière-

---

[1] Gen. ch. VIII, v. 21. «......et le Seigneur dit: Je ne maudirai plus désormais la terre à cause des hommes; car l'esprit et les pensées de l'homme sont inclinés au mal dès sa jeunesse; je ne frapperai donc plus désormais toute créature vivante, comme j'ai fait. »

ment cette promesse; mais il est difficile d'y voir l'annonce d'un rachat, d'une rédemption. On ne nous dit pas non plus que les nations soient esclaves ni au physique ni au moral.

Ce n'est pas dans l'idée première du sacrifice que l'on trouvera le principe de la rédemption. Caïn et Abel offrent les prémices de la terre et des troupeaux; voilà l'origine du sacrifice. Dieu se réserve dans Moïse les premiers nés pour sa part; là il y a bien un rachat, une redevance que l'on doit aux lévites; mais peut-on supposer que Dieu voulut qu'on sacrifiât, qu'on tuât, les premiers nés ? Ce serait justifier les reproches des incrédules les plus hardis. Veut-on voir l'idée de rédemption dans le bouc émissaire, une bête immonde chargée des iniquités d'Israël? Quel rapport y a-t-il entre le bouc émissaire et un Dieu-Homme qui prend sur lui nos iniquités?

Les expressions dont Moïse se sert pour parler de Dieu, quoiqu'elles puissent peut-être s'expliquer par le génie de la langue, nous font cependant une impression pénible et ne nous laissent pas satisfait du Dieu de Moïse. Les actions qu'on lui prête sont encore moins dignes de lui. A chaque instant il apparaît aux personnages de l'Écriture. On conçoit que cela ait de la grandeur lorsqu'il s'agit des événements importants de l'histoire: la faute d'Adam, la vocation d'Abraham, la loi sur le Sinaï. La Providence se rendant sensible aux hommes pour ces grandes choses est admissible;

mais à tout moment Dieu se mêle aux incidents les plus ordinaires de la vie humaine; une servante a quelques chagrins, elle va le consulter; ainsi de même, pour tous les hommes et toutes les femmes de l'Écriture. Il fait entendre sa voix très souvent et renouvelle vingt fois les promesses qu'il a adressées aux patriarches. Il envoie aussi ses anges pour des circonstances de peu d'importance ; ainsi, le roi de Moab fait venir le devin Balaam pour maudire le peuple d'Israël; il refuse, mais Dieu lui ordonne d'y aller. Il monte sur son ânesse et Dieu envoie un ange pour effrayer la monture du prophète et la faire parler. A quel propos cette mission d'un ange à un homme bien disposé à obéir? Balaam bénit Israël, au lieu de le maudire, en présence du roi qui l'a appelé et celui-ci est assez bon pour le laisser s'éloigner. Il n'aurait pas échappé ainsi à Moïse.

Dieu change de résolution bien souvent, ou ce qu'il prédit n'arrive pas. Il promet la terre de Chanaan aux patriarches et à leurs descendants, il leur en donnera la possession éternelle sans condition; puis, il annonce au peuple d'Israël qu'il n'en jouira que s'il observe ses commandements. Tantôt il dit qu'il faut détruire tous les habitants de la terre promise, afin que leur exemple ne gâte pas son peuple; d'autres fois, il faut en laisser une partie pour servir d'aiguillon aux Israélites. Il leur a promis tout le pays de l'Égypte à l'Euphrate; ils n'en ont pas fait leur terre à eux, à peine y ont-ils une domination passagère sous quelques rois. Que penser de ces prédictions conditionnelles : donner la victoire au peuple fidèle, faire subir la défaite au peuple rebelle? Comment reconnaître l'exacte observation des commandements par tout un peuple? Il est facile de ne jamais se tromper avec ces réticences; c'est un peu comme les oracles païens annonçant en termes ambigus aux mêmes personnes la victoire ou la défaite.

Dieu est si terrible que l'on ne peut voir sa face; sa gloire tuerait Moïse. D'autres fois, il parle à Moïse face à face comme un ami à son ami.

Nous nous imaginons Dieu immuable dans ses résolutions; mais lorsqu'il veut détruire le peuple d'Israël qui vient de l'offenser, Moïse lui donne de si bonnes explications qu'il change d'avis et se soumet à la raison humaine. Nous nous représentons l'homme libre sous l'autorité de Dieu; mais Dieu fait trouver grâce aux Juifs devant les Égyptiens qu'ils viennent de voler; il endurcit Pharaon; et cela revient si souvent que l'on n'est pas étonné de voir sortir de la Bible la prédestination des sectes chrétiennes.

Non-seulement Dieu apparaît comme une espèce de fantôme, se fait entendre comme une voix, se produit dans des songes, mais encore il se montre comme un homme, s'incarne de mille manières. Il se promène dans le paradis terrestre à ses heures; il fait des habits à Adam; il descend voir ce qui se passe à Sodome; il prend la figure d'un ange ou de trois anges; il se met dans le buisson ardent; il regarde les Égyptiens du milieu de la nuée, enfin, il nous rappelle, à notre grand regret, Minerve sous la forme de Mentor, Vénus apparaissant à Enée. Toutes ces imaginations ne sont guère dignes de l'auteur qui nous révèle parfois, dans un sublime langage, la toute-puissance et l'éternité de Jéhova.

Si Moïse n'a pas bien connu Dieu, il n'a guère mieux connu l'homme. L'histoire des premiers jours nous montre Dieu tirant de l'homme une seule femme pour être sa compagne. Dans la suite des temps il ne s'est pas démenti; il a maintenu l'équilibre entre le nombre des hommes et des femmes. Nous trouvons dans cette seule considération la preuve que le mariage ne peut être qu'entre deux personnes; le soin des enfants et leur éducation l'exigent impérieusement, c'est la véritable loi de la nature. Cependant les patriarches ne se soumettent pas à cette exigence. Moïse trouve la polygamie établie et il se contente de la régler. On a voulu justifier cette mesure en disant que Dieu a fait cette exception en faveur de son peuple, parce qu'au commencement du monde le développement de la population avait besoin d'être favorisé. Mauvaise raison; les femmes auraient eu autant d'enfants, peut-être plus, en ayant chacune son mari. Si on avait prétendu qu'on ne pouvait trop répandre le sang des patriarches, d'une race noble, à la bonne heure; mais un choix d'étalons ne peut trouver place dans nos mœurs et notre conscience. On a dit aussi que le mariage n'avait pour but que la conservation de l'espèce et non le plaisir, que celui-ci en lui-même est coupable, que dans la polygamie, les femmes remplissant le but de l'institution, il importait peu qu'elles fussent plus ou moins privées d'une affection partagée, disséminée, et qu'une partie des hommes fussent privés de l'union des femmes et des douceurs de la paternité. On ajoute que cette institution s'est perfectionnée sous la nouvelle loi, et que Dieu est bien le maître de ne révéler le progrès que lorsqu'il le juge bon. Si la considération précédente était vraie, le mariage chrétien serait loin d'être un progrès et la polygamie vaudrait mieux. L'œuvre de la chair étant regardée comme mauvaise, elle serait restreinte à un nombre toujours plus petit d'hommes; dès lors, moins d'œuvres mauvaises dans le monde.

Mais non, le mariage d'un avec une n'est pas une invention, une institution plus ou moins récente, plus ou moins bien trouvée; c'est la vérité même, la loi immuable que Dieu n'a jamais changée en permettant plusieurs femmes et des concubines.

Il n'y a qu'à lire tout ce que la polygamie a causé de tourments aux patriarches, tous les désordres, toutes les actions indignes, toutes les rivalités indécentes qui en sont résultés pour juger et condamner cette institution. Sara livre sa servante Agar, et la conduit dans la couche d'Abraham.

Lia et Rachel se disputent, s'achètent les caresses de leur mari, et elles lui livrent leurs propres servantes. Et puis, que de divisions entre tous les enfants de toutes ces femmes! Les fils de Jacob, l'histoire de Joseph vendu par ses frères, nous donnent un avant-goût de ce que nous verrons plus tard dans l'histoire juive. La polygamie est mauvaise encore d'une autre manière ; elle proclame, elle maintient l'infériorité de la femme. Qu'est-elle en effet quand elle est un dixième, un centième d'autorité dans le ménage de l'homme? Elle n'est plus rien, elle est complètement annihilée. C'est pour assurer la prépondérance de l'homme que les musulmans maintiennent la femme dans l'esclavage. La femme est l'égale de l'homme ; ses fonctions sont différentes, mais ne sont-elles pas aussi utiles ?

Ce n'est pas seulement par la polygamie dans le mariage que Moïse a porté atteinte à cette égalité. La vie et l'honneur de la femme sont entre les mains du mari ; il peut la répudier sous de vains prétextes, la renvoyer par caprice, parfois avec quelque légère indemnité ; il peut la faire mourir en la calomniant, en prétendant qu'elle n'était pas vierge lorsqu'il l'a prise pour femme ; sur le moindre soupçon il peut la soumettre aux «eaux de jalousie», cérémonie blessante et qui l'assujettit aux lévites.

Partout dans la loi éclate ce mauvais vouloir et ce mépris pour la femme. A la naissance d'une fille, la femme est plus souillée qu'à celle d'un garçon. Les filles n'ont pas d'héritage ; ce n'est que par exception qu'on leur accorde la faculté de représenter leur père.

Si une femme est prisonnière, le vainqueur peut en user à sa volonté; Moïse, il est vrai, y met quelques formes, mais en définitive la malheureuse n'est pas maîtresse d'elle-même. Ailleurs le guerrier viole dans la fureur du combat, mais au moins on reconnaît que cet abus de la force est un crime; le Juif de sang-froid viole légalement et sans remords.

Si une fille est abusée, on fait tort au père, car il la vend en la mariant; c'est avec lui qu'il faut traiter. Enfin, dans certaines occasions, le massacre de toute une population est ordonné, les vierges parfois sont exceptées ; c'est qu'elles n'ont pas été souillées par les hommes, les idolâtres, et que n'étant pas capables par elles-mêmes d'avoir une religion, elles suivront les idées de leur vainqueur, de leur seigneur et maître.

Nous pourrions convenir sans doute que les peuples environnants traitaient les femmes avec plus de barbarie encore, je le veux bien pour l'honneur de Moïse; mais Dieu ne lui avait pas révélé que la femme était ainsi l'esclave de l'homme; s'il l'avait inspiré, il lui aurait dit qu'elle était sa compagne et son égale.

Moïse a vraisemblablement adouci l'esclavage ; cependant il est encore bien dur. Il ne l'est pas seulement pour les nations vaincues, mais pour les Israélites eux-mêmes. Ils peuvent vendre leurs fils, leurs filles, se vendre eux-mêmes ; il est vrai qu'ils seront libres au Jubilé qui suit, sauf quelques exceptions. Le législateur recommande les esclaves à ses concitoyens ; néanmoins, il y a bien des choses pénibles. L'esclave qui obtient sa liberté est obligé de laisser sa femme et ses enfants en servitude. Le maître a droit de mort ; il peut maltraiter l'esclave jusqu'à le tuer, pourvu qu'il survive deux ou trois jours aux mauvais traitements. On se fie à lui, à son intérêt ; l'esclave est sa chose, on pense qu'il la ménagera.

Nous avons reproché aux Platon, aux Aristote, leur aveuglement sur l'injustice de l'esclavage ; ils ne parlaient qu'au nom de la raison humaine et pouvaient faillir ; combien plus devons-nous nous indigner contre Moïse qui s'autorise de la raison divine et la rend responsable du mal !

La peine de mort est prodiguée par le législateur. On conçoit que le fondateur du culte d'un seul Dieu, la réserve à l'idolâtre ; mais elle paraît sévère surtout quand la famille, la ville tout entière est rendue responsable de la faute d'un seul. L'adultère est puni de mort ; il est vrai qu'il porte un grand trouble dans les familles ; mais la punition est barbare. On peut seulement admettre que les mœurs de l'époque l'expliquent jusqu'à un certain point. Néanmoins il est impossible de voir l'esprit de Dieu diriger Moïse quand il ordonne de tuer celui qui aura ramassé un peu de bois le jour du sabbat et celui qui aura fait usage de certains parfums.

Les Hébreux sont enfermés dans un cercle de formalités, de cérémonies, de prescriptions minutieuses. Il faut qu'ils soient purs et un rien suffit pour les souiller. Ils sont environnés de choses qu'ils ne peuvent toucher sans être obligés de se purifier. Ils doivent veiller à leur nourriture, car il y a des animaux qui sont sans tache et d'autres qui sont impurs. Certaines parties de ceux-ci ne peuvent être mangées. Ces institutions ont un but d'hygiène, elles doivent maintenir la propreté, la santé ; elles sont faites aussi pour séparer le peuple juif des autres peuples. Elles pouvaient être d'une bonne politique pour un temps ; mais elles ne venaient pas de Dieu. Dieu donnait sa loi, sa révélation, elle ne devait pas être renfermée dans un peuple. Elle était étouffée, et pour se répandre, elle a dû briser les chaînes qui la tenaient captive ; Dieu ne les avait donc pas forgées.

Nous avons vu au mont Sinaï la loi morale donnée en quelques instants ; mais pour la loi des cérémonies, pour les dimensions de l'arche, pour l'ordre des sacrifices, Dieu passe de longs jours avec Moïse. L'on ne peut croire, lorsqu'on a lu toutes ces lois, que Dieu ait abaissé sa majesté à ces détails. Quand on pénètre dans le sanctuaire juif, l'odeur des victimes, du sang, des bêtes assommées, dépecées, de la graisse brûlée, nous représente un véritable abattoir dont l'odeur nauséabonde nous répugne, et que cependant le Dieu du ciel aspire avec délice. C'est puéril, insoutenable pour nos mœurs. Le sacrifice a été aboli, c'est bien; c'est une mesure de salubrité.

Jusqu'ici Moïse partage ses torts avec toute l'antiquité; mais il va plus loin. On connaît le peuple juif par ses historiens; il est dur, superstitieux, barbare; néanmoins, il est choisi pour châtier des peuples qui n'ont pas l'air plus méchant que lui. Ses pères sont venus habiter le pays des Chananéens; sauf quelques altercations passagères, ils ont été bien reçus, ont fait des alliances, ont acheté quelques terrains pour ensevelir leurs morts. Ils ont reçu des avances de ces peuples, et vous savez comment quelquefois ils y ont répondu. Siméon et Lévi massacrent un peuple qui s'était circoncis pour vivre avec eux[1]. Leurs chefs, leurs prêtres, leur promettent qu'ils possèderont un jour la terre où ils ont été accueillis comme étrangers; il y a une difficulté, le pays est habité; eh bien! les habitants seront exterminés[2]; ce sont des gens abominables, Dieu veut en délivrer la terre, Moïse organise, décrète, sanctifie le massacre; il le commence et ses successeurs l'achèveront. Il est dans le désert; les Chananéens ne lui ont rien fait, et cependant il prononce anathème sur eux; les hommes, les femmes, les enfants

---

[1] Gen. chap. XXXIV.
[2] Ex. chap. XXIII, v. 23.

doivent être passés au fil de l'épée et les villes détruites. Moïse n'est pas encore dans la terre promise ; un peuple vient d'être vaincu et tous les mâles tués. Ce n'est pas un peuple maudit, pourtant Moïse se fâche et il faut que les femmes soient immolées, car elles ont été idolâtres comme leurs maris. On ne réserve que les vierges qui sont partagées[1]. Tout cela est ordonné par Dieu ! On a pu le croire ! J'ai pu l'accepter ! Et on a pu chercher à justifier de pareilles atrocités !

On a dit que Dieu est le maître de la vie, qu'il peut la ravir à qui il lui plaît par la main des hommes ou les griffes des lions. Oui, Dieu nous a tous condamnés à mourir ; mais il a les maladies, les pestes, les bouleversements à son service, et il n'a que faire de la main des hommes. Il sait quand il veut faire servir leurs passions à ses desseins, mais il ne leur commande jamais le meurtre. Il a marqué Caïn au front pour que nul ne le tue. Il n'a jamais désigné un homme pour être son ministre de mort, son bourreau en titre. Fléaux de Dieu, Moïse, César, Attila, Napoléon et autres, vous en avez menti ; Dieu n'est pas descendu des cieux pour vous donner mission.

Et vous, Juifs, qui prétendez être les exterminateurs, les bourreaux, choisis par Dieu, où sont vos titres ? Ceux que vous présentez ne sont pas en règle. Qui êtes-vous ? N'êtes-vous pas corrompus

---

[1] Nom. chap. XXXI.

comme vos voisins, comme eux vous livrant à l'idolâtrie, aux superstitions, aux abominations? Vous êtes plus coupables qu'eux, si vous avez été désignés comme vous le dites. A quel signe les nations reconnaîtront-elles votre destinée? Aux victoires que Dieu vous donne? Mais lorsque vous êtes vaincus, pourquoi vous reconnaîtraient-elles? Non, vous n'avez reçu de mission que de votre convoitise et de votre barbarie. Moïse votre chef vous a trompés; il était un imposteur féroce, cruel, mettant au service d'une idée tous les moyens, lui sacrifiant tout, c'était un Danton, un Robespierre; mais au moins les admirateurs de ceux-ci n'en ont-ils jamais fait des ministres du Seigneur. Moïse est inexcusable lors même qu'il serait de bonne foi; il disait qu'il ne fallait pas écouter un prophète qui commanderait des choses mauvaises, quand bien même il ferait de grands miracles. Que Dieu vienne m'ordonner le massacre, le couteau sur la gorge, je le renierai, je le répudierai, je le blasphèmerai; c'est un faux Dieu que le Dieu du mal.

Deux mots en finissant sur Moïse. Le peu que nous avons montré de lui suffit pour prouver qu'il n'était pas inspiré de Dieu, qu'il n'était pas son ministre, son prophète; mais son nom n'en reste pas moins un des plus grands de l'histoire. Venu à une époque de civilisation encore barbare, il délivre son peuple de la servitude, le relève à ses propres yeux et lui donne une grande mission, celle d'établir envers et contre tous l'unité de Dieu; il dépose aussi en lui des idées morales et l'enveloppe dans un cerle d'ordonnances dont il ne pourra jamais se défaire. Il fonde un peuple pour l'éternité, son idée est grande et elle a triomphé. Maintenant, avait-il foi dans les moyens qu'il employait? S'était-il aveuglé le premier? ou bien, a-t-il profité de la crédulité de son peuple? Nous ne pouvons pas répondre à ces questions. S'étant assuré de la légitimité de son but, les moyens lui parurent légitimes; il put prendre les inspirations de son cœur, de son patriotisme pour des inspirations d'en haut. Dans le lointain des âges, il est difficile de lire dans le fond de sa pensée; à peine pourrait-on se prononcer sur Mahomet qui est presque de notre temps. Moïse et Mahomet ont fait de grandes choses, fondé une religion; mais tous les deux étaient de grands hommes, rien de plus.

Livres historiques.

Le Pentateuque, à vrai dire, est tout le Judaïsme, qui croule avec lui. Il n'est pas nécessaire de s'appesantir beaucoup sur les autres livres de la Bible.

Josué vient mettre la dernière main aux massacres que Moïse a commencés. Il brûle les villes et extermine peuples et rois; on souffre en lisant de pareilles horreurs. Dieu intervient pour faire reconnaître son autorité. Josué a son passage du Jourdain comme Moïse a celui de la mer Rouge ; mais l'un était bien amené, les Israélites étant placés entre une armée et la mer ; ici, rien de semblable, on était devant un fleuve guéable pendant presque toute l'année. Le premier miracle de Josué est la prise de Jéricho, dont les murs tombent au son des trompettes ; il commence là ses massacres, ne réservant que la plus coupable, la prostituée Rahab qui a trahi son peuple. Un malheureux a gardé quelque vêtement, quelque bijou, il est lapidé, sa famille et ses biens brûlés [1]. Le Dieu des armées est toujours avec son favori ; il l'assiste dans les combats ; il écrase ses ennemis sous des grêles de pierres, et il arrête le soleil et la lune pour donner le temps d'atteindre de malheureux fuyards. Le plus grand miracle, les cieux bouleversés, a lieu afin d'éclairer le massacre de quelque misérable horde arabe. On a cherché à prouver la possibilité de ce miracle, à l'expliquer, à justifier les expressions inexactes sur la marche du soleil, et on y a trouvé des sujets d'édification. Mais quelle autorité pourrait absoudre toutes ces horreurs, lors même que nous aurions un récit contemporain ? Et il est bien clair, par une foule de passages, qu'il n'a été rédigé que longtemps après les événements.

Lorsque les peuples sont exterminés, Josué se réjouit de ce que lui et ses compagnons habitent

---

[1] Josué, chap. VI et VII.

des villes qu'ils n'ont pas bâties, cueillent les fruits des arbres qu'ils n'ont pas plantés ; joie sinistre de féroces vainqueurs qui retentit longtemps des montagnes de la Judée aux plaines des Gaules, aux terres d'Amérique, jusqu'à ce que l'humanité épouvantée proscrive enfin cet horrible droit de conquête, et condamne les conquérants depuis les Attila jusqu'aux obscurs usurpateurs de la sueur des peuples.

Le terrible Josué vient de mourir, le zèle se refroidit ; quelques tribus au lieu de massacrer les habitants leur font grâce de la vie ; aussitôt l'ange du Seigneur leur fait de vifs reproches de leur ingratitude, de leur peu de soumission aux enseignements de Moïse et de Josué, et il leur annonce de grands malheurs en punition de leur clémence.

Tout le monde connaît la mort de la femme du lévite d'Éphraïm. On est avec les vengeurs de cet outrage ; mais la justice devient barbarie lorsque les onze tribus exterminent les femmes et les enfants. Et quel moyen de conserver une tribu d'Israël que d'aller chercher quatre cents vierges d'une ville qui ne s'est pas jointe aux Israélites et dont on a massacré les habitants ! On conseille aux Benjaminites qu'on a épargnés de compléter le nombre de leurs épouses en enlevant les filles qui danseront devant l'arche un jour de fête.

Il y a bien d'autres faits odieux. Cependant, inutile de s'y appesantir ; ils ne sont pas tous approuvés, ils peuvent être de simples récits, non des modèles à suivre. Ce qu'on ne peut passer sous silence, c'est l'action de Jaël[1]. Il y avait paix entre Haber son mari et le roi Jabin. La guerre éclate entre Jabin et les Israélites; Sisara son général est vaincu; il fuit, il passe devant la tente d'Haber, un allié, Jaël s'empresse de lui offrir l'hospitalité et le tue durant son sommeil. Cette action horrible est chantée par la prophétesse Débora qui s'écrie en son honneur: «Tu es bénie entre toutes les femmes!» En lisant ces paroles ainsi placées, j'eus honte de les avoir prononcées si souvent; toutes les fois que je les entends, elles me font mal.

La force de Samson, ses exploits, ses trois cents renards, la mâchoire d'âne avec laquelle il assomme tant d'ennemis, tout cela est miraculeux. Par qui sont faits ces miracles? Par un homme qui commence sa carrière en assassinant trente jeunes gens parce qu'il a perdu un pari et qui la continue en se livrant à toutes les courtisanes des Philistins. C'est édifiant! Est-il rien dans les fables anciennes qui soit plus extraordinaire que son histoire et celle des embarras où il se jette pour aller voir ces courtisanes? Cela ressemble aux contes dont on berce l'enfance.

L'arche est prise par les Philistins, et mise dans leur temple; elle renverse l'idole et cause des fléaux. Les Philistins la renvoient en lui consacrant des représentations ridicules; des vaches la

---

[1] Juges, chap. IV et V.

ramènent au milieu d'Israël, et pour sa bienvenue, elle tue dans un village cinquante mille Israélites curieux qui voulaient la regarder. Et voilà de la justice divine !

Les Rois.

En arrivant dans la Palestine, les Hébreux, sur l'ordre de Dieu et avec son assistance, massacrent les habitants du pays. Il ne devait pas rester un seul idolâtre pour les induire en tentation ; mais on voit renaître tous ces peuples vaincus ; c'est que Dieu a besoin de les conserver pour châtier les Israélites. Ils sortent de la servitude d'un peuple pour tomber dans celle d'un autre. Ils se révoltent ; ils n'ont pas une épée, leurs vainqueurs leur défendant même d'avoir des forgerons pour leurs charrues. Et immédiatement, on fait mention d'armées de quatre cent mille combattants ! Malgré ces révoltes, ces guerres, ils ne peuvent pas se rendre maîtres du pays. Sans doute que le peu d'ensemble dans les efforts en est la cause principale. Ils demandent un roi. Ce vœu se fait jour sous le gouvernement de Samuel qui s'y oppose de tout son pouvoir, mais qui finit par céder.

On a fait de ce personnage le représentant de la domination et de l'ambition du clergé de cette époque. On a eu tort. Sa conduite est toute simple, dictée par la constitution de la nation juive. Moïse avait fondé le gouvernement théocratique. Dieu était le roi, le prince, l'autorité; il était présent dans l'arche d'alliance, il parlait par ses prophètes. Les lévites n'étaient que des intermédiaires. Lorsque les Hébreux demandent un roi, c'est Dieu lui-même qu'ils détrônent; ils veulent changer le principe même de leur gouvernement. Ils sont révolutionnaires; il n'est pas étonnant qu'un prophète, un homme de Dieu, s'y oppose de tout son pouvoir et cherche à retenir le plus d'autorité possible pour son Dieu. Il est malheureux seulement que la mésintelligence éclate entre Samuel et Saül, à l'occasion d'un acte de clémence du roi[1]; le terrible prêtre exécute de ses propres mains l'anathème que Dieu avait prononcé contre le roi Agag.

Remarquez en passant que la naissance de Samuel a été accompagnée de circonstances merveilleuses, comme du reste celle de beaucoup d'autres personnages.

Nous sommes arrivés à David, la plus grande figure de l'histoire juive. Il est poète, guerrier, politique, symbole du Messie; c'est un autre fondateur de la nationalité d'Israël, son créateur matériel, comme Moïse a été son père spirituel. Il organise le royaume, l'affranchit de la dépendance

---

[1] I Rois, ch. XV, v. 32. «Et Samuel dit: Amenez-moi Agag, roi d'Amalec....» 33. «....Et Samuel le mit en pièces devant le Seigneur à Galgala.»

de ses voisins, et fait connaître le peuple de Dieu hors des limites de Chanaan. Il y a chez lui de la grandeur, de la constance, de la magnanimité. Son amitié avec Jonathas est touchante; il pleure la mort de ses ennemis, de Saül, et de son compétiteur au trône. Il respecte, et veut qu'on respecte la dignité royale. Il donne de la magnificence au culte, moins par la pompe des cérémonies que par l'éclat de ses hymnes, de ses psaumes, qu'il fait retentir à la louange du Seigneur. Il est grand par sa foi, sa soumission et par son humilité.

Cependant il y a bien des choses dans sa conduite qui rabaissent l'idée que nous nous étions formée de lui. L'adresse et la ruse sont ce qui domine en lui. La patience, les circonstances, des événements heureux, la mort de ses ennemis à laquelle peut-être il ne demeura pas étranger, dont toujours il sut profiter, le firent roi. L'habileté qui l'avait si bien servi pour s'élever ne lui fit pas défaut dans l'adversité; ainsi, lorsqu'il fuit devant son fils Absalon, il sait laisser auprès de lui des espions dont les conseils mauvais entraînent ce jeune prince à sa ruine. La gloire de David est effacée un peu par l'espèce d'empire que Joab exerce sur lui, ainsi que sans doute d'autres guerriers et d'autres ministres. On aperçoit que, sa jeunesse passée, il n'a pas fait beaucoup par lui-même. La dépendance où il s'était laissé aller l'entraîne dans de grandes fautes. Il ne fait pas punir les meurtres d'Abner et d'Amasa.

Au milieu de ses femmes et de ses concubines, il perd son autorité paternelle, et de grands désordres ont lieu dans sa famille. Un de ses fils viole sa sœur, et il laisse ce crime impuni. Un roi pouvait adoucir la peine infligée à un fils coupable; mais il ne le punit point, et cette injustice nourrit dans le cœur d'Absalon les désirs d'une vengeance criminelle.

Il a commis de plus grands crimes. On l'avoue; mais on veut les appeler des fautes heureuses, puisqu'elles nous ont valu ces poétiques regrets, ces expressions de repentir, de douleur, qui ont servi dans la suite des siècles à toutes les âmes coupables pour pleurer leurs crimes et dire leurs remords. Il a enlevé la femme d'Urie, il a fait tuer ce guerrier qui se battait pour sa gloire; mais il a versé des larmes amères, donc ne lui reprochons plus sa faute.

Dans la prospérité de son règne, il veut faire le dénombrement de son peuple. Cette mesure administrative déplaît à Dieu qui punit l'imprudence du roi par la mort de soixante mille Israélites. Cette circonstance est bien faite pour que nous doutions de la véracité de cette histoire, du moins de la part que l'on y attribue à Dieu.

Tout n'est pas là; remettons en peu de mots les faits sous les yeux.

Persécuté par Saül, injustement sans doute, David fuit; c'est naturel, mais il se met à la tête de tous ceux qui étaient perdus de dettes dans

Israël¹, et de tous ceux qui avaient le cœur plein d'amertume. Il se fait chef de brigands, veut sauver sa personne et en même temps se créer des partisans, des soutiens pour des jours meilleurs. Il vole, non pas sur les grands chemins, mais sur la montagne; il rançonne ceux qu'il ne pille pas. Un d'eux est récalcitrant, il se paie en lui prenant Abigaïl sa femme. Il simule la folie dans Gath², plus tard il est bien reçu avec sa troupe par le roi de ce même pays³. Il lui dit qu'il ravage les terres d'Israël; mais il s'en va au loin se jeter sur les alliés de celui qui lui a donné l'hospitalité, et, afin que sa mauvaise foi ne soit pas découverte, il a soin de massacrer jusqu'aux femmes et aux enfants, ne laissant nul témoin de ses brigandages. Atroce mélange d'astuce et de férocité qu'il portera sur le trône! Lorsqu'il a fait des prisonniers, il les mesure au cordeau⁴, les divise en deux parts, l'une qu'il destine « à la mort, et l'autre à la vie »; une autre fois, il ordonne de scier les vaincus, et, après que des chariots de fer sont passés sur eux, il les met en pièces et les jette dans le feu⁵.

J'avais lu le récit de ces actions, mais elles étaient rapportées par des incrédules, et je les

---

[1] I Rois, chap. XXII, v. 2.
[2] Id., chap. XXI.
[3] Id., chap. XXVII.
[4] II Rois, chap. VIII, v. 2.
[5] Id., chap. XII, v. 31.

soupçonnais de les avoir racontées avec mauvaise foi. J'ouvre une apologie chrétienne où l'on dit que tout cela est faux; je le crois. Aussi, quelle ne fut pas ma surprise, lorsque je trouvai dans la Bible ces faits racontés deux fois, dans les Rois et dans les Chroniques, et que je vis que toutes les traductions étaient unanimes.

Parmi les crimes de David mettons la mort des fils de Saül. Il a témoigné de la douleur à la mort de ce roi; mais il lui reste sept fils ou petits-fils d'une concubine, et il faut détruire la maison de Saül[1]. Les Gabaonites avaient eu à se plaindre de ce prince, et on leur livre sept de ses fils ou petits-fils pour être crucifiés. Cette conduite d'un profond politique à la mode de Louis XI n'était pas inspirée par Dieu, quoiqu'on prétende que Dieu, qui avait envoyé une famine pour punir l'ancienne faute de Saül, s'apaisa par le supplice des malheureux descendants de ce prince. Mais si David est cruel pendant sa vie, il le sera encore à sa mort. De son vivant, il n'avait pas osé punir Joab, et il avait fait le généreux envers Séméi; il confia à son fils le soin de sa vengeance secrète, et la mort de ses deux anciens amis. C'était dignement finir !

Ce prince sanguinaire aime les femmes, et dans sa vieillesse il lui faut une vierge pour le réchauffer. Il annonce bien son fils !

[1] II Rois, chap. XXI.

On veut nous faire croire que David était un roi selon le cœur de Dieu, un de ses saints, un de ses envoyés, une des figures de son fils bien aimé ! Sa cruauté, sa perfidie, sa luxure seront saintes parce qu'il aura dansé devant l'arche, qu'il aura rassemblé les matériaux du temple, qu'il aura composé des cantiques ! Non, cela ne suffit pas pour être digne d'avoir une mission divine, il faut la prouver en faisant du bien aux hommes.

Salomon a quelque chose de plus humain que son père, il n'est pas comme lui le fils de ses œuvres; mais il est plus fastueux, plus royal. Il n'est pas guerrier, mais il attire dans son royaume le commerce des contrées éloignées, ce qui lui donne de grandes richesses. Il étale un luxe oriental, sans doute exagéré par les récits des écrivains de ce pays de l'hyperbole; quoi qu'il en soit, c'est un prince d'Asie ayant un sérail immense. Ce roi est poète; ses œuvres sont plus variées et plus savantes que celles de son père, et il a entre tous les rois du monde une grande réputation de sagesse. Est-elle méritée ?

Ce prince si sage, à qui Dieu lui-même vient de donner la sagesse, à peine a-t-il achevé le temple du Seigneur et le lui a-t-il dédié, qu'il épouse des femmes étrangères et qu'il élève des temples à leurs dieux. Il faut reconnaître que Dieu n'avait pas bien choisi pour faire fructifier la sagesse. Sitôt après son avènement, Salomon saisit le premier prétexte que lui fournit Adonias son frère aîné, sur lequel il avait usurpé la couronne par l'adresse de sa mère, pour le faire mourir. Suivant le conseil de David, il ordonne de tuer à l'autel Joab, le bras droit de son père, dont il est bien aise de se débarrasser parce qu'il avait été le partisan d'Adonias. Il saisit avec empressement la violation apparente d'un serment pour faire payer à Séméï l'arriéré que la fausse clémence de David avait laissé impuni.[1]

Son amour des femmes n'est pas assouvi par sept cents femmes et trois cents concubines ! Et l'on veut que Dieu ait favorisé ces atrocités et ces débauches princières !

Les successeurs des deux premiers rois d'Israël dégénèrent rapidement ; ils ne rachètent pas même leurs vices par une certaine grandeur. A peine peut-on trouver deux ou trois princes qui méritent quelque intérêt par les efforts qu'ils font pour relever la nation. Les historiens de ces princes sont sévères pour leurs actions ; ils ont l'air d'être mieux instruits des événements que ne l'étaient les premiers auteurs de la Bible. Cependant ils tombent dans une exagération évidente lorsqu'ils nous parlent des innombrables armées qui se battent dans le petit pays d'Israël. Ces immenses hécatombes humaines ne sont historiquement acceptables que lorsque un monde se précipite sur l'autre, les Barbares sur la Grèce, l'Asie sur l'Europe. Mais il est impos-

---

[1] III Rois, chap. II.

sible que dans un petit royaume il y ait des armées de deux cent, de quatre cent mille hommes; il est impossible aussi que l'ange exterminateur tue des centaines de milliers de soldats qui s'entre-tuent eux-mêmes.

Nous ne pouvons pas ajouter plus de foi à ces histoires, lorsque nous voyons Dieu venir à tout moment dire à son peuple qu'il sera vainqueur s'il observe ses commandements, qu'il sera vaincu s'il consent à l'iniquité et s'il abandonne son culte. Les prophètes ne manquent pas non plus de le rappeler à sa mission dans toutes les circonstances, et néanmoins il s'obstine à se faire battre, écraser, par ses ennemis; ce serait de la folie à lui, si, ayant été averti par tant de miracles, il fût resté sourd à toutes les menaces et à tous les châtiments.

Si les Hébreux à cette époque suivaient si peu la loi de Moïse, c'est qu'elle était tombée dans un profond oubli. Ne voyons-nous pas Helcias trouver par hasard le livre de la loi dans un coin du temple? Ce n'est pas à dire pour cela qu'il l'eût inventée, mais ce fait prouve combien elle était peu connue. L'étonnement que manifeste le peuple à sa lecture le démontre. Si ce livre avait été connu, s'il y en avait eu des copies, on n'aurait pas été si surpris de le retrouver. Le livre ainsi découvert était donc l'original de la loi. On voit combien il était facile d'y toucher, d'y changer, combien peu la loi elle-même avait de certitude. Elle consistait sans doute en traditions; et quant aux livres qui contenaient les annales d'Israël, ils étaient dans le temple à la disposition des lévites, qui pouvaient les arranger, leur donner l'esprit, les tendances qu'on voulait, jusqu'à ce qu'ils eussent une date certaine par la connaissance que pouvaient en avoir acquise les Juifs et les païens.

Sous l'injonction incessante de Dieu qui promet le bonheur au peuple fidèle, plusieurs princes détruisent l'idolâtrie, et ramènent leurs sujets aux pieds de Jéhova. Ils méritent ainsi de voir l'accomplissement des promesses, et cependant, ils ne sont pas plus heureux que les rois méchants. Leur ardeur à servir Dieu ne leur fait pas obtenir grâce devant lui; ils sont entraînés dans la ruine commune d'Israël et de Juda par la raison tout humaine que les Hébreux sont pressés entre deux nations puissantes, les Égyptiens et les Assyriens, et qu'ils ne peuvent respirer que lorsque la guerre éloigne ces peuples de leurs frontières.

Parmi tous ces rois, celui qui semble le plus favorisé, c'est Jéhu. De simple capitaine il devient roi. Il a pour mission d'exterminer la famille royale; il exécute cette sentence avec autant de cruauté que de ruse, et quoiqu'il soit l'exécuteur divin, il n'en est pas plus fidèle à la loi de Dieu. Cependant tout semble lui réussir; c'est un des plus grands rois israélites de cette époque.

Épisodes de l'histoire juive.

Vers le temps de la captivité, nous trouvons trois histoires que nous ne pouvons laisser sans observations.

Dans Tobie, on voit comme un avant-goût de la douceur et de la charité chrétiennes. Le vieux Tobie se dévoue à ses frères avec toute l'abnégation de la loi nouvelle; mais nous ne pouvons admettre ce qui nous est raconté de la femme du jeune Tobie et de ses sept maris, du démon qui la possède et qui les tue, de la fumée du foie de poisson qui les chasse, et de l'ange qui prend ce démon et va l'enchaîner dans le désert. Que cela soit raconté comme une allégorie, comme un symbole de la pureté entre époux, à la bonne heure; mais que ce merveilleux soit vrai, authentique, voilà ce qui n'est pas.

On ne sait trop où placer l'histoire de Judith; mais acceptons-la comme une leçon. Dieu peut-il l'avoir inspirée? Non certainement. Ne cherchons pas les détails, les circonstances plus ou moins vraisemblables, jugeons. Judith, dans son intention de délivrer Israël par un meurtre, est approuvée par le livre saint, pas le moindre doute à cet égard; cependant, nous ne pouvons pas ne pas reconnaître que l'action de Judith est contraire aux lois de la justice. Il n'est pas permis d'assassiner, pour arriver à un plus grand bien, le succès ne saurait justifier les moyens. Lorsque l'intérêt est mis de côté, que l'on n'est entraîné que par l'idée, lorsqu'il s'agit des grandes choses de la religion, de la politique, de la nationalité, les actions des Scévola, des Brutus, des Ravaillac, des Charlotte Corday, des Orsini, troublent la pensée humaine, et sont déclarées grandes, généreuses, épouvantables, abominables, suivant les sentiments qui nous animent et les idées qui nous inspirent.

Mais si Judith nous plonge dans la perplexité, il ne peut y avoir qu'une voix à l'égard d'Esther. D'après notre poète Racine, nous nous étions imaginé une jeune vierge, timide, opprimée, sauvant le peuple par son dévouement et représentant un type de douceur et de pureté. Que la figure que nous avons vue dans la Bible réalise peu notre pensée !

La reine est répudiée pour n'avoir pas voulu se montrer à de grands personnages ivres. Le roi veut se choisir une nouvelle reine. Nous pensions voir réunies les jeunes filles du royaume pour disputer la couronne par leur grâce, leur beauté et leur pudeur. C'était poétique de voir une bergère devenir reine, ou du moins une simple et humble juive l'emporter sur d'altières princesses. Mais ce n'est pas ainsi que les choses se passent; ce n'est pas un choix moral; c'est d'un choix physique qu'il s'agit. C'est une prise à l'essai, la chose la plus effroyable à nos yeux qu'on puisse imaginer. Cette douce et pudique personne, après avoir sauvé son peuple ne se contente pas d'avoir fait le bien, il faut qu'elle se venge, il faut qu'Aman soit pendu ainsi que ses fils; il faut de plus que ses partisans soient exterminés. Un jour de vengeance ne suffisant pas, la bonne reine vient demander à son doux époux de laisser continuer le massacre encore un jour. Soixante-dix mille hommes périssent ainsi dans l'empire. Ce bel exploit est consacré par la religion, et une fête en son honneur est instituée dans tout Israël. Et l'on a pu croire que Dieu a ordonné de telles horreurs! Dans quel but tous ces meurtres? Il n'y avait plus à s'emparer de la terre sainte.

Peut-on croire qu'un roi soit assez benêt pour autoriser le massacre de ses sujets, et pour faire afficher le jour, où il aura lieu, afin que les victimes soient prêtes à tendre le cou au moment donné? Admirez la magnanimité des Juifs, ils n'ont pas pillé ceux qu'ils ont assassinés! Tissu d'absurdités et d'atrocités que tout cela!

Retour de la captivité.

Israël est emmené en captivité; le pays est repeuplé par divers peuples que le vainqueur y transplante et que des lévites instruisent tant bien que mal dans la religion de Moïse. Juda succombe à son tour. Il ne paraît pas que des étrangers viennent remplacer les transportés ; le fond du peuple demeure.

Lorsque les Perses donnèrent la permission aux Juifs de revenir en Judée, une partie revint à différentes époques et sous divers chefs. C'était les tribus de Juda, de Benjamin, de Lévi ; mais qu'étaient devenues les autres tribus ? On ne sait. Il est vraisemblable qu'une partie de ces débris, ceux surtout qui n'avaient pas suivi de cœur l'apostasie d'Israël, revinrent pêle-mêle ; ainsi, ceux qui étaient comme Tobie devaient chercher à revenir à la cité sainte.

Il y avait lutte entre Israël et Juda, enfants d'un même père ; maintenant, que, d'un côté, il y a les Juifs revenus avec l'ardeur des néophytes, et que, de l'autre, se trouve le mélange d'une population mi-juive, mi-païenne, la lutte sera encore plus vive, la séparation plus marquée. Les Juifs fervents, exaltés, ceux qui sont revenus de l'exil par attachement à leur foi, rebâtissent le temple, relèvent les murailles, rétablissent le culte, rapportent les livres conservés, modifiés, augmentés dans l'exil. Dorénavant ils seront fidèles à leur Dieu et ne tomberont plus dans les désordres qui les ont rendus malheureux. Il semblerait dès lors que Dieu fidèle à ses promesses va les rétablir dans toutes leurs splendeurs ; et cependant, il n'en est rien. On veut voir l'accomplissement de ce qui leur a été promis dans la tranquillité qu'ils éprouvent, et dans la fin des guerres désastreuses; mais pour être revenus de la captivité, ils n'en forment pas plus pour cela une nation indépendante. Nous assistons aux querelles, aux dissensions de deux peuples, ou plutôt de deux partis qui sollicitent tour à tour l'appui des vainqueurs de l'Orient, grecs ou romains.

Pendant quelques instants paraissent avec éclat les Macchabées, qui donnent une indépendance assez précaire à la Palestine; mais cette nationalité a bientôt expiré sous les rois étrangers imposés par les Romains.

L'histoire des Macchabées semble d'abord humaine; mais dans le dernier livre le merveilleux reparaît; le caractère légendaire se montre de nouveau. L'auteur rapporte les faits déjà connus en y introduisant les miracles et l'extraordinaire: ainsi, Héliodore[1] est frappé par un cheval et par les anges; une armée invisible combat avec Juda; des guerriers s'entre-choquant dans les airs annoncent des guerres prochaines. Le second livre des Macchabées rapporte que le feu sacré et l'arche ont été cachés par Jérémie; il dit, que les eaux du puits où l'on a jeté le feu sacré ont été trouvées épaisses et qu'elles ont rallumé le feu.[2] La mort d'Antiochus qui avait été racontée d'une manière simple, est reprise pour en faire un morceau d'élo-

---

[1] II Macchabées, chap. III.
[2] Id., chap. I et II.

quence; mais le malheur est qu'un auteur le fait mourir près d'un temple d'Asie, tandis que, d'après l'autre, il meurt en allant détruire Jérusalem.

Des Psaumes.

Le style des Psaumes est grandiose, plein de figures hardies, souvent sublime, parfois incohérent et monotone. Ils roulent sur un petit nombre d'idées.

Il faut craindre Dieu, observer ses commandements. Je suis juste, s'écrie le Psalmiste, ou, si j'ai péché, j'ai fait pénitence, donc je dois être heureux, ô mon Dieu! Cependant, je suis persécuté par des impies; vous me délivrerez d'eux, leur règne sera court, et les biens de la terre doivent être aux justes.

Il y est peut-être fait allusion parfois à une autre vie, où le juste sera récompensé et le méchant puni; mais cela est extrêmement vague; on dirait une résurrection du juste sur la terre, et l'anéantissement de l'impie; il n'y a pas là l'enseignement ferme, précis, des peines et des récompenses contenues dans la loi nouvelle.

Le poète semble aussi attendre un Messie, un royaume spirituel; d'autres fois, il est plus vraisemblable qu'il espère voir toutes les nations rendre un hommage terrestre à son Dieu. Cette espérance ayant été déçue, on a pu tourner ces textes sans trop d'efforts vers une interprétation mystique qui annonçait le développement du christianisme.

Tout cela pourrait être si, malheureusement, la haine qui s'affiche contre la prospérité de l'ennemi, et la joie féroce qui éclate à la vue de son adversité, ne montrait que toute cette poésie furieuse part d'un cœur vindicatif, non inspiré d'en haut. Ce n'est pas Dieu qui aurait fait dire au juste, par prophétie ou souhait, que, lui juste, il aura le plaisir de laver ses mains dans le sang de l'impie, et qu'un jour il prendra les enfants de Babylone et sera heureux de les écraser contre la pierre [1].

Ouvrages didactiques.

Le sage de Salomon nous explique ce qu'est la sagesse ; c'est l'esprit de Dieu, c'est la divinité qui est dans l'homme, c'est Dieu qui souffle sur lui et sur l'impie. Il y a aussi une autre sagesse, reflet de celle-ci, qui sert à l'homme dans le commerce de la vie ; elle est renfermée surtout dans l'Ecclésiaste ; elle n'a pas toujours dicté de bonnes choses ; la morale en est étroite, un peu égoïste ; elle laisse l'esclave à sa servitude et met la femme à une place humble, subordonnée ; elle

---

[1] Ps. CXXXVII, v. 9 et suivants.

loue la femme forte, mais c'est seulement la bonne ménagère, c'est Marthe de Jésus et non pas Marie; la femme est sous la main de l'homme et sa situation a quelque chose d'inférieur et de dégradé.

On souffre en voyant au milieu de maximes sages, exprimées avec énergie, précision, souvent avec un rare bonheur, des traits comme ceux-ci : Fais du bien à ton ennemi afin d'attirer sur lui la colère de Dieu[1]; le juste a joui d'une prospérité parfaite lorsqu'après avoir vécu dans l'abondance et le bonheur, il a vu le malheur de ses ennemis.

Dans les ouvrages didactiques, encore mieux que dans les Psaumes, apparaît enfin l'idée d'une autre vie; les termes, les idées, les allusions y conduisent. C'est loin d'être la donnée chrétienne si absolue; mais il y a tendance à montrer que tout n'est pas fini ici-bas. Malgré cela paraît dans l'Ecclésiaste un scepticisme douloureux qui n'est pas sûr de la différence qu'il y aura à la mort entre l'homme et la bête, entre le juste et l'injuste, et qui ne voit pas clair dans la vanité des choses humaines. Il y a bien un mot d'édification jeté à la fin, mais cela ne suffit pas à cacher l'amertume de la voix du vieux Salomon, dégoûté de la science, du luxe, qui a épuisé toutes les voluptés et qui ne peut se rappeler les accents amoureux du jeune homme du Cantique des cantiques.

[1] Prov. XXV, v. 21 et 22.

Du Cantique des cantiques.

Pour innocenter cette poésie, on y a cherché l'allégorie de l union mystique de Jésus-Christ et de son Église. Il faut avoir une rare intrépidité d'interprétation pour trouver de la chasteté, du mysticisme dans ces images voluptueuses, souvent peu décentes, pleines de détails que l'antiquité et les langues savantes peuvent seules supporter. Encore si c'était un chant nuptial ! Il ne s'agit pas de l'époux et de l'épouse, mais d'une amoureuse qui veut introduire son amant dans la chambre de sa mère, qui l'attend le soir, qui le perd le matin et qui va le chercher la nuit par les carrefours.

Nous avons déjà dit que ces images et ces expressions, en montrant à découvert ce que toute nation, même barbare, couvrait d'un voile, étaient inexcusables. Ce n'est pas ici la nudité artistique ou primitive, mais il y a encore des choses plus mauvaises. Ces comparaisons, ces invectives, par lesquelles les prophètes cherchent à réveiller l'attention du peuple juif, à lui faire honte d'être aux yeux de Dieu aussi méprisable qu'une femme souillée, ne pourraient passer qu'avec des ménagements infinis de style. Dans les livres saints, les invectives se montrent avec les images les plus cyniques, les plus violentes ; elles sont telles que nos écrivains modernes les plus dévergondés ne sauraient, n'oseraient y atteindre.

Il y a pis encore; on calomnie la femme, on lui enlève sa dignité, on lui attribue une impudeur, des passions que quelques-unes peuvent avoir, qu'un poète peut fustiger dans une Messaline, mais dont tout le sexe ne saurait être responsable.

Prophéties.

L'ensemble et les détails des livres juifs ne nous ont guère satisfaits; cependant l'esprit prophétique répandu partout pourrait relever leur autorité s'il avait dévoilé l'avenir aux hommes.

Les prophètes sont des personnages à part dans l'histoire sainte. Ils sont du peuple, ne sont ni magistrats ni prêtres, ne sont nommés, choisis par personne; ils se donnent leur mission à eux-mêmes et prétendent la tenir de Dieu. Ils sont isolés, vont partout, et cependant forment une école où il y a maîtres et disciples. Ils enseignent les rois et les peuples. Ils sont victimes de leur audace ou de leur courage; parfois ils sont heureux auprès des grands. Ils rappellent les hommes à Dieu, et pour preuve qu'ils parlent en son nom, ils annoncent l'avenir que lui seul peut révéler. Ce qu'ils prédisent n'est pas seulement ce qui va arriver dans un moment rapproché; mais leur vue s'étend plus loin, elle va jusqu'au temps les plus éloignés, jusqu'au Messie ; ils lient ainsi l'ancienne loi à la nouvelle, la Bible juive à l'Évangile. L'homme vient de pécher ; aussitôt, Dieu lui promet un rédempteur. Cette promesse est renouvelée aux patriarches et aux rois en maintes occasions. Lorsque l'arrivée du Sauveur approche, les prédications deviennent plus précises ; ce n'est plus une bénédiction de toutes les nations, c'est le rédempteur du monde qui s'annonce, non plus sous des figures, des images, mais en termes précis. Il doit naître d'une vierge dans la ville de Bethléem ; on dit son air, son maintien, son caractère, tous les incidents de sa mission, de sa passion, de son triomphe, de sa résurrection, de la dispersion des Juifs et de la conversion de l'univers. Puis pour rendre ces témoignages plus importants, les prophètes entremêlent leurs prophéties du Messie de prophéties particulières que les Juifs voient s'accomplir successivement. Quelle plus imposante autorité ? Comment ne pas se rendre à l'évidence ?

Lorsque nous examinerons la vie de Jésus, sa mission ayant été prédite aura bien plus d'autorité que si elle ne se soutenait que par ses seuls miracles. Les prophéties confirment la venue du Messie qui les réalisera ; les miracles du Sauveur réagiront sur les prophéties en leur donnant toute leur autorité, et par conséquent corroboreront ce qu'il y a de vacillant et d'incertain dans la Bible.

C'est là le beau côté et l'usage que l'on entend faire des prédictions contenues dans la Bible. Nous avons déjà examiné la plupart de celles qui sont contenues dans le Pentateuque; nous ne les avons pas trouvées très concluantes, certaines n'ont été rien moins qu'accomplies. Passons à l'examen de tout ce qui est particulièrement relatif au Messie, mais auparavant, il est bon de se faire une idée vraie de ce qu'étaient les prophètes.

Au milieu du peuple juif, à toutes les époques de son histoire, même avant Moïse, il existe des hommes, vivant en dehors de leurs frères, soit dispersés dans le désert, soit réunis dans une même école, s'exaltant par leur propre contemplation ou par imitation. Ils n'ont pas une manière ordinaire de vivre, de s'habiller; ils puisent dans la retraite et l'étude quelque chose de grand, de rude et de sauvage. Ils se pénètrent de l'esprit divin, exaltent leur enthousiasme religieux, et viennent, orateurs et tribuns, dicter la paix et la guerre, reprocher aux rois et aux peuples leurs vices et leurs crimes. Ils accomplissaient ainsi, la partie du ministère sacré que les lévites négligeaient ou qui ne leur avait pas été confiée, c'est-à-dire la prédication et l'enseignement. Cette coutume extraordinaire se perpétuant dans Israël, donne à ce peuple une physionomie particulière; ses prophètes sont pour lui ce qu'étaient les orateurs d'Athènes et de Rome, les députés des Francs, les chambres d'Angleterre et les journalistes de nos jours. Les prophètes sont tous, à leurs risques et périls, les représentants de la justice et de la vérité; c'est là le beau côté de cette institution, mais il y en a un autre.

Toutes les nations anciennes ont leurs devins, leurs voyants, leurs sorciers, qui révèlent aux populations inquiètes et curieuses le passé et l'avenir. C'est là le principe où les prophètes ont puisé leur autorité; ils en abusent bientôt, font des extravagances pour plaire au peuple et le toucher par l'extraordinaire; ils ont des extases, vont par troupes, faisant des folies, se mettant nus, et communiquant à ceux qui les rencontrent une espèce de fureur prophétique; ce sont des bacchanales spirituelles où ils s'enivrent de leurs visions.

Ils deviennent aussi les favoris de leurs princes; ils prédisent pour ceux qui les emploient. Dans toutes les circonstances un peu graves, il y a des prophètes pour tous les goûts. S'agit-il d'entreprendre une guerre, de faire une alliance, il y en a pour la victoire et pour la défaite. Presque pas de prophéties où l'on ne s'indigne contre les faux prophètes. Les Juifs devaient être bien en peine de savoir auquel entendre. L'évènement seul pouvait décider: un des deux ne se trompera pas; mais en attendant comment discerner les vrais prophètes? A des signes, à des miracles? Moïse a dit qu'il ne fallait pas s'y fier; à leur doctrine? mais chacun présente la sienne comme la meilleure.

Nous n'avons pas de détails sur la plupart d'entre

eux ; ils apparaissent à un moment donné pour dire une parole et rentrent dans leur obscurité. Cependant nous pouvons les juger par trois des plus grands dont nous avons une histoire complète et suivie.

Daniel vit au milieu des miracles pendant tous les règnes de la captivité, depuis Nabuchodonosor jusqu'à Cyrus. C'est un grand personnage parmi les Assyriens et les Perses ; il a dû avoir beaucoup d'influence sur ses concitoyens. Nous avons peine à croire à tous les détails qui nous sont racontés sur lui ; mais enfin ils n'ont rien qui contrarie les idées morales.

Élie et Élisée font beaucoup de miracles ; ils multiplient du pain et de la farine ; ils sont nourris par des corbeaux ; ils ouvrent et ferment à leur gré les cieux ; la pluie attend leurs ordres ; ils passent le Jourdain à pied sec ; enfin Élie est enlevé au ciel dans un char. Il est difficile de nier ou d'affirmer ces événements, qui n'ont eu que peu de témoins, qui se sont passés dans des temps reculés, et qui ont été racontés et rédigés, dans les loisirs du sanctuaire, par des lévites amis du merveilleux. Il y a cependant des fait publics : ainsi le supplice des quatre cent cinquante prophètes de Baal [1]. Le miracle qui en fut cause eut lieu devant le peuple et put être constaté ; mais cela paraît invraisemblable. Si le feu du ciel était tombé à la

---

[1] III Rois, chap. XVIII.

voix d'Élie, comment la reine Jézabel aurait-elle pu regretter ses prophètes? Après ce prodige Élie fuit. Le roi Ochozias est tombé malade et il veut le consulter[1]; il l'envoie chercher par des soldats qui sont consumés par le feu du ciel à deux reprises différentes. Après cela, d'autres soldats étant plus polis, Élie vient de son bon gré. Le roi ne semblait donc pas si criminel de vouloir le faire venir; mais il faut savoir prendre son temps pour consulter l'homme de Dieu. Cependant pourquoi exterminer ces pauvres soldats, ces instruments innocents?

Élisée fait dévorer par des ours des enfants qui l'ont appelé tête chauve.[2] Ces actions ne sont-elles pas épouvantables? Faut-il les croire, sans savoir à bon escient comment elles nous sont contées?

Dates des prophéties.

Nous savons que ce n'est que du jour où les livres saints furent répandus et traduits, que l'on put s'assurer qu'ils n'avaient pas été retouchés. La plupart des prophéties ont eu cours quelque temps avant la captivité et pendant sa durée. Jérusalem était détruite, le temple brûlé; il est difficile de

---

[1] IV Rois, chap. Ier.
[2] IV Rois, chap. II, v. 23 et 24.

s'imaginer qu'on ait pu aisément conserver les manuscrits. Qui nous répond que les possesseurs n'ont pas cherché à arranger, à conformer ces ouvrages aux circonstances? Sans être savant, à la simple lecture, on s'en aperçoit facilement. Je n'en donnerai qu'un exemple: Isaïe et Jérémie, à peu près au temps de Nabuchodonosor, nous parlent de la ville d'Alexandrie comme existant à cette époque. C'est une inadvertance qui aura été faite sans doute par quelque Juif d'Alexandrie; mais cela prouve que les prophéties d'Isaïe et de Jérémie ont été retouchées par un écrivain postérieur.

Leur Inspiration.

Les prophètes sont toujours à reprocher aux nations voisines leur idolâtrie: c'est bien; mais, ces peuples pensaient-ils, comme on le prétend, que les statues étaient les dieux eux-mêmes? C'est possible pour quelques individus ignorants; ce que nous savons des anciens suffit pour démontrer qu'il n'en était pas ainsi pour tous. Les plus stupides pouvaient tomber dans cette erreur grossière; mais on savait que la statue représentait le dieu et n'était pas dieu. Les prophètes croyaient leurs voisins trop barbares. Ils devaient se contenter de dire que leur Dieu était le seul vrai, et que tous les autres n'existaient pas.

Que penser des prophéties conditionnelles ? Prenons celle de Jonas, sans nous inquiéter de l'étrangeté de ce personnage et de sa baleine. Il dit aux Ninivites, que leur ville sera détruite dans quarante jours. Ils se convertissent et leur ville n'est pas détruite. Dieu ne savait donc pas ce que feraient les Ninivites? S'il ne connaissait pas l'avenir, il n'y avait pas de prophétie possible. Autrement il se serait donc amusé à effrayer les Ninivites par l'annonce d'un événement qui ne devait pas se réaliser ?

Fidèles à l'esprit biblique, les prophètes nous peignent Dieu courroucé, se réjouissant de punir et de châtier; c'est poétique, mais c'est faux. Ils chantent le bonheur des Juifs en voyant le malheur de leurs ennemis; cela est dans le cœur humain, mais n'en est pas plus édifiant. Dieu n'a pas inspiré ces cris de colère et de vengeance.

Nous avons entrevu dans la Bible quelques lueurs annonçant l'immortalité; il y en a moins dans les prophéties que partout ailleurs. Elles sont plus obscures, moins frappantes. Les prophètes sont préoccupés des choses de ce monde, leur inspiration est toute terrestre; ils ne voient pas dans le ciel; ils ne sont pas aux pieds du trône de Jéhova avec les anges et les saints.

Ils ont des idées de morale et de justice toutes contradictoires. Moïse prophète, homme inspiré s'il en fut, dit que le crime du père est puni sur le fils jusqu'à la quatrième génération, et la vertu récompensée jusqu'à la millième. Ezéchiel vient dire que chacun est fils de ses œuvres et n'est pas responsable de celles de son père ; ce qui détruit complètement le dogme du péché originel.

Inutile d'insister sur toutes les comparaisons prises des femmes débauchées, qui reviennent si souvent, et sur les exemples que Dieu semble proposer dans ce genre [1].

Ces considérations sur la personne des prophètes et sur l'esprit de leurs prophéties, nous tiendront en garde sur ce que nous allons examiner.

Prophéties sur Jésus-Christ.

Dans tout ce qui a été écrit avant la décadence et la captivité des Juifs, nous ne voyons pas l'idée d'un Messie ou d'un Sauveur. L'ensemble nous montre une promesse de prospérité d'un grand peuple, gouverné par un grand roi, dont la domination se répandra sur toutes les nations. L'idée du Messie rédempteur n'arrive qu'après les jours de souffrance ; alors elle éclate de toutes parts.

Le peuple est malheureux ; les prophètes gémissent sur la patrie et rêvent un meilleur avenir. Israël a péché ; voilà la cause de sa ruine ; mais il

---

[1] Comp. Osée I et III.

se repentira et Dieu le délivrera. Toute âme juive aspire à cet heureux jour et y croit de toute la force de ses désirs. Par quel moyen Israël verra-t-il s'accomplir ces promesses?

Il y a trois moyens pour arriver à ce but. Un roi, un prince, un descendant de David, un guerrier s'élèvera qui délivrera Israël du joug et vaincra ses ennemis. D'autres fois, un juste viendra expier les péchés du peuple qui obtiendra ainsi miséricorde. Mais ces deux formes de salut ne sont pour ainsi dire que passagères, accessoires. Dans toutes les prophéties, à chaque page, à chaque ligne, revient l'idée que Dieu sauvera Israël par lui-même ; les figures de Messie et de Christ disparaissent. Il prend en main la cause de son peuple; il rétablit Jérusalem, y conduit toutes les nations de la terre sous la suprématie des Juifs, et les nations viennent adorer un seul Dieu dans le seul temple de Jérusalem.

Prenons l'une après l'autre les principales prophéties que l'on a appliquées au Messie.

1re. « La postérité de la femme écrasera la tête du serpent. » On a voulu voir là qu'elle tuerait le démon par Jésus-Christ. Cette allégorie et son interprétation viennent de loin [1].

2e. « Toutes les nations de la terre seront bénies en ton nom », dit le Seigneur à Abraham. Cette promesse ne s'est pas accomplie sous le rapport

---

[1] Genèse, ch. III, v. 15.

temporel; il s'agirait de voir ce qu'on doit penser de son sens mystique [1].

3°. « Le sceptre ne sortira pas de Juda.... jusqu'à ce que vienne.... le désiré des nations » [2].

Cette prophétie n'est pas répétée dans un endroit qui ressemble à celui-ci, dans le discours de Moïse au moment de sa mort. Juda est mis ici au-dessus de ses frères; cependant Joseph est appelé leur prince dans les Paralipomènes. D'un autre côté, certains prétendent que l'expression hébraïque, « le désiré des nations », ne désigne pas le Messie. Quoi qu'il en soit, le sceptre a échappé à Juda et à sa postérité longtemps avant Jésus-Christ. La race royale a perdu le pouvoir lors de la captivité [3]. La tribu de Juda tout entière l'a perdu également; elle n'a plus donné de chefs aux Juifs qui ont été gouvernés par des pontifes, par des grands prêtres. Ce serait plutôt la tribu de Lévi qui aurait régné. Si l'on veut trouver le sens de la prophétie dans la force, l'ensemble du gouvernement, le sanhédrin, il est encore clair que la tribu de Juda n'a pas une prépondérance incontestable. La nation prend son nom de Juda; mais elle est composée de trois tribus, car il faut y ajouter Benjamin et Lévi, et

---

[1] Genèse, ch. XIII, v. 15. — ch. XVIII, v. 18. — ch. XXII, v. 18. — ch. XXVIII, v. 14. — ch. XXVI, v. 4.

[2] Genèse, ch. XLIX, v. 10. Malgré cette prospérité promise à Juda, ses enfants ne purent exterminer les Jébuzéens. Josué, ch. XV, v. 63. — I Paral. ch. V, v. 2.

[3] I Esdras, ch. IX, v. 36 et 37.

sans doute aussi un grand nombre d'Israélites fidèles. D'ailleurs, les Juifs ne jouissaient pas plus de l'indépendance sous les rois d'Égypte et de Syrie que sous les Grecs et les Romains. Ils étaient un peuple tributaire à qui l'on donnait ses gouverneurs, ses grands pontifes, et qui n'eut un moment d'indépendance que sous les Macchabées.

4°. Dieu enverra un prophète semblable à Moïse[1]. Cette prédiction est bonne pour les Juifs que Dieu avertit d'attendre un nouveau législateur ; mais elle est de peu d'importance pour les chrétiens. Elle annonce un prophète, mais ne désigne pas lequel ; elle promet un homme, mais non pas un Dieu.

5°. « Une étoile sortira de Jacob, et un sceptre s'élèvera d'Israël, » dit Balaam, espèce de devin étranger au peuple Juif. Ces mots « étoile et sceptre » peuvent donner à entendre quelque chose d'extraordinaire ; mais ils sont sans aucune précision à l'égard du Messie, tandis que, plus loin, ce sceptre servira à frapper les chefs de Moab.[2]

6°. Dieu promet à Héli, par un de ses envoyés, qu'il suscitera « un prêtre fidèle »[3]. Il désigne ainsi Samuel au lieu du Christ qu'on a voulu y voir.

7°. Nathan, au nom de Dieu, dit à David, parlant de Salomon : « Je serai son père et il sera mon

---

[1] Deut. ch. XVIII, v. 15.
[2] Nomb. ch. XXIV, v. 17.
[3] I Rois, ch. II, v. 35.

fils ;... s'il fait le mal, je le châtierai avec la verge..... mais je ne retirerai point ma miséricorde de lui, ainsi que je l'ai retirée de Saül[1],...»

La première partie de la prophétie pourrait convenir au Messie, mais l'ensemble ne désigne et ne peut désigner que Salomon.

8e. Le Psaume II, exagérant ce que Dieu doit faire pour David et Salomon, dit : «Tu es mon fils, ...je te donnerai les nations pour héritage, et la terre pour empire. Tu les briseras avec un sceptre de fer, tu les réduiras en poussière comme un vase d'argile.» Si l'on parlait du Christ, on ne dirait pas qu'il brisera les nations avec le fer[2].

9e. Ézéchiel voit un troupeau qui n'a qu'un pasteur[3]. Au simple comme au figuré, cela s'adresse au peuple d'Israël rétabli sous un seul roi. Cette interprétation est plus naturelle que le sens mystique d'une église sous un seul pasteur.

10e. On a souvent cité les 70 semaines de Daniel. Il est assez arbitraire d'entendre par semaines des semaines d'années plutôt que des semaines de jours; mais traduisons les passages de cette prédiction comme s'il s'agissait d'années : voici ce qu'elle va nous dire. Depuis la fin de la captivité jusqu'au Christ-roi, il doit y avoir 490 ans ; mais les temps sont abrégés de sept ans, ce sera donc dans 483

---

[1] II Rois, ch. VII, v. 12, 13, 14, 15 et 16.
[2] Psaumes II, v. 7, 8 et 9.
[3] Ezéchiel, ch. XXXVII, v. 22 et suivants.

ans. Le Christ sera mis à mort et le temple détruit dans 424 ans ; il se fera des prosélytes pendant sept ans, et dans trois ans et demi aura lieu «l'abomination de la désolation» et l'abolition du sacrifice[1]. Maintenant, comprenez, et conciliez cela avec les 538 ans que l'histoire compte entre la fin de la Captivité et la naissance de Jésus-Christ.

11º. Dans Michée on lit : «De toi, Bethléem, sortira celui qui dominera sur Israël.» C'est bien précis. Il ajoute : « Au temps où celle qui doit enfanter enfantera, un reste » d'exilés reviendra auprès des enfants d'Israël. Il s'agit ici des captifs déportés par le vainqueur assyrien. Le roi qui doit venir délivrera Israël de l'Assyrien[2]. Comment séparer la mission du Messie de la mission terrestre de ce roi prédit ? Ce serait possible, s'il y avait eu un roi qui eût rempli cette tâche et qui eût été une figure du Christ, comme David ; mais, dans Michée, il faut que ce soit le Messie lui-même qui délivre Israël de l'Assyrien, ce qui n'est jamais arrivé.

12º. Aggée excite le peuple à la reconstruction du temple, en disant qu'il sera plus beau que l'ancien, parce qu'il verra « le désiré de toutes les nations ». Malheureusement ce temple n'existait plus du temps du Christ ; à cette époque, il n'y avait que le temple reconstruit par Hérode[3].

---

[1] Daniel, ch. IX, v. 24 et suivants.
[2] Michée, ch. V, v. 2, 3, 4, 5 et 6.
[3] Aggée, ch. II, v. 8, 9, 10.

13e. Jérémie annonce une nouvelle alliance qui fera oublier la sortie d'Égypte. Mais remarquez, que l'auteur entend parler de la fin de la captivité de Babylone, qui sera célébrée comme l'était autrefois la délivrance de la servitude d'Égypte.

14e. Jérémie dit encore, que les Juifs attendront leur salut et ne le trouveront pas, c'est vrai ; mais il ajoute que Dieu viendra bénir, visiter les circoncis.

15e. Ézéchiel prédit que l'Église, petite d'abord, deviendra grande, et que le Messie renversera les idoles. Le texte ne parle pas du Messie, c'est Dieu lui-même qui renversera l'idolâtrie et il ne s'agit que de l'Égypte.

16e. Malachie prédit qu'on offrira dans toutes les nations une hostie pure, que les autres sacrifices seront abolis, et que le Messie aura un précurseur qui paraîtra principalement à Jérusalem. En lisant ce prophète, on voit qu'il reproche aux prêtres de sacrifier de mauvaises victimes, tandis que toutes les nations offrent ce qu'elles ont de plus pur. C'est là tout ce qu'il a dit.

17e. D'après Michée, le Messie naîtra à Bethléem et enseignera la droite voie. Cela est très juste et exactement accompli, dira-t-on. Seulement qui nous prouve qu'ici la tradition évangélique n'a pas été déterminée par la prétendue prédiction ? Michée prévoyait un roi descendant de David, donc de famille bethléémite. Est-il bien sûr d'ailleurs que Jésus soit né à Bethléem ? A Nazareth on n'en savait rien. (Marc. VI, 1-6).

18e. Osée dit que le Messie ressuscitera le troisième jour [1];

19e. Et que les Juifs seront sans temple, sans prophètes et sans rois.

Dans la première prophétie, Osée parle des Éphraïmites que Dieu châtie, qui se repentent et qui disent : Espérons que Dieu nous ressuscitera. Comment veut-on trouver là la résurrection du Messie ? Il ne dit pas ensuite que les Juifs seront toujours sans prophètes, mais seulement pendant de longs jours, et il s'empresse d'ajouter qu'ils reviendront dans leur demeure. Il dit donc dans sa prédiction absolument le contraire de ce qu'on a voulu y voir.

20e. D'après Amos, les Juifs seront toujours errants ; puis dans les versets suivants, il y a au contraire qu'ils habiteront de nouveau dans leur pays pour ne plus en être arrachés. On chicane en disant qu'on ne voit pas le temps de leur retour ; mais le prophète précise-t-il mieux de quelle époque il veut parler, de la captivité de Babylone, de leur pérégrination avant ou depuis le Christ ?

21e. Mettons à côté toutes les prophéties qu'on a voulu trouver dans les Psaumes :

Dieu fera de la pierre qui a été rejetée, la pierre angulaire ;

---

[1] Osée, ch. XIII, v. 14, comp., ch. IX, v. 7 ; ch. X, v. 2-3, etc.

Il est dit que le Messie ainsi rejeté sera trahi, abreuvé de fiel;

Qu'il aura les pieds et les mains percés, ses habits jetés au sort;

Qu'il montera aux cieux, pour s'asseoir à la droite de Dieu et qu'il sera vainqueur de tous ses ennemis.

Tous ces passages se rapportent d'une manière frappante au Messie, surtout réunis ainsi et présentés hors de leur entourage; mais, il n'est pas moins certain que la plupart ont pour objet David lui-même, qui parle en son nom, et qui représente sans doute le Messie. Cependant, plusieurs traits sont difficiles à appliquer en même temps au fait réel et à sa figure. Il n'est pas exact de dire de David et du Christ à la fois qu'ils monteront aux cieux. Il est dit que Dieu s'élève aux bruits de la trompette, traînant de nombreux captifs; il n'est pas là question du Messie, ni de David, mais de Dieu lui-même.

22ᵉ. Jérémie. «Je susciterai dans la maison de David le germe de la justice;... un homme sera toujours dans la race de David pour s'asseoir sur le trône d'Israël[1].» Cela est embarrassant pour les Juifs qui n'ont plus de rois d'aucune famille.

23ᵉ. Daniel. «Voici comme un fils de l'homme qui venait sur les nuées du ciel; et il s'avança jusqu'à l'Ancien des jours, et on le fit approcher. Il lui

---

[1] Jérémie, ch. XXIII, v. 5. — ch. XXXIII, v. 15, 16 et 17.

donna une puissance éternelle sur toutes les nations, et elle ne sera pas transférée [1];...»

Daniel demande l'explication de cette vision et il lui est dit qu'elle désigne les saints d'Israël qui auront un grand royaume.

24°. « Fille de Jérusalem, dit Zacharie,... ton roi viendra vers toi, juste et victorieux, humble, monté sur une ânesse et sur le fils de l'ânesse [2]. »

Jésus a fait ainsi son entrée à Jérusalem ; mais Zacharie ajoute: «Tes fils, ô Sion, domineront sur les Grecs, etc... »

Quand cette seconde partie de la prophétie s'est-elle réalisée ?

Au-dessus de tous ces prophètes vient Isaïe qui coordonne, réunit, complète toutes les prophéties. C'est un prophète ancien et éloquent. Il est terrible, quand il menace de destruction Babylone, Tyr et l'Égypte; il peint avec les couleurs les plus vives les désordres d'Israël ; il glace d'effroi en montrant les vengeances que le Seigneur en a tirées ; il est tendre, compatissant, lorsqu'il nous fait voir la miséricorde de Dieu qui rappelle ses enfants et leur promet un Sauveur ; il fait un tableau ravissant du bonheur du peuple de Dieu, lorsqu'il a été pardonné. Son style est noble, gracieux, plein d'images brillantes, et ne blesse pas la pudeur par des comparaisons hasardées. Isaïe est plus raisonnable en

---

[1] Daniel, ch. VII, v. 13, 14 et suivants.
[2] Zacharie, ch. IX, v. 9, 13 et 15.

général que les autres prophètes ; mais ce qu'il a de supérieur à tous, c'est une vue plus grande, plus précise et plus complète du Messie. On pourrait mettre de côté, tout ce qui a été dit avant et après lui, que son œuvre suffirait seule pour nous donner les traits les plus saisissants sur le Christ. Je vais tâcher de les indiquer d'abord sans aucune observation; on pourra mieux saisir l'ensemble de la figure.

I. « La Vierge concevra et enfantera un fils[1],.. »

II. « Le peuple qui marchait dans les ténèbres a vu une grande lumière : ...... un enfant nous est né,....: il porte sur son épaule le signe de sa domination;..... il sera sur le trône de David pour l'éternité[2]... »

III. « Un rejeton sortira de Jessé ; .... L'esprit du Seigneur se reposera sur lui :.... il sera élevé comme un étendard à la vue des peuples ; son sépulcre sera glorieux[3]. »

IV. « Il préparera un festin sur la montagne à toutes les nations, ... il déchirera le voile qui couvre les yeux des nations..... la mort sera engloutie dans son triomphe[4]:... »

---

[1] Isaïe, ch. VII, v. 14.
[2] Id., ch. IX, v. 2, 6 et 7.
[3] Id., ch. XI, v. 1, 2 et 10.
[4] Id., ch. XXV, v. 6, 7, 8.

V. « Seront retranchés de la terre.... ceux qui ont fait mourir le juste sans motif[1]. »

VI. « Un roi régnera dans la justice ;.... il aura de grandes pensées[2]... »

VII. « On entend la voix de celui qui crie dans le désert : Préparez les sentiers du Seigneur,... toute la terre verra notre Sauveur.... Montez sur le sommet de la montagne, vous qui évangélisez Sion ;... Voici votre Dieu[3]. » « Qui de vous a prédit le juste ?... j'enverrai un sauveur à Jérusalem[4]. »

VIII. « Voilà mon serviteur, ...l'objet de mes complaisances[5] ;... »

IX. « Le Seigneur m'a donné une langue éloquente.... J'ai abandonné mon corps aux coups, mes joues aux soufflets et aux crachats[6]... »

X. « Qu'ils sont beaux sur les montagnes, les pieds de celui qui annonce le bonheur,.... Mon serviteur sera plein d'intelligence, ... son visage sera sans éclat,.... ils contempleront celui dont ils n'avaient point entendu parler[7]. »

---

[1] Isaïe, ch. XXIX, v. 20 et 21.
[2] Id., ch. XXXII, v. 1 et 8.
[3] Id., ch. XL, v. 3, 5 et 9.
[4] Id., ch. XLI, v. 26 et 27.
[5] Id., ch. XLII, v. 1.
[6] Id., ch. L, v. 4 et 6.
[7] Id., ch. LII, v. 7, 13, 14 et 15.

XI. « Alors paraîtra le rédempteur [1]... »

XII. « Il m'a envoyé prêcher son évangile [2]... »

XIII. « Il n'a ni éclat, ni beauté ;....Méprisé, le dernier des hommes, il connaît l'infirmité ;.... Il a porté nos langueurs, ... frappé de Dieu et humilié....; blessé pour nos iniquités, ... ses blessures nous ont guéris. Il a été sacrifié parce qu'il l'a voulu, sans ouvrir la bouche, comme un agneau,.... Il est mort dans les angoisses,... entre des scélérats,... après un jugement: ...je l'ai frappé pour les crimes de mon peuple. On lui réservait la sépulture de l'impie et il a été enterré dans le tombeau du riche,... il aura une race immortelle,... il sera rassasié de joie : un grand nombre sera justifié par sa doctrine,... il distribuera lui-même les dépouilles des forts [3]. »

XIV. « Qui vient d'Edom, les habits teints de sang?....C'est moi qui parle, justifie et viens sauver.....le sang de ses ennemis a rejailli sur ses vêtements [4],... »

Certes, à tous ces traits (excepté au dernier, qui est indigne de lui), il est facile de reconnaître le Christ. Isaïe ne l'a pas nommé, mais il le désigne

---

[1] Isaïe, ch. LIX, v. 20.
[2] Id., ch. LXI, v. 1.
[3] Id., ch. LII.
[4] Id., ch. LXIII. v. 1 et 3.

presque aussi clairement que Cyrus, et ce qu'il y a de mieux, c'est que la prophétie qui regarde Cyrus est comme détachée, ne tient pas à l'ensemble et a pu être aisément ajoutée après coup, tandis qu'au contraire celle qui regarde le Messie est disséminée dans le corps de l'ouvrage et ne saurait y avoir été intercalée. Elle est de la main d'Isaïe, si les prophéties qu'on lui attribue sont bien de lui.

En mettant ainsi à côté les unes des autres ces différentes pièces de la prédiction, on est loin d'avoir donné la vraie pensée du prophète ; sans doute, il pense à un Messie, il parle de lui ; mais tout ne le regarde pas dans ces citations.

Ainsi, lorsqu'il parle de la vierge, que ce soit une vierge ou une jeune femme, il donne son fils Emmanuel comme signe aux Israélites qu'ils seront délivrés de l'Assyrien, avant que cet enfant distingue le bien du mal.

C'est de lui-même qu'Isaïe dit qu'il a été chargé de prêcher l'Évangile, qu'il l'a fait dans le désert et qu'il a été battu et conspué.

Dieu lui-même, sans intermédiaire, sans Messie, prépare le festin à Jérusalem, engloutit la mort, est le sauveur, le rédempteur d'Israël. Ce n'est pas seulement dans les endroits cités que Dieu se nomme ainsi lui-même ; mais, il n'y a presque pas de versets où il ne s'exprime ainsi en parlant à son prophète. Au reste, ce n'est pas étonnant, car dans la Bible le Seigneur intervient, agit presque toujours en personne. L'idée d'un envoyé, d'un médiateur, n'est que momentanée, ne reparaît que pour un but déterminé, qui semble presque toujours lié à l'action présente qu'il doit faire. Ce n'est pas dans quelques lignes que l'on peut s'assurer de cette vérité ; il faut voir l'ensemble de la Bible. On peut dire aussi qu'Isaïe a donné une figure trop humble à son Messie. Dieu le commande, l'instruit lui-même comme un serviteur ; mais il est à remarquer que les autres prophètes ont les mêmes tendances. Jamais pour eux le Messie n'est Dieu. C'est le fils de l'homme, le fils de Dieu aussi, mais rarement. Jamais Dieu ne l'égale à lui-même ; cela est très naturel pour un écrivain juif, qui ne veut pas aller contre les idées de sa nation. Moïse déclare énergiquement qu'il n'y a qu'un Dieu, un Dieu jaloux de tout hommage qui ne lui est pas adressé. Lorsque Dieu vient de promettre un sauveur, il ajoute qu'il ne transmet jamais son pouvoir à personne, qu'il est toujours le seul Dieu qu'il faut adorer. S'il peut y avoir quelque allusion contraire, elle s'explique par l'emphase du génie hébreux, se servant des mots d'éternité, de puissance éternelle, pour dire un royaume, une chose qui dure longtemps ; et puis, c'est presque toujours Dieu qui intervient lui-même, qui se dit sauveur, rédempteur.

Quoi qu'il en soit de la nature du Messie qu'Isaïe peut avoir en vue, il y a encore assez d'indications dans quelques passages de ses œuvres pour dire que Jésus a été prédit par lui, si d'ailleurs il est bon prophète ; c'est-à-dire s'il a toujours rencontré juste, ce qui est nécessaire pour qu'il inspire confiance.

Examinons ses autres prophéties. Babylone et Tyr ont bien été détruites, les bêtes sauvages ont bien choisi ces cités pour leurs tanières ; mais ce qu'il dit de l'Égypte, ne s'est pas aussi bien réalisé. Le Nil, dit Isaïe, sera desséché, et Israël le traversera à pied sec. Israël inspirera la terreur aux Égyptiens, possédera des villes puissantes, et enfin l'Égyptien adorera Dieu à Jérusalem. Cela, que je sache, ne s'est pas réalisé [1].

De plus, Dieu donnera un signe aux peuples, le désert sera arrosé miraculeusement par un nouveau fleuve : or, l'aridité est aussi grande que jamais dans les déserts de la Palestine [2]. Mais cela n'est rien encore. Dans notre prophète, Dieu reproche aux Israélites leurs iniquités, leurs désordres, surtout leur ingratitude, leur abandon de son saint nom pour courir après les faux dieux, les idoles ; il leur annonce les malheurs, les châtiments qui vont fondre sur eux, leur dispersion, leur captivité ; mais après cela, il est une mère tendre, il ne peut pas oublier qu'il est leur Dieu et il leur promet un pardon complet.

Il leur prédit, pour les encourager, les miracles

---

[1] Isaïe, ch. XIX.
[2] Id., ch. XLIII, v. 19 et suivants.

qu'il va faire pour leur créer de nouveaux cieux, leur donner Jérusalem agrandie, rebâtie, embellie, temple universel de toutes les nations, au milieu d'une terre fertile avec tout le bonheur de l'âge d'or. Ces choses ne sont pas dites en passant, on ne peut pas les tirer péniblement de quelques citations ; mais elles sont dans le tissu sur lequel brode le poète, elles sont le thème sur lequel le musicien ajuste ses variations. Toute la prophétie est sur le même ton, obéit à la même inspiration.

Or, s'il est une chose démontrée maintenant, et qui pouvait être obscure au temps du Christ, c'est que les magnifiques promesses n'ont pas été accomplies. Israël n'est pas sous les ombrages du Carmel, n'habite pas la terre sainte; Sion est toujours en pleurs et ses enfants toujours dispersés. Le Saint d'Israël aurait-il trompé son prophète ? ou plutôt celui-ci ne s'est-il pas laissé aller aux illusions de son patriotisme et de sa foi?

Cependant les chrétiens triomphent en disant : Sans doute, les Juifs sont dispersés dans tout l'univers, mais c'est parce qu'ils ont méconnu le prophète que Dieu leur avait promis, leur avait envoyé, qui s'est manifesté si clairement par ses miracles. Ils ont été sans excuse ; ils avaient les prophètes sous les yeux. Il est vrai qu'ils n'ont pas vu un Christ victorieux, les armes à la main ; mais il leur avait été prédit humble, doux, sans éclat. Dieu leur avait assez donné à comprendre que les promesses qu'il leur faisait, devaient s'entendre d'une victoire sur les passions, l'orgueil, la concupiscence. Il leur promettait une Jérusalem céleste et non pas seulement la pauvre capitale de la Judée. Son image sur la terre, il devait la placer à Rome dans un des plus beaux climats du monde ; là se réalisent tous les jours les prophéties, là sont réunis les véritables fils de Jacob et toutes les nations de la terre viennent y adorer.

L'Église de Jésus-Christ.

D'après ces diverses considérations, d'après les divers passages où il est dit que Dieu veut être adoré en esprit et en vérité, qu'il aime la justice, qu'il la récompense, et enfin d'après tout ce qui paraît se prêter le mieux à une interprétation spirituelle, je n'avais pu comprendre l'obstination des Juifs à fermer les yeux à l'évidence, à rester charnels et à ne voir la gloire de leur Messie que dans la victoire et la splendeur de ce monde. Lorsque j'ai lu moi-même l'ensemble des prophéties, je me suis bien expliqué la haine des Juifs, leur désappointement, en voyant Jésus-Christ détruire toutes leurs espérances et toutes leurs illusions. Je conçois qu'ils ne comptent plus les jours qui les séparent de la venue du Messie et qu'ils ne calculent plus d'après les soixante-dix semaines de Daniel. Ils n'ont point vu les temps heureux qui leur avaient été promis. La promesse du rétablissement de Jérusalem n'était pas conditionnelle comme l'était la menace de Dieu aux Ninivites. En prévision du repentir des Juifs, Dieu leur envoie par ses prophètes des paroles d'espérance ; il sait que ce n'est pas leur propre mérite qu'il récompense, mais il le doit à lui-même, à Abraham et à Jacob ; il prévoit que bien châtiés, ils retourneront à lui. Ce n'est pas un amour parfait, mais il s'en contente faute de mieux. Dieu et les prophètes ne se sont pas trompés sur la conversion d'Israël ; depuis les rudes épreuves de Babylone, les Juifs sont un autre peuple, ils ne sont plus revenus à l'idolâtrie ; ils conservent la loi de Moïse, malgré les Ptolémées et les Antiochus, malgré les Grecs et les Romains. Dispersés sur toute la terre, accablés par tous les malheurs, assaillis par toutes les persécutions, ils s'attachent obstinément à cette loi contre toute raison et toute vraisemblance. Ce n'est donc pas à cause de leur infidélité qu'ils ont été privés de l'effet des promesses divines.

Mais c'est, dira-t-on, parce qu'ils ont rejeté le Christ que le Christ les a rejetés à son tour. Parcourez l'ensemble des prophéties et vous vous convaincrez que ce n'est pas le motif pour lequel les Juifs n'ont pas vu se réaliser leurs espérances. Lorsque Isaïe vient d'annoncer la mort du Messie, rejeté, méprisé, immédiatement il ajoute que Dieu est plein de miséricorde, qu'il rétablira Israël et c'est alors que les promesses du prophète sont les plus belles.

On répond, sans expliquer comment et pourquoi, que Dieu a voulu les punir, que leur dispersion est un fait, et que ce fait a été prédit.

Il est évident que non. Lorsque la Bible parle des Juifs captifs à Babylone, des Juifs dispersés, elle ajoute presque toujours qu'ils seront rappelés des quatre points du ciel pour revenir dominer sur toute la terre à Sion. La captivité, avec la dispersion, dont on parle, est celle de Babylone. La lecture de toutes ces prédictions le prouve invinciblement : remarquez quelques-unes des circonstances qui s'y rapportent.

Les Juifs sont punis pour leurs iniquités, et principalement parce qu'ils ont été ingrats envers Dieu, c'est-à-dire qu'ils ont suivi les dieux étrangers, adoré leurs idoles ; et cependant, depuis Zorobabel, l'histoire ne parle plus de ce sacrilège.

Lorsque Dieu annonce les châtiments qui vont se précipiter sur son peuple, il appelle les guerriers de Babylone, de l'Égypte, de Moab, car ce sont les exécuteurs de ses hautes œuvres. Ces événements ont eu lieu avant la captivité, mais depuis est-il question des Grecs, des Romains, des Arabes, des Sarrasins, des Turcs qui doivent dépouiller le temple de Jérusalem, disperser Israël, être les fléaux de Dieu ? Non, on ne parle pas de ces peuples ; ce ne sont donc pas les auteurs de la dispersion ; il ne s'agit que de celle de Babylone.

Jérusalem, dit Isaïe, doit devenir déserte, un monceau de ruines, le séjour des bêtes sauvages ; cette prédiction ne s'est réalisée que lorsque Jérusalem a été abandonnée et ses habitants emmenés captifs. Après le siège fait par Titus, le temple a été détruit, Jérusalem soumise à toutes les horreurs d'une ville prise d'assaut ; mais elle a toujours été habitée. Si donc les prophètes la voient renaître de ses cendres plus belle que jamais, ils ne désignent que celle qui a été reconstruite avec l'aide et la permission du libérateur Cyrus.

Ce rétablissement a eu lieu pour les justes d'Israël qui ont compris les promesses spirituelles, et pour les justes des autres nations qui ont accepté le salut.

Il y a deux difficultés à cette interprétation. D'abord, la lettre de la Bible. Ce n'est pas un bonheur annoncé en termes équivoques ; au contraire, rien de plus positif. On donne le plan, la description de la nouvelle ville ; on indique les cérémonies ; on dit quels seront les lévites ; on explique comment Israël dominera toutes les autres nations : elles seront sujettes tandis qu'Israël sera le maître et le prêtre. Le bien-être est annoncé aussi ; plus de sécheresse, plus de famine ; mais des moissons abondantes ; plus de maladies, et la vie de l'homme arrivant à son terme sans douleur.

Ne dites pas que ces avantages sont accordés aux Juifs fidèles qui embrassent le christianisme ; non, ces promesses sont bien faites aux vrais Juifs ou à ceux qui se convertissent au judaïsme, et à tous ceux qui gardent fidèlement les lois, les sabbats, les fêtes et les cérémonies de Moïse. Vos fêtes, chrétiens, ne sont pas leurs fêtes, vos dimanches ne sont pas leurs sabbats; ils avaient bien raison de dire que vous veniez, non pas accomplir, mais détruire leurs lois, et qu'ils ne vous reconnaissaient pas comme ceux que leurs prophètes avaient annoncés.

Admettons que l'Écriture parle par figures, que Joseph, vendu par ses frères, représente Jésus-Christ vendu par Juda et les prêtres, que David persécuté, fuyant, puis devenu roi puissant, soit la figure des humiliations et de la gloire du Messie; il faut que ces personnages aient fait des actions qui puissent se prêter à l'allégorie. En prédisant la gloire de Jérusalem renouvelée, rebâtie, on nous annonçait Rome reine des nations par son Église; soit, mais ne faut-il pas que Jérusalem ait été au moins un moment la reine, la dominatrice des nations? Il n'en a pas été ainsi, mais il vous suffit peut-être que les prédictions se réalisent de nos jours. Revenez donc à Jérusalem; hâtez-vous d'y transporter Rome, son Église, son temple; attirez-y toutes les nations de la terre par la paix ou la guerre. Les temps sont venus; Bonaparte vous offre de vous conduire; acceptez, vous réaliserez, vous concilierez peut-être toutes les prophéties. Hâtez-vous encore une fois. Je suis prophète et vous dis que bientôt il sera trop tard.

Cherchez donc un descendant de David, faites-le asseoir sur le trône le plus brillant que vous pourrez trouver, et accomplissez votre restauration; cela n'est pas encore passé de mode [1].

Il ne suffit pas de quelques lambeaux de prophéties qui paraissent vrais; il ne suffit pas qu'il y ait quelque chose d'accompli, de réalisé. Lorsque l'événement a trompé si souvent l'espérance, nous ne pouvons accorder une pleine et entière confiance aux prophètes et à leur mission. Ils ne servent qu'à peu de chose pour donner de l'autorité à l'Ancien Testament qui en manque par tant d'endroits. Ils ne sauraient être un soutien solide pour l'Évangile, qui est resté chargé de tout le poids de la Bible.

Nouveau Testament.

L'Évangile.

Si l'Évangile nous était donné seul, s'il ne renfermait que la vie de Jésus, ses actions, ses doctrines, ses discours, ses miracles, nous serions entraînés, nous ne pourrions refuser notre con-

---

[1] Sous le second empire, quelques prêtres libéraux proposèrent de transporter la papauté à Jérusalem. Les promoteurs de ce projet, qui n'eut pas grand écho dans le monde catholique, alléguaient que les prophéties à l'avantage de Jérusalem attendaient encore leur accomplissement.

fiance à un livre si humain, si rempli de consolation, d'espérance, de bienveillance, de grandes idées, révélant Dieu à l'homme et l'homme à lui-même ; mais l'Évangile se réfère à la Bible, aux prophètes, à la loi. Le Nouveau Testament est rivé à l'Ancien ; si le premier n'est pas vrai, le second ne peut pas se soutenir. Nous venons de voir tout ce que la Bible a d'incroyable, d'impossible, de contraire à Dieu et à l'homme. Quel poids énorme l'Évangile n'est-il donc pas obligé de soulever d'abord pour s'affirmer lui-même, et ensuite quelle force ne lui faudra-t-il pas pour étouffer les fausses attentes de Juda et redresser les erreurs de Moïse !

Ne nous laissons pas prévenir par ce que nous savons déjà ; lisons d'un cœur ému, bien disposé, l'Évangile pour y chercher tout ce qu'il y a de vrai et de beau ; mais aussi pour savoir jusqu'à quel point doit s'arrêter notre confiance.

Le christianisme est venu faire deux grandes choses dans le monde : remettre dans tout leur éclat les vérités premières de la nature humaine, ses lois morales, et puis, fonder une religion sur l'explication nouvelle de la nature divine et humaine.

L'idée d'un Dieu unique et créateur, Providence du monde, vivait sans doute dans l'antiquité ; mais cachée souvent sous le voile des symboles et des allégories. Ce voile a été soulevé d'abord par Moïse qui a mis en évidence cette grande vérité. Mais elle existait chez les Juifs, obscurcie par les explications qu'on voulait en donner, par les équivoques d'un langage peu propre à exposer les subtilités de la pensée. Malgré tout l'éclat d'expression des prophètes parlant de Dieu, ils ne définissaient pas la nature divine d'une manière précise, ils laissaient à Dieu une figure humaine, remplissaient son cœur des passions juives et lui donnaient ainsi un caractère étroit et local. A la prédication du Christ, le vain cortège des faiblesses attribuées à la divinité disparaît, il ne reste plus que le vrai Dieu, seul et unique ; le père non plus d'un peuple, mais du genre humain tout entier. Le christianisme a atteint un grand but, il a trouvé et répandu la vérité divine.

La vraie morale était bien connue dans l'antiquité ; mais l'esclavage en avait faussé l'application, et la polygamie laissait la femme dans un état de sujétion trop grande. Il y avait pour ainsi dire trois morales, l'une pour le citoyen, l'autre pour l'esclave, une autre encore pour l'étranger, l'ennemi. Jésus-Christ a rétabli la vérité. Il a donné pour base à la société l'amour, l'amour à tous les degrés, entre le maître et l'esclave, le citoyen et l'étranger, sans acception de personnes ou de pays. Il a émancipé la femme, a relevé sa condition, mais il n'en a pas fait encore l'égale de l'homme.

Ces grandes vérités de l'amour de Dieu et des hommes sont enseignées à toutes les nations dans toute leur sublimité et leur pureté. Pour les appuyer, les rendre croyables, le christianisme n'a que faire de preuves étrangères ; il n'a qu'à parler et toutes les oreilles entendent, les cœurs se réjouissent. Ces vérités sont reçues d'abord par des humbles, à qui des humbles comme eux les ont prêchées, et acceptées avec plus de plaisir que si elles étaient apportées par de plus grands. Le jour vient de tous côtés, le philosophe et le chrétien, l'homme simple et le savant croient avec une égale ardeur, sont illuminés de la même clarté. Jésus-Christ nous révèle son Père et nous promet l'Esprit ; il nous dit que nous sommes tombés, qu'il vient nous racheter, que nous serons punis par lui ou récompensés en lui. Il nous enseigne ce que nous pouvons savoir de la nature de Dieu et de celle de l'homme.

Jésus-Christ, les apôtres, l'Eglise nous disent que nous ne pouvons pas nous tirer nous-mêmes de notre misère, de notre abaissement ; qu'il faut que Dieu intervienne pour nous sauver, nous racheter, nous rendre dignes de lui, de la contemplation de sa gloire et de sa justice ; qu'il faut un médiateur entre lui et nous, un sauveur, un sacrificateur, une victime. Cette expiation doit être telle que Dieu seul puisse réparer la faute commise en sacrifiant une partie de lui-même. Jésus-Christ s'annonce pour être celui qui accomplira cette rédemption et les apôtres le confirment par leur témoignage ; c'est ici que les preuves de fait deviennent nécessaires.

D'autant plus que la suite de la doctrine chrétienne ne se présente pas à nous d'une manière convaincante pour l'esprit. Elle ne nous donne pas pleine satisfaction sur ce que nous voulions savoir par une révélation ; elle ne nous donne pas l'explication du bien et du mal. En effet, lorsque nous avons appris notre chute, et puis notre relèvement par la rédemption, nous ne savons pas comment nous pouvons concilier la justice de Dieu avec sa bonté. Toutefois, cette conciliation est possible, ce ne serait peut-être qu'une meilleure manière de les comprendre l'une et l'autre, manière que nous ne connaissions pas et que Dieu a pu nous apprendre.

Mais lorsque le christianisme nous dit, par la voix de tous ses docteurs, que notre nature est mauvaise ; que ce monde n'est digne que de mépris ; qu'il ne faut avoir nul souci du lendemain, qu'il faut se fier à Dieu qui revêt le lys de la vallée ; que la richesse est méprisable, que le riche ne saurait être sauvé ; que la perfection est la communauté des biens ; tous ces préceptes ne sont plus aussi saisissables à notre raison, nous les trouverions tout au moins exagérés. Il faudrait que la mission du Christ fût bien incontestable pour ébranler le sens commun qui ne les approuve pas ; mais elle est loin d'être une chose certaine. On ne peut s'empêcher d'avoir des doutes sur la vie, les actions, les paroles, de celui qui s'est dit le Messie. Ces doutes ont commencé avec le christianisme, ont survécu dans les moments où l'humanité semblait absorbée par lui et se sont fait jour dans les esprits les plus convaincus.

L'Évangile n'est pas un procès-verbal périodique, une déposition contradictoire ; c'est plutôt une exposition de doctrine, une justification avec le récit des actes à l'appui, présentée par une des parties. Il faut s'en rapporter à la sincérité, à la bonne foi de l'auteur, examiner s'il est conséquent avec lui-même, si les faits relatés par lui sont conformes avec ceux racontés par d'autres historiens et voir si les doctrines enseignées ne sont pas contraires à la raison.

Dans cet examen on doit user de plus de rigueur que d'ordinaire. On nous raconte des choses merveilleuses et étranges, mais quelle preuve ceux qui nous les présentent nous donnent-ils de leur mission ? Ont-ils le don des miracles ? Leur témoignage est-il arrivé pur, intact, dicté par Dieu ?

Nous ne savons pas au juste par qui, dans quelle circonstance exacte, à quelle distance des temps a été écrit le Nouveau Testament. Est-ce par la tradition qu'il nous est parvenu ou est-ce sur des notes qu'il a été composé ? A-t-il été rédigé par des auteurs isolés ou par une réunion de témoins, d'auditeurs se rappelant leurs souvenirs ? Toujours est-il qu'il y a eu un intervalle plus ou moins grand entre les événements et leur histoire ; surtout qu'il s'est écoulé un temps assez long avant que ces livres aient été répandus parmi tous les fidèles, qu'ils aient été connus des païens, et qu'ils aient ainsi acquis une existence, une date. En ne les présentant pas d'abord aux profanes, on avait l'air de les initier peu à peu à la nouvelle doctrine. Quoi qu'il en soit, on ne peut pas croire un seul moment que l'Évangile soit une histoire forgée à plaisir, comme on avait voulu le soutenir dans ces derniers temps. On sent un fait vrai ; on voit un homme qui a vivement frappé les imaginations. Il s'agit de savoir si elles n'ont pas été égarées. La lecture du livre, nous en dira plus que tous les raisonnements.

Des faits de l'Évangile.

Ouvrons les Évangiles. Que trouvons-nous à la première page ? Deux généalogies de Jésus-Christ absolument différentes [1]. Dans l'une Jésus-Christ descend de l'épouse adultère d'Urie, par Salomon ; dans celle de St-Luc, il descend de David par un autre fils, Nathan. Depuis David jusqu'au Christ, l'une renferme vingt-sept générations et l'autre en compte quarante. Il serait bien étonnant que dans le même espace de temps, il y eût eu une si grande différence de descendance dans la famille de David ; cela ferait supposer que dans l'une des branches les descendants de ce prince se seraient

---

[1] St-Matthieu, chap. I. — St-Luc, chap. III.

tous mariés à un âge beaucoup plus avancé que dans l'autre. Cependant, s'il n'y avait que cette considération, on pourrait passer ; mais ce qui ne se peut, c'est que Salathiel soit fils de Jéchonias suivant Matthieu, et de Néri d'après Luc ; que dans l'une des généalogies Joseph soit fils de Jacob et dans l'autre de Mathat.

On a dit que les Hébreux en se mariant ne prenaient des femmes que dans leur famille, et que par conséquent, lorsque l'on donnait la généalogie de Joseph on faisait en même temps celle de Marie. On a ajouté que la différence qu'il y a n'est qu'apparente, et que l'une des deux généalogies est celle de Marie et l'autre celle de Joseph ; que lorsqu'on fait la généalogie de l'un des époux, on peut bien dire que le père de la femme est le père de l'époux, puisque celui-ci est son fils par alliance. Toutes ces raisons sont misérables ; on ne les supporterait pas chez un historien ordinaire ; comment donc les admettre dans un livre saint ?

Ce qui démontre avec la dernière évidence, que les évangélistes n'entendaient pas les subtilités qu'on leur prête, c'est que du temps des apôtres on disputait sur les généalogies. Saint Paul s'en plaint, et dit qu'il ne faut pas s'en occuper. Comment, en effet, depuis David, les papiers de famille constatant cette filiation royale pouvaient-ils s'être conservés au milieu des bouleversements de la captivité ? La filiation n'aurait pu s'appuyer que sur des traditions plus ou moins incertaines, et sur des prétentions de nombreuses branches, plus ou moins obscures, descendant des enfants de David. Il n'est pas étonnant néanmoins que les apôtres tinssent à prouver que le Christ était de sang royal; car le Messie devait être, pensait-on, un fils de David. C'était comme une première épreuve qu'il devait subir. Il fallait donc accomplir la prophétie. Cette idée d'appuyer les faits sur les prophéties force les évangélistes d'accommoder l'événement à la prédiction ; ce qui les entraîne dans de graves contradictions.

Ainsi, il est question d'un chef qui doit venir sur une ânesse suivie de son ânon ; ailleurs, un autre prince doit être monté sur un ânon. Les évangélistes, au risque de se contredire, ont fait entrer Jésus-Christ de ces deux manières dans Jérusalem lors de son triomphe populaire.

Il y avait une prophétie, qui d'ailleurs ne se retrouve pas dans la Bible, qui annonçait que le Messie serait appelé « Nazaréen. » On pourrait expliquer cette expression par un vœu qui astreignait à certaines pratiques; mais saint Matthieu pense que c'est pour accomplir cette prophétie que Joseph a choisi Nazareth pour y habiter avec les siens. Saint Luc et saint Marc au contraire, semblent dire que c'était la résidence ordinaire de la famille de Jésus-Christ.

Mais la contradiction la plus grande, en vue de réaliser les prophéties, qu'il y ait entre les deux évangélistes Matthieu et Luc, est relative aux premières années de la vie de Jésus[1]. Matthieu a lu que Dieu doit appeler son fils d'Égypte ; aussi, après l'adoration des mages, il veut qu'un ordre de Dieu envoie Joseph, la mère et l'enfant en Égypte jusqu'à la mort d'Hérode. Il est impossible de faire cadrer ce récit avec celui de saint Luc. Ce dernier nous dit, qu'après la circoncision, au temps fixé, Jésus est présenté au temple, reconnu, acclamé par le vieillard Siméon et la prophétesse Anne ; ce qui jette l'admiration dans tous les esprits. Il ajoute que Joseph, sa femme et son fils reviennent habiter la Galilée, où Jésus demeura pendant sa première jeunesse sous les yeux de ses parents. Cependant suivant Matthieu, il serait allé en Egypte. On a voulu dire, que par un hasard ou une permission divine, Joseph, sa femme et Jésus auraient fait une visite, une échappée à Bethléem pour s'y trouver au moment de l'arrivée des mages. Si Luc l'avait su ou s'en était douté, il n'aurait pas dit d'une manière si précise que Jésus avait passé toute son enfance en Galilée. Le séjour en Égypte dut être d'une assez longue durée ; et Joseph d'après Matthieu n'aurait pas hésité sur le lieu où Jésus devait s'établir, si déjà il avait eu sa demeure, sa maison, ses biens en Galilée. On ne sait pas non plus comment concilier l'étonnement des Juifs à l'arrivée des mages si la présentation au temple avait eu lieu avec les circonstances extraordinaires

---

[1] St-Matthieu, chap. II. — St-Luc, chap. II.

indiquées plus haut. Une vierge enfantera, avait dit Isaïe. On veut appliquer cette parole au Messie. Il faut donc entrer dans les détails secrets de ce mystère. On ne pouvait les tenir de Marie et de Joseph. Il s'était écoulé plus d'un demi-siècle ; et puis, quelle certitude pouvait offrir, sur ces faits miraculeux et passés dans l'intérieur de la conscience, le dire des deux personnes intéressées ? Il leur fallait plus qu'un témoignage, une parole pure et simple, ils devaient ajouter le miracle pour prouver leur assertion. Ce n'est pas ainsi que les évangélistes nous assurent avoir appris ce prodige ; il faut donc qu'ils en aient reçu la révélation ou la confirmation d'en haut ; dès lors, leurs récits doivent être identiques. Cependant, il n'en est pas ainsi. Dans Matthieu, Marie devient enceinte avant son mariage avec Joseph, qui alors ne veut pas l'épouser, et qui ne l'accepte pour épouse que sur l'ordre d'un ange. Dans saint Luc, au contraire, l'ange est envoyé à Marie, lorsqu'elle demeure avec Joseph et qu'elle passe pour sa femme. Le mari n'ayant aucun soupçon n'a pas besoin de l'intervention divine pour se rassurer [1].

A propos de l'annonciation et de la virginité de Marie, observez jusqu'à quel point on peut en arriver lorsqu'on est aveuglé par un parti pris. On veut que Marie soit toujours demeurée vierge, quoique saint Matthieu dise que son mari ne la

[1] St-Matthieu, chap. I. — St-Luc, chap. I.

connut pas avant qu'elle eût enfanté, et que Jésus fut son premier-né. Tous les évangélistes parlent des frères de Jésus. On a voulu dire, que par frères on devait entendre les cousins. Pourquoi, puisque nous voyons les frères de Jésus accompagner Marie et demeurer avec elle?

L'inspiration n'a pas été heureuse pour les historiens sacrés, car ils ne sont pas toujours d'accord sur les mêmes faits.

Trois évangélistes font chasser les vendeurs du temple après l'entrée triomphale de Jésus à Jérusalem. Saint Jean place cette action longtemps auparavant dans un premier séjour de Jésus dans cette ville[1].

D'après saint Matthieu, Jean-Baptiste refuse de baptiser Jésus, parce qu'il ne se trouve pas digne de cet honneur. D'après saint Jean, au contraire, le Précurseur aurait baptisé le Sauveur sans le connaître[2]. D'après saint Marc, il est toujours défendu de renvoyer sa femme; saint Matthieu déclare qu'il est permis de la chasser en cas d'adultère[3].

En sortant de Jéricho, Jésus rend la vue à un

---

[1] St-Matthieu, chap. XXI, v. 12 et 13. — St-Marc ch. XI, v. 15. — St-Luc, chap. XIX, v. 45. — St-Jean, chap. II, v. 14 et suivants.

[2] St-Matthieu, chap. III, v. 14 et 15. — St-Jean, chap. I, v. 31 et 33.

[3] St-Matthieu, chap. V, v. 33. — St-Marc, chap. X.

aveugle, suivant un évangéliste ; suivant un autre, il la rend à deux aveugles[1].

Jésus guérit un paralytique; dans un Évangile, ce paralytique est couché sur un lit, dans un autre, on le monte sur le toit de la maison parce que Jésus est trop entouré, et enfin, dans une troisième version, on brise le toit pour pouvoir descendre le lit[2].

Jésus trouve Simon Pierre et André son frère qui pêchaient dans la mer de Galilée; il les appelle et ceux-ci le suivent. Nous voyons dans saint Jean, qu'André disciple de Jean-Baptiste le quitte sur les bords du Jourdain pour suivre Jésus qui vient d'être baptisé et lui amène son frère Simon.

Jésus délivre des possédés en faisant passer les démons qui les tourmentent dans le corps de pourceaux qui se précipitent à la mer. Saint Matthieu dit que ces esprits impurs étaient sortis de deux individus; saint Marc et saint Luc les font tous sortir d'un seul, où ils se trouvaient sous le nom de légion[3].

Ces variations dans les détails du miracle jettent l'incertitude sur le fait lui-même. N'y a-t-il pas,

---

[1] St-Marc, chap. X, v. 46 et suivants. — St-Matthieu, chap. XX, v. 29 et suivants.

[2] St-Matthieu, chap. IX, v. 2. — St-Luc, chap. V, v. 19. — St-Marc, chap. II, v. 4.

[3] St-Matthieu, chap. VIII. — St-Marc, chap. V — St-Luc, chap. VIII.

en effet, dans l'histoire de ces endiablés, de ces pourceaux, du démon sortant de l'homme pour aller à la bête, quelque chose de choquant pour la raison? Je ne parle pas même d'un lecteur de nos jours ; mais, au temps de la plus complète ignorance, que pouvaient penser les esprits sérieux d'une pareille extravagance? Il fallait que la foi dans le démon fût bien enracinée. Elle surnage encore, il est vrai, à travers les âges, elle est bien affaiblie aujourd'hui, mais pour croire au christianisme, il faut l'admettre complètement. Ce n'est pas en passant qu'il en est question dans les Évangiles; c'est la marque la plus évidente que Jésus donne de sa mission aux Juifs imbus de cette croyance en la possession de l'homme par le diable.

Les miracles faits à cette occasion sont des plus bizarres. Certains démons obéissent à Jésus et à ses disciples, d'autres ne peuvent être chassés par les apôtres. Ce qu'il y a d'extraordinaire, c'est que les démons sont également chassés par des exorcistes juifs. Le pouvoir que Jésus possède, il le transmet à ses disciples; ce qui pour le dire en passant, ne devait pas être une preuve bien convaincante de leur mission pour un peuple où ce don n'était pas rare. Quelle était cette époque où le démon s'incarnait si souvent sur la terre qu'il fallait de nombreux médecins envoyés de Dieu pour se débarrasser de cette peste ! Comment a-t-elle cessé de nos jours? On a dit, que depuis Jésus-Christ le démon était rentré dans l'enfer;

mais pas tout à coup sans doute. Il a eu bien de la peine à quitter la terre. Il a tenu bon pendant tout le moyen âge, et il n'a cessé de se manifester, de donner signe de sa présence, que lorsque la lumière et la science ont eu un peu dissipé la crédulité publique.

J'avoue que, dans le temps où j'étais le plus persuadé, les réminiscences de ces faits étranges me tourmentaient. Je ne pouvais dissiper les doutes de mon esprit. Lorsque j'eus parcouru l'Évangile et les Actes des Apôtres, je ne pus me dire que ce n'était là qu'une préoccupation passagère de l'historien, voulant se conformer à l'opinion reçue, et désignant certaines maladies, l'épilepsie et la folie. Je vis bien qu'il est persuadé de la vérité de la possession de l'homme par le démon ; cette croyance est une des bases essentielles du christianisme, et celui qui nie la possession, nie Jésus et sa mission.

Les divers écrivains du Nouveau Testament ne se contredisent pas toujours ouvertement ; mais ils ne rapportent pas tous les mêmes événements. Sans doute, il est permis à un évangéliste de raconter un fait omis par les autres ; mais, lorsque le fait rapporté est si important, si bien lié au sujet qu'il ne pouvait pas être ignoré des autres historiens, on peut le révoquer en doute si tous ne sont pas unanimes sur ce point. Par exemple, saint Jean est le seul qui relate la noce de Cana et la résurrection de Lazare ; celui-là, le premier ; celui-ci, le plus grand miracle de Jésus[1]. Comment peut-on supposer que les trois premiers Évangiles n'en eussent pas parlé, alors que Lazare est mentionné par saint Luc, et alors surtout que sa résurrection est l'occasion de la mort du Sauveur, puisqu'elle met le comble à la colère des prêtres juifs? Quelle raison aurait-on pu avoir pour négliger ce prodige? Les premiers évangélistes ne le connaissent pas; saint Jean est venu après eux, il s'est lancé dans le merveilleux, et il a embelli des faits lointains et déjà difficiles à apprécier.

La scène la plus majestueuse, la plus touchante et la plus glorieuse du christianisme, la passion, aurait du être racontée d'une manière à peu près uniforme par tous les apôtres. C'est ce qui a lieu pour les faits réels, matériels; la mort est rapportée identiquement par tous, sauf quelques légères différences dans les détails. Les femmes étaient loin, mais elles purent se rapprocher et le côté percé par le fer a pu n'être pas aperçu par tous. Ainsi s'expliquerait le silence de trois Évangiles sur quatre. Mais dans tout ce qui tient au merveilleux, il n'y a plus le même accord. Ainsi, suivant saint Luc, un des larrons crucifiés avec Jésus se convertit, tandis que, suivant saint Matthieu et saint Marc, tous les deux profèrent des injures[2].

La résurrection des morts, leur apparition dans

---

[1] St-Jean, chap. II et chap. XI.
[2] St-Luc, chap. XXIII, v. 39 et suivants. — St-Matthieu, chap. XXVII, v. 44. — St-Marc, chap. XV. v. 32.

Jérusalem, ne sont rapportées que dans saint Matthieu ; et cependant c'était un fait capital à rappeler aux Juifs qui avaient pu le vérifier.

Lorsqu'il s'agit de raconter la résurrection de Jésus-Christ, sceau authentique de sa mission, les historiens ne diffèrent pas seulement dans les détails mais se contredisent sur le fait même.

Un seul historien dit que l'on mit des gardes devant le tombeau pour empêcher les apôtres de dérober le corps de Jésus[1]. Dans tous, ce sont les femmes qui suivaient Jésus-Christ qui sont les témoins de sa résurrection ; mais leur témoignage est différent dans tous.

Tantôt Marie, mère de Jacques, Marie Madeleine et Salomé sont témoins du tremblement de terre, des gardes renversés, du sépulcre ouvert ; tantôt elles n'arrivent que lorsque la pierre du tombeau avait été ôtée. Ici, elles voient un ange, là il leur en apparaît deux. Suivant saint Matthieu, elles rencontrent Jésus ; suivant saint Marc et saint Luc elles ne le rencontrent pas. On leur dit que Jésus les précédera en Galilée et elles sont chargées d'y envoyer les apôtres ; dans une autre version on ne leur donne aucune mission. Enfin, tantôt elles s'empressent d'aller annoncer aux apôtres cette grande nouvelle, tantôt elles s'enfuient et n'osent rien dire.

D'après les trois premiers évangélistes, Made-

---

[1] St-Matthieu, chap. XXVII, v. 63 et suivants.

leine est toujours accompagnée d'une ou de plusieurs femmes quand elle se rend au tombeau. Dans saint Jean, il n'est fait mention que de Madeleine, qui va seule au sépulcre, qui seule voit le Seigneur et qui seule va annoncer la résurrection aux apôtres. Quelle confiance accorderaient nos magistrats à de pareils témoignages [1]?

L'ascension n'est pas mieux racontée. Deux évangélistes n'en parlent point et les deux autres en font trois récits différents [2]. On dirait, suivant saint Marc, que Jésus-Christ monte au ciel après sa première apparition aux onze; d'après saint Luc, ce n'est que plus tard et après de nombreuses apparitions. L'un laisse entendre que c'est à Jérusalem qu'il a été enlevé aux cieux, l'autre dit que c'est à Béthanie ou au mont des Oliviers. C'est en présence des onze qu'a lieu son ascension; mais un seul des récits nous parle de deux hommes habillés de blanc, qui leur expliquent ce prodige.

Des contradictions que nous venons de voir et de celles que l'on pourrait remarquer encore, on ne peut s'empêcher de conclure que les faits rapportés sont purement inventés, ou du moins arrangés, dénaturés, de manière à ne pouvoir en reconnaître la vérité première. Le doute rejaillit alors sur les miracles qui nous sont racontés par

---

[1] Lire dans les quatre évangélistes le récit de la résurrection.
[2] St-Marc, chap. XVI. — St-Luc, chap. XXIV. — Actes chap. I.

tous les auteurs. Nous ne savons plus que penser ni comment distinguer la vérité de l'erreur.

Certains miracles sont bien invraisemblables par eux-mêmes ; ainsi, comment croire qu'un ange descendait dans une piscine à certains jours marqués, et que le premier de ceux qui se jetaient dans l'eau à ce moment était guéri! Comment croire qu'un paralytique attendait là depuis un temps infini! Jésus voit un figuier qui ne portait pas de fruit parce que ce n'était pas la saison, et il le fait mourir; pour le punir de quoi? Voyez les miracles que Jésus veut que ses disciples puissent faire : chasser les démons, nous savons à quoi nous en tenir là-dessus; prendre les serpents avec la main[1]; il est vrai que saint Paul a été mordu par un de ces animaux et n'en est pas mort. Depuis, il n'y a plus que les Indiens pour jouer avec des serpents.

Les apôtres avaient un autre don bien plus miraculeux, toujours vivant en eux, un miracle perpétuel, ils devaient évangéliser toutes les nations, et n'avaient qu'à ouvrir la bouche, pour que toutes les oreilles entendissent leur propre langue sous la même vibration qui donnait le son hébreu. Miracle répété autant de fois qu'il y avait d'auditeurs. C'était là une faculté merveilleuse dont les apôtres ne pouvaient pas douter, qu'ils n'auraient pu se vanter d'avoir sans une immense effronterie. C'était une des preuves du

---

[1] St-Marc, chap. XVI, v. 17 et 18.

christianisme qui m'avait fait le plus d'impression. Mon désappointement fut grand, lorsqu'au lieu de cette magnifique parole de saint Pierre se faisant entendre à tous les hommes, privilège qui aurait suffi en quelques années pour convertir toute la terre, je ne trouvai, dans saint Paul, qu'une faculté de prononcer des mots de toute espèce, que la personne qui parle ne comprend pas plus que celle qui écoute, et qu'on a besoin de commenter à son tour pour y apercevoir tout ce que l'imagination de l'interprète y ajoute.

Il ne valait pas la peine pour cela de faire descendre des cieux la troisième personne de la Trinité.

Malgré les contradictions des historiens, dira-t-on, il est certain qu'il y a eu de nombreux miracles opérés par Jésus-Christ. Comment concevoir autrement qu'il ait pu se trouver un si grand nombre de Juifs qui se convertirent? On a répondu, qu'il était encore plus étonnant, si toutes les merveilles racontées eussent été opérées, que toute la nation juive ne se fût pas faite chrétienne. Les apôtres, reprend-on, n'eussent pas osé parler d'événements mensongers, car ils parlaient au peuple qui avait été témoin des actions merveilleuses de Jésus. Si on n'avait pas vu ces miracles soi-même, on pouvait s'adresser aux témoins encore vivants. Mais est-il facile pour un particulier de faire une pareille enquête? Voyez donc ce qui se passe de nos jours. Nous ne manquons pas de miracles, c'est chose commune. Dans un certain monde, rien de plus avéré; interrogez ces personnes, elles vous jureront avec serment qu'ils sont réels; mais que cela arrive au grand jour de la publicité, qu'on fasse des enquêtes devant des magistrats, tout s'évanouit, et bien heureux si dessous il ne reste pas quelque escroquerie.

Les chrétiens depuis longtemps ont senti une partie des objections qu'on leur adresse; mais ils ont cherché à se faire illusion, ils ont négligé ce qui est obscur et ils ne s'en sont rapportés qu'à ce qui est clair. Ils ont dit que, malgré tout, l'existence du Christ n'en est pas moins certaine malgré quelques difficultés, que d'ailleurs leurs divergences mettaient dans tout son jour la bonne foi des apôtres, qui ne s'étaient pas concertés pour une fraude, qui ne s'étaient pas entendus pour effacer leurs contradictions.

Grâce en soit rendue à Dieu, qui a permis qu'il en fût ainsi, et que l'erreur se soit trahie par quelque endroit! Si de toute la Bible on avait fait disparaître les absurdités, les inconséquences, les fautes contre la raison et la morale que nous y avons remarquées, Moïse et Jésus-Christ étaient pour toujours les prophètes, les envoyés de Dieu, et pour toujours l'idée de Dieu eût été obscurcie par la divinité humaine que les hommes se sont donnée dans le christianisme. Non, sans doute, il n'y a pas eu un accord, une conspiration, une préméditation; mais des faits ont eu lieu, des témoins les ont accueillis, racontés, embellis, des historiens ont pris cette tradition populaire, l'ont reflétée dans leurs récits avec ses variations et ses concordances. Les disparates qu'on remarque seraient suspectes de la part d'historiens ordinaires; mais on ne peut les pardonner à des écrivains inspirés. La moindre atteinte à la vérité devient chez eux une négation complète de leur autorité, renverse leur histoire, et place l'édifice religieux bâti sur elle au rang des erreurs humaines.

Les historiens de Jésus ne nous ont pas appris ce qu'il était; mais il ne laisse pas d'avoir eu une existence à lui. S'il avait été Dieu, sans doute qu'il n'eût pas permis que l'on eût défiguré son histoire; il nous aurait donné un Évangile vrai en tous points. Supposons pour un moment que nous n'ayons pas le compte rendu de sa vie, de sa naissance et de sa mort, et que les évangélistes se fussent contentés de rapporter ses paroles, sa doctrine, comme Platon a rapporté les dialogues de son maître, nous pourrions voir comme un développement de sa divinité dans la belle morale qui nous annonce l'amour de Dieu et du prochain. Malheureusement, il a émis certaines sentences que notre raison ne peut admettre, et il a fait des prédictions qui ne se sont pas réalisées.

Il avait annoncé que, comme Jonas, il resterait trois jours et trois nuits dans le tombeau, et il n'y est resté que deux nuits.

Jésus prédit aussi la ruine de Jérusalem et la fin du monde pour la génération présente. On a beau vouloir équivoquer, séparer la ruine de la cité et la ruine du monde, elles sont liées dans tous les évangélistes d'une manière inséparable. Les apôtres l'ont ainsi compris et l'ont exprimé ainsi. Ce n'est pas de l'esprit seulement de l'Évangile que cela ressort ou de quelques textes isolés ; c'est encore prouvé par une foule de passages. On attend le règne de Dieu, une nouvelle terre après le jugement, que ce soit au propre ou au figuré. On attend aussi de nouveaux cieux. Jean ne mourra peut-être pas sans avoir vu le moment de cette rénovation totale. Saint Paul n'ose affirmer qu'il le verra lui-même, mais plusieurs de cette génération ne passeront pas sans l'avoir vu.

Lorsque le temps de cette régénération s'est fait longuement attendre, saint Jean ne se décourage point, il l'attend encore, elle n'est plus loin, il la voit, l'annonce et la décrit.

Tous les termes de cette prédiction sont dépassés. Les générations se sont écoulées sans avoir vu le règne de Dieu sur la terre. Il n'y a pas eu de nouveaux cieux, et malgré tous nos progrès, notre domination sur les éléments est loin d'être entière, et la vertu n'a pas encore fondé la cité sainte. Jésus-Christ a eu ses désirs, ses aspirations sublimes ; mais son enthousiasme l'a trompé, et l'événement n'a pas suivi son commandement parce qu'il n'était pas Dieu, ni l'envoyé de Dieu.

De la doctrine du Nouveau Testament.

Il y a d'abord dans les livres de la nouvelle alliance quelques doctrines, quelques sentences, émises çà et là qui blessent la raison et qui portent le trouble dans l'esprit.

Ainsi, on s'indigne de voir que Dieu a des préférences, et qu'il paye autant ceux de la dernière heure que ceux de la première. Nous voulons plus de justice, et nous craignons que là ne se trouve le principe de la prédestination. Il n'est pas très édifiant de dire qu'il faut faire du bien à ses ennemis, afin d'accumuler ainsi sur leur tête des trésors de colère. On s'est trompé en conseillant de gagner des amis par des richesses mal acquises ; il eût été mieux d'engager à les rendre. Il y a de l'équivoque, au moins, à séparer le fils de la mère, la femme du mari et à dire qu'on apporte le glaive et non la paix. L'explication devrait suivre, et ne pas laisser place aux tristes applications qu'on a faites de ces maximes, et de telles autres, comme par exemple quand il est dit qu'il faut retrancher les pécheurs. On veut que ces principes soient des négligences, de légers défauts auxquels on ne doit pas donner trop d'attention; on a tort, il faut être sévère pour les écrivains sacrés. Il n'y a point de milieu, ou ils sont faillibles, et alors ils ne méritent qu'une créance relative, sujette à appréciations diverses, sous bénéfice d'inventaire; ou ils sont inspirés, et alors pas un seul mot, ou du moins pas une seule idée ne peut être fausse.

En prenant une confession quelconque du christianisme, on ne peut s'empêcher d'admirer l'unité de cette croyance; mais la trouve-t-on réellement dans l'Évangile ? Je suis loin de le penser. A première vue, trois doctrines semblent se dessiner, non pas contraires, mais diverses et qu'on ne peut attribuer au même auteur.

Dans l'ensemble des faits racontés par les trois premiers évangélistes, Jésus-Christ apparaît comme un saint prophète, un envoyé divin, qui vient de la part de Dieu annoncer aux hommes la grande nouvelle du salut, et par qui la rédemption aura lieu. Il enseigne aux hommes la douceur, l'humilité et l'amour. Il détruit le mur qui sépare Israël des autres nations. Il est doux, fait le bien et confirme sa mission par des miracles. Il conserve durant sa vie et dans sa prédication quelque chose d'humain et de triste. Il adresse aux gens simples des discours simples et des comparaisons familières. Sa doctrine est douce, tranquille, affectueuse, rarement entremêlée de mots sévères.

Lorsque l'on ouvre les Épîtres et la vie de saint Paul, on se trouve transporté dans un monde nouveau. Saint Paul est bien, lui aussi, embrasé d'amour et de charité; mais c'est surtout un homme de dispute et d'action. Il croit en Jésus-

Christ, mais celui-ci n'est pas le prophète vivant de Nazareth ; c'est un être différent de celui des Évangiles, c'est un médiateur, non pas de chair et d'os, qui n'est pas rempli d'amour et de sensibilité, mais qui est purement abstrait. Saint Paul ne voit dans la doctrine chrétienne que la dégradation, l'impuissance absolue de l'homme, qui le rend incapable de pratiquer le bien par lui-même ; machine entre les mains de Dieu, qui ne peut marcher que par la foi en Jésus-Christ, et qui ne peut à cause de la concupiscence de la chair acquérir cette foi que par un don gratuit de Dieu. La loi, pour lui, est quelque chose d'hostile à l'homme ; non pas l'ancienne loi juive seulement, mais encore la loi naturelle qui engendre le péché, parce que la convoitise n'est devenue péché que parce qu'elle a été défendue. De cette faiblesse résulte que les œuvres ne sont rien que par la foi, et cette foi ne vient pas de l'homme, elle est donnée par Dieu.

Je sais que cette doctrine est adoucie par d'autres apôtres ; mais c'est sous ce point de vue que saint Paul a toujours été considéré par saint Augustin et par Luther. Je le demande, cela ressemble-t-il à la doctrine si douce, si compatissante à l'humaine faiblesse qui nous charmait d'abord ?

Cependant le christianisme peut être encore présenté sous un autre aspect.

Tous les apôtres, saint Paul lui-même, nous montrent bien Jésus-Christ comme le plus grand entre les vivants, la plus parfaite créature qui soit sortie des mains de Dieu. Mais enfin malgré leur admiration, ils n'en font qu'un homme divin. Le christianisme s'est développé, saint Jean après les autres écrivains nous raconte la vie de Jésus-Christ : il nous le peint avec la figure calme et majestueuse des autres évangélistes ; mais on voit dès le commencement de son œuvre qu'il a eu des rapports avec la philosophie de son époque, qu'il a analysé l'essence divine d'après une théorie alexandrine ; aussi la physionomie de son Messie a-t-elle pris un caractère tout autre, avec le temps et les nécessités de la lutte. Peut-être lui-même ne s'est-il pas bien rendu compte du changement qu'il opérait. Pour lui, Jésus est un Dieu, le Fils éternel, un avec le Père. Il semble même préparer le dogme de la Trinité, l'ébaucher en mentionnant l'Esprit. Il s'étend en longs discours pour développer à cet égard la pensée de son maître. Il néglige un peu les paraboles simples, à la portée de tous, pour se lancer dans ce qu'il y a d'obscur et de caché dans la nature divine. Son Évangile semble ajouté aux autres pour démontrer la divinité de Jésus. Il eut été difficile qu'avec les trois premiers le christianisme fût arrivé où il en est ; il serait resté à l'arianisme ou au socinianisme.

On a cherché à fondre ces trois figures du Christ pour nous présenter un enseignement et une doctrine uniformes ; on y a plus ou moins réussi, mais c'est de là que sont sorties les principales hérésies, et on peut dire qu'elles n'étaient pas sans fondement.

Jésus-Christ.

L'Évangile n'est donc pas écrit sous l'inspiration directe, continue, de Dieu. Nous n'avons pas l'histoire vraie de Jésus-Christ, sans retranchements et sans amplifications. Nous ne pouvons pas avoir, de lui une opinion certaine, à l'abri de toute erreur; ce que nous pouvons affirmer, c'est qu'il n'est pas Dieu, ni envoyé de Dieu; c'est un grand homme, un saint homme, un bienfaiteur de l'humanité, voilà ses vrais titres.

On a voulu dire, mais c'est absurde, que Jésus n'était qu'un symbole, qu'un mythe, une allégorie, comme les anciens dieux de la fable et les héros de l'Olympe. De pauvres pêcheurs des bords du lac de Tibériade n'ont pas trouvé une fable complète, n'ont pas inventé le héros et son histoire. Ils l'ont vu, l'ont suivi, ils lui ont prêté plus qu'il n'avait; mais il a été pour eux de chair et d'os, et ils ont bien été persuadés, convaincus par lui.

Regarderons-nous les faits extraordinaires qu'ils nous ont racontés à son sujet comme des actions naturelles, mais exagérées? Y verrons-nous des allégories sous lesquelles on a voulu cacher les doctrines de Jésus? Ou bien encore, ne voudrons-nous voir dans le Messie qu'un homme de peu de valeur, dont le nom résume des doctrines et des opinions prêchées plus tard et qui ne sont pas les siennes ? C'est ce qu'on a voulu faire pour Homère. Ainsi, nous ne pourrions plus rien distinguer à travers les âges de la figure du Christ, qui n'aurait rien gardé d'elle-même, sous les ornements successifs par lesquels elle a été embellie et dissimulée.

Tout cela est chimérique. Un coup d'œil jeté sur l'époque où a paru le Messie suffira pour nous expliquer ce qu'il a dû être.

Le peuple juif était malheureux sous la domination étrangère. Il était fidèle à sa religion, il avait obéi à ses prophètes et depuis longtemps il avait abandonné les dieux étrangers. Cependant le bonheur prédit ne se réalisait pas, l'univers n'accourait pas à Jérusalem triomphante ; et cette ville était toujours esclave.

Depuis le retour de la Captivité, les livres de la loi et les prophéties s'étaient répandus parmi les Juifs. On les lisait, on les commentait dans les synagogues. On était dans l'attente d'un Messie, d'un Sauveur. Il est rare, dans de telles circonstances, que ce que l'on désire n'arrive pas. On aspirait après le Messie ; il en parut plusieurs avant Jésus, pendant sa vie et après lui. Celui-ci embrassa, développa cette idée ; il s'identifia avec le rôle qu'il attribuait au Messie et se crut le Messie. Sans doute qu'il entendit le Seigneur l'appeler son fils, qu'à chaque circonstance de sa vie qui se trouvait conforme aux prophéties, il s'exaltait de plus en plus, souffrait des douleurs de sa nation, constatait avec le désespoir d'une âme vertueuse le désordre des mœurs de son peuple, et s'indignait de voir que les Juifs se contentaient de quelques vaines formalités religieuses. Qui de nous ne s'est senti froissé comme lui dans des moments où l'esprit s'élève contre le mal que nous voyons? Qui n'a été blessé quand la justice, la sainteté, ont été méconnues? Qui ne s'est surpris alors à faire des projets de réformateur? Dans cet état d'esprit, les songes de votre cerveau n'ont-ils pas semblé parfois réaliser l'objet de vos désirs et de vos méditations? Même éveillés ne vous est-il pas resté comme des visions, des hallucinations? N'avez-vous pas eu besoin de réfléchir, pour vous reconnaître? Ce ne sont là en nous que des images fugitives, des pensées qui passent; mais avant d'arriver à la folie, combien n'y a-t-il pas dans l'esprit de l'homme d'idées qui prennent un corps, une existence? N'y avait-il pas quelque chose de réel dans les imaginations de quelques-uns de ceux qui ont vu des fantômes? L'extase ne laisse-t-elle pas, pour ainsi dire, des indices matériels de cet état de l'âme? Les saint François d'Assise, les Jeanne d'Arc, les sainte Thérèse n'ont-ils pas des visions qui pour eux avaient une pleine réalité? Lorsqu'on lit le Koran, on peut croire que souvent Mahomet est persuadé de sa mission. Sans doute il est facile de voir qu'il avait aussi des moments de lucidité complète pendant lesquels il persistait dans ses desseins et devenait trompeur. C'est là qu'on peut remarquer la différence qu'il y a entre lui et Jésus-Christ. Celui-ci, qui s'était exalté jusqu'à se croire le sauveur du monde, n'a pas eu un moment de doute, peut-être seulement un instant de faiblesse au jardin des Oliviers, et il a persisté jusqu'à la mort. Ainsi enthousiasmée, ainsi hors d'elle-même, son âme a dû acquérir un degré d'énergie extraordinaire. Quels effets a-t-elle produit sur le corps du Christ, quelle influence lui a-t-elle donnée sur les autres âmes, sur les autres corps? Que faisait cette volonté sur les maladies et sur les volontés des hommes? Nous ne savons, nous n'avons pas de renseignements assez précis pour juger et nous prononcer.

Mais ce qui est certain, c'est que les Juifs étaient préparés. Ils s'attendaient à voir des merveilles, ils en voyaient tous les jours et leur esprit était tout porté à y croire; bon nombre d'entr'eux crurent en Jésus, comme ils auraient cru à d'autres, et comme il y en eut en qui ils crurent encore après lui. Ils devaient chercher à se faire illusion; jugeons-en un peu par nous-mêmes. Pour peu que nous soyons préoccupés d'une idée, un discours éloquent qui abonde dans notre sens nous entraîne; les gestes de l'orateur nous transportent. Nous sommes troublés par un son de voix, fascinés par le regard d'une personne aimée. Dans les moments d'une émotion violente, le commandement du général enlève les soldats, leur fait faire des efforts surhumains ; l'apparition d'un grand personnage apaise le tumulte ; ces entraînements collectifs ne sont pas rares dans l'histoire, depuis ceux opérés par César, par Pierre l'Ermite jusqu'à ceux déterminés par Napoléon, précipitant un monde sur l'autre.

Tel est donc Jésus-Christ, une grande âme convaincue, faisant partager sa conviction et renouvelant la face de la terre. Ce n'est pas un Dieu, et ses disciples ne sont pas inspirés par Dieu ; ils nous ont trompés, mais ils se sont trompés les premiers eux-mêmes. Ils nous ont porté la grande nouvelle du salut dans un langage faux ; ils nous ont apporté la vérité morale avec le mensonge divin ; mais aurons-nous moins de vénération, de reconnaissance pour Jésus-Christ et ses apôtres, ces généreux propagateurs de l'idée nouvelle? Non, sans doute ; au contraire, si tout était de Dieu dans le christianisme, si tout était fait par lui, quel mérite auraient eu ces hommes? Ils auraient été un instrument dans la main de Dieu, voilà tout. Mais ils se sont dévoués, ils ont souffert les tourments, la mort, pour nous enseigner l'unité de Dieu et l'amour des hommes ; aussi, notre reconnaissance doit être d'autant plus grande qu'ils sont hommes comme nous, faibles comme nous, qu'ils ont le mérite de leur dévouement, et que nous pouvons être comme eux dévoués sans avoir de mission spéciale et divine.

De l'établissement du Christianisme.

Le christianisme n'est pas une religion divine ; cependant, il s'est étendu, a prospéré et dure encore.

Examinons les raisons de ce fait. Les premiers chrétiens ont été des Juifs. Malgré l'inimitié qui règne entre le judaïsme et le christianisme, malgré la différence qui au jour actuel sépare les deux cultes et les deux dogmes, il n'est pas étonnant qu'ils aient pu s'entendre d'abord, et que les livres saints aient eu la même interprétation des deux côtés.

Les prophéties disaient que le juste viendrait, qu'il serait méconnu, persécuté ; mais aussi, qu'il serait victorieux, qu'il ressusciterait les justes et rétablirait le royaume d'Israël.

Les chrétiens disaient la même chose ; mais d'après eux, le juste était venu, avait été persécuté ; de plus, il avait paru dans sa gloire, puisqu'il était ressuscité. Ils annonçaient qu'il allait bientôt revenir avec toute sa puissance, pour établir le royaume de Dieu et accomplir les prophéties. On peut dire que ce n'était entre eux qu'une question de temps ; les Juifs voulaient que le Messie accomplît tout de suite les promesses de grandeur que les chrétiens remettaient à plus tard. Les

Juifs pouvaient rester juifs et être chrétiens; mais cette union ne dura pas longtemps. Le règne glorieux du Messie n'arrivant pas, les Juifs qui attendaient des victoires, un royaume terrestre, furent à la recherche de nouveaux Messies ; n'en trouvant pas, désespérant d'en trouver, ils ne comptèrent plus les temps, observèrent avec plus d'ardeur les prescriptions de la loi et se mirent à détester le christianisme. Les chrétiens, de leur côté, quand ils virent le temps se passer sans amener l'avènement du Christ, sans amener le jugement, en vinrent de plus en plus à attendre un royaume céleste, une nouvelle Jérusalem spirituelle, une cité sainte où ils verraient enfin la gloire de Dieu. Dès lors, ils quittèrent peu à peu le culte, les cérémonies juives; voyant que les nations n'allaient pas adorer à Jérusalem, ils allèrent à leur rencontre, et Jérusalem se transporta dans tout l'univers pour se reposer ensuite à Rome. Quels étaient les moyens d'action des chrétiens sur les païens? Il y en avait de plusieurs sortes.

Ils leur apportaient d'abord la grande vérité de l'unité de Dieu. Les âmes généreuses, intelligentes, devaient être blessées par les absurdités, les abominations, les puérilités de la religion païenne. La pluralité divine amoindrissait l'idée qu'elles se faisaient de la divinité. La croyance à un Dieu unique existait vaguement dans l'enseignement des écoles et des initiations; les chrétiens la firent paraître au grand jour. Les prêtres, les ignorants et les grands durent frémir ; mais les philosophes, les gens éclairés et qui avaient de nobles sentiments durent applaudir à mesure qu'ils comprirent mieux les chrétiens qu'ils avaient d'abord méconnus.

Le culte des païens et celui des Juifs étaient des cultes de bouchers. Entrez dans les temples : les cris des victimes révoltent, le sang qui ruisselle et la graisse qui brûle soulèvent le cœur. Les cérémonies gênantes, minutieuses, que les Juifs ont jointes à leur culte, le rendent intolérable. Les chrétiens viennent dire alors qu'il suffit d'adorer Dieu en esprit et en vérité ; ils ne conservent des cérémonies que les fleurs, les parfums, l'encens et les chants ; le pain et le vin remplacent tous les sacrifices, et leurs assemblées ne sont pas un spectacle, mais une école de morale où le prédicateur vient instruire, édifier, à la place de l'augure décrié, qui ne savait rien apprendre à l'homme de son âme et de son immortalité.

Le christianisme venait montrer dans tout son éclat l'amour des hommes et prêcher la charité. L'idée de charité n'était pas ignorée, mais elle était encore obscure et l'humanité ne s'était pas rendu bien compte de ce qu'elle était. Des philosophes et des moralistes disaient déjà en termes presque identiques quels devaient être les sentiments des hommes les uns pour les autres ; mais cela était dans les livres, dans les écoles, et dans la société les sentiments humains étaient négligés et violés de tous côtés.

La débauche ne s'arrêtant pas même à un sexe, autorisée, prêchée par la divinité elle-même, devait avoir soulevé bien des haines, concentré bien des colères dans les âmes. Ce n'était pas parmi les grandes dames cachées dans leur famille au fond de leurs gynécées que la luxure des grands et du peuple pouvait trouver un aliment ; des filles esclaves, étrangères, pauvres, y suppléaient et étaient sacrifiées sur l'autel de Vénus impudique. Malgré la dépravation répandue, surtout dans les sommités du monde romain, il devait se trouver en bas bien des cœurs de père et de mère saignant de douleur, et disposés à recevoir toute doctrine qui renverserait ces dieux impurs et sans entrailles, complices de la débauche des puissants de la terre.

Le luxe des privilégiés devait faire souffrir plus que celui de nos jours ; il y avait alors moins de moyens de s'en procurer ; aussi devait-il être plus pesant pour les déshérités de la fortune. Les grands n'avaient pas à leur disposition toutes les forces de la nature que nous savons employer aujourd'hui ; il fallait tout demander aux bras des hommes, même jusqu'à la mouture de la farine. Plus de travail réclamait plus d'esclaves, aussi devenaient-ils toujours plus nombreux, moins hommes et plus semblables à la bête. Quel empressement ne dut-il pas montrer pour le christianisme, cet esclave délaissé, qui était reçu comme homme libre dans les assemblées chrétiennes, à qui une même table était offerte, à qui une même vie était promise ici-bas et au ciel! L'égalité et la liberté se faisaient jour déjà en ce monde; car, ce n'était pas seulement une délivrance spirituelle qui était entrevue, ce n'était pas seulement une nouvelle religion qui était annoncée, mais une révolution sociale qui arrivait. Voyez, en effet, que de paroles amères, de condamnations sont proférées contre les riches par l'Évangile! Le riche ne sera jamais sauvé; il n'a pas fait un bon usage de sa richesse; il n'a pas assez secouru le pauvre Lazare; il sera damné et Lazare ira dans le sein d'Abraham. Aussi les premiers chrétiens se hâtèrent-ils de vendre leurs biens et d'en porter le prix aux pauvres; ils établissent la communauté des propriétés; et cette communauté est si bien dans l'esprit du christianisme qu'elle a été pratiquée par tous ceux qui ont voulu arriver à la perfection chrétienne.

La semence de l'Évangile était donc jetée dans une terre toute prête à la faire fructifier. Les semeurs se consacrèrent entièrement à leur œuvre, n'épargnant ni peines, ni soins, ni enthousiasme; ils accomplirent leur mission en conscience, avec un dévouement admirable qui a été payé par l'entier succès de leurs travaux.

Ils ont eu aussi à vaincre des obstacles terribles: d'abord, le préjugé en faveur de tout ce qui existe. La force de l'habitude est difficile à vaincre; il faut la combattre avec une foi ardente et encore ne se laisse-t-elle pas toujours déraciner.

Les prêtres craignaient pour leurs offrandes, pour leurs revenus ; ils voyaient avec douleur leurs beaux temples devenir déserts et tomber en ruines. Tous ceux qui vivaient de l'autel, les faiseurs de statuettes et d'amulettes, perdaient leur petit commerce, leur petite industrie.

De plus, les magistrats, les empereurs, ne voyaient pas de bon œil une religion qui ne leur élevait pas des autels, qui était cachée dans les souterrains, qui leur paraissait une conjuration populaire, toute prête à dévorer leur grandeur, leur puissance, leur richesse, en nourrissant dans d'obscures retraites un fanatisme dangereux pour la société. C'est ainsi que toute idée nouvelle et généreuse est toujours reçue ; obligée de se cacher, elle est calomniée, puis persécutée. Peu importe, elle vivra par la foi de ses promoteurs ; il en a été ainsi pour le christianisme, il en sera de même pour notre foi nouvelle.

Le christianisme a été persécuté d'une manière sanglante. Il est sorti victorieux ; ses confesseurs et ses martyrs ont bien mérité de lui et de l'humanité. Nous admirons leur courage ; mais nous ne pouvons nous empêcher de faire observer que leur foi n'est pas suffisante pour leur donner raison.

Pas de religion depuis l'Inde jusqu'à l'Europe et l'Amérique qui n'ait eu ses martyrs ; pas d'opinion politique qui n'ait eu les siens ; les sciences et les lettres ont eu, elles aussi, leurs martyrs. Rendons hommage à ceux qui souffrent pour leur foi; mais que cela ne nous empêche pas de discuter avec eux. La force employée contre eux n'est pas une raison en leur faveur. Il est bon aussi de faire observer que les persécutions n'ont pas dû être aussi funestes qu'on veut bien le dire. D'abord, le christianisme eut tout le temps de se répandre à l'ombre, inconnu ou dédaigné par les maîtres du monde. Ce n'est qu'en passant, et comme des gens de mauvaise renommée, que Néron sacrifie les chrétiens. Lorsque viennent les grandes persécutions, lorsque les prêtres combattent pour leurs foyers, les Césars pour leurs trônes, la religion nouvelle est devenue assez puissante pour ne pas être abattue par ces tempêtes passagères.

Parmi[*] les causes qui ont introduit le christianisme dans la société païenne, n'oublions pas les miracles. Les païens avaient eux aussi des prophéties et des miracles; mais, ils étaient discrédités. Les chrétiens arrivèrent avec un merveilleux tout nouveau, s'enrichissant à chaque instant de nouvelles légendes et de nouveaux prodiges. On les regarda bientôt comme faisant des miracles beaucoup plus grands que les païens. Les corps des saints et des martyrs accaparèrent l'encens qu'on ne brûlait plus devant les demi-dieux vaincus en prodiges.

Durée du Christianisme.

Si les miracles ont servi puissamment à propager le christianisme, ils ont été un de ses points d'appui pour se soutenir au milieu des âges. Dans quel temps n'ont-ils pas été communs? Ouvrez les vies des Saints, les annales des couvents; feuilletez au Vatican les procédures des canonisations; allez dans les sacristies d'églises renommées; lisez certains journaux, et vous trouverez des miracles de toute espèce, depuis les résurrections et guérisons jusqu'aux apparitions. On pourrait même dire de ce qui se passe de nos jours : quel temps fut jamais plus fertile en miracles ! Il est seulement deux choses à observer dans ce qui a lieu maintenant. Autrefois, ce qui était le plus fréquent dans le moyen âge et même pendant la Renaissance, c'était l'apparition du diable. Il était sur cette terre qui lui appartenait par droit de conquête. Il se donnait à qui voulait. Les sorcières allaient en foule l'adorer, se soumettre à lui ; il en avait souvent à bon marché et se mettait peu en frais pour se les attacher. Mais cela est devenu commun; on s'est tant moqué des tours et des sortilèges du diable qu'il a fini par disparaître sous les huées. A la place, nous avons eu les apparitions des Saints et de la Vierge. L'attention des hommes s'est portée de ce côté.

Ce qu'il y a encore de bien différent entre les miracles anciens et ceux de nos jours, c'est qu'autrefois tout le monde y ajoutait foi, depuis le prince et le savant jusqu'au plus simple paysan. Partout le conteur de faits merveilleux était bien reçu; le palais et la chaumière lui faisaient fête. Maintenant, la foi au miracle est restreinte autour du clocher et de la sacristie. Elle agit encore sur les jeunes imaginations, et sur les femmes surtout; mais elle est à peu près sans action sur le reste de la société, indifférente à ces histoires.

La doctrine du Christ s'était assise sur le trône par la prédication, et elle s'est étendue, confirmée par la prédication. Elle avait en elle-même une grande force d'expansion. Cette seule maxime que, hors de l'Église, il n'y avait point de salut, était bien capable de lui donner une immense puissance. Pour les âmes sensibles quelle douleur en songeant que tant de frères, que tant de semblables allaient être damnés! Quelle âme chrétienne ne devait se sentir embrasée de zèle pour retirer cette multitude des flammes de l'enfer et des ténèbres du dehors!

L'esprit inquiet et vagabond des hommes d'Europe les poussait à se répandre pour leurs intérêts et leurs plaisirs; la religion leur inspira des idées plus sérieuses de civilisation et de morale, dont ils voulurent se faire les propagateurs.

Les missions ont pris une grande extension dans deux circonstances qui semblent opposées. Lorsque tout le peuple était enthousiasmé de religion, la mission a débordé pour ainsi dire et elle s'est répandue par mille canaux chez les nations qui n'avaient pas entendu parler du Christ, comme dit la prophétie. Puis, lorsque l'incrédulité a fait des progrès, le désespoir de cet état de choses a poussé au désert du nouveau monde d'ardents missionnaires. Ils sont allés chercher à travers les mers ce qui leur échappait chez eux, et parfois ils ont eu de brillants succès.

Mais toutes les fois qu'ils ont eu à attaquer des religions spiritualistes, leurs efforts ont été bien moins fructueux.

Quoi qu'il en soit, les missions ont été une chose heureuse pour les populations qu'elles ont appelées à la lumière et au progrès. C'est là un des nombreux bienfaits que le christianisme a apportés au genre humain, nous l'avons déjà indiqué. Le clergé a été longtemps à la tête des sciences et de la littérature. S'il s'est opposé à la domination de la force brutale, c'était souvent à son profit; mais néanmoins ses moyens de domination étaient la parole, l'écriture, l'idée. Le christianisme a formé un gouvernement modèle pour l'époque. C'était un bonheur pour le paysan, une consolation, que de voir tel gardeur de pourceaux assis sur la chaire de saint Pierre et dominant les empereurs. Cette grande initiative du christianisme n'a pas été pour peu dans sa longue durée.

Mais cela n'a pas suffi pour établir et maintenir sa prépondérance, il a eu besoin de la force des puissants de la terre ; depuis Constantin leur dévouement ne lui a pas fait défaut. Aussitôt sur le trône, Constantin lui donne l'appui de son épée et de sa fortune. Charlemagne l'étend en Saxe l'épée à la main ; Charles-Quint combat toute sa vie pour le pape ; Philippe II maintient le catholicisme en Espagne avec la flamme de l'inquisition, et le propage en Amérique par les armes de ses hardis conquérants. Louis XIV défend l'intégrité de la foi avec ses dragons, et enfin Bonaparte, dans ses jours de toute-puissance, rétablit le pape et le christianisme. Il fut un temps où l'on ne refusait rien à l'Église ; les Croisades et l'Inquisition sont là pour le prouver. Ces deux manifestations de sa puissance lui ont été d'abord utiles, et puis funestes. On lui a reproché les persécutions religieuses et les crimes des inquisiteurs. Élevé dans le martyre, le christianisme aurait dû songer au mal qu'il avait souffert, et au peu de profit que ses ennemis avaient retiré de leur cruauté. Les croisades ont mêlé les nations, bouleversé les gouvernements et préparé l'émancipation des rois et des peuples.

Sous un certain rapport, la grande hérésie moderne, le protestantisme, lui a été aussi d'une grande utilité. La raillerie commençait à l'attaquer, lorsque les disputes théologiques vinrent ranimer l'enthousiasme et le fanatisme. Les rires de Rabelais et de Montaigne furent couverts par le bruit des guerres terribles de la Réforme qui avait déchiré, mais ranimé du même coup le christianisme.

Lorsque les chrétiens vainqueurs se sont reconnus, se sont demandé compte à eux-mêmes de leur foi, il y a eu un moment d'hésitation. Apercevant les faiblesses et les obscurités de la religion, les esprits élevés, pour éluder tout ce qui était une cause de scandale, ont spiritualisé et allégorisé tout ce qui pouvait offenser la raison. Ils ont fait comme ces chrétiens qui avaient changé le royaume promis à Israël en royaume spirituel d'une autre vie. De la maîtresse du Cantique des cantiques, ils firent l'Église épouse de Jésus-Christ. Les évangélistes et les apôtres furent trouvés figurés par les ciseaux et les poissons créés aux premiers jours par Dieu, qui voulait de cette manière assez extraordinaire nous annoncer l'Église et le christianisme. On peut voir se dessiner cette tendance d'interprétation spiritualiste dans les Pères de l'Église et surtout dans les confessions de saint Augustin.

Lorsque la doctrine chrétienne a été attaquée de tous côtés, qu'elle a commencé à être ébranlée dans les esprits et dans les cœurs, il est resté la force toujours immense des mœurs, des habitudes, et des souvenirs. Le paganisme, faux en tout, avait tenu longtemps par la seule force de la coutume. Combien doit être plus solide le christianisme, dont les pieds ne sont pas tous d'argile, mais où l'or et le fer se trouvent mêlés pour lui donner des appuis fermes et durables !

Plus que toute autre religion, le christianisme a enlacé l'homme depuis le berceau jusqu'à la tombe. Les autres prêtres paraissaient les jours de fêtes, mais le clergé catholique élève et instruit les hommes, reste auprès d'eux tous les jours de leur vie et pénètre dans l'intimité de la famille. Puis, au moyen de la confession, il a un instrument puissant de domination qui lui servira longtemps encore, et qui lui sera surtout utile pour s'assurer de l'obéissance de la femme.

Le christianisme tombé, il n'y a pas derrière lui de religion à formes et à mystères arrêtés pour contenter la crédulité. Et puis, où pourrait se réfugier ce fonds de superstition qui se prend à tout, et qui se trouve mal à l'aise s'il n'a pas une religion quelconque, avec ses prêtres et ses autels ?

Conclusion sur le Christianisme.

Ainsi, ma religion n'est pas vraie, mon catéchisme m'a induit en erreur, et je me suis trompé jusqu'à ce jour. Lorsque, je suis arrivé à cette conclusion, j'éprouvai un grand déchirement. Avoir passé la meilleure partie de sa vie dans l'illusion, voir l'objet de ses croyances s'évanouir en rêverie, quel désenchantement! Et cependant j'avais devant moi une image si douce, et si bienveillante! Je m'étais exalté jusqu'à sentir sa présence; j'adorais Dieu sous un voile; j'avais mis entre lui et moi un intermédiaire; mais je me l'étais fait si beau! Tout cela s'est dissipé, non sans laisser quelques traces, quelques réminiscences dans mon cœur. Il est difficile, dans l'âge mûr, de se débarrasser des préjugés, des songes et des croyances de l'enfance. Lorsque la raison se tait, les images d'autrefois reviennent. Mais toute ma vie a été brisée par cette crise morale. Les démonstrations et les actes les plus apparents que j'aie pu opposer à la marée montante de l'anti-catholicisme ont été vains. J'ai voulu remonter le courant de mon siècle, et je me sens emporté. Ma vanité est blessée, mon orgueil ne trouve pas son compte à me voir forcé de renier ce que j'avais adoré.

Mais, ô mon Dieu, vous ne me reprochez pas mon erreur, car elle était sincère. Si j'ai mis quelque chose entre vous et moi, c'était ma faiblesse qui faisait que je n'osais m'approcher de vous. Cet intermédiaire n'était pas nécessaire, puisqu'il n'est pas divin. Chacun peut vous sentir et vous adorer suivant les facultés que vous lui avez données. C'est ce que je ferai désormais, car vous n'exigez rien de plus.

Et vous, Jésus, je vous aimerai toujours. Mon amour pour vous sera seulement plus raisonnable et plus humain. Si votre personne n'est plus divine, votre mission est toujours aussi belle. Je vous aime comme le meilleur et le plus dévoué des hommes.

Ma croyance est changée sur la personne du Messie, des apôtres, des saints et des martyrs; mais l'idée de leur grandeur et de la reconnaissance qu'on leur doit est toujours la même.

Dans ce moment de douleur et de découragement, j'ai eu cependant une grande joie. Je savais que, dans le véritable esprit du christianisme, on ne doit damner personne. Cependant j'avais perdu des êtres biens chers qui n'étaient pas chrétiens; je connaissais leurs sentiments intimes, et ils sont morts dans leur foi. J'éprouvais une souffrance inexprimable en songeant à eux; leur vie avait été bonne, et ils m'avaient beaucoup aimé. Je suis soulagé d'un poids énorme, en pensant qu'ils n'ont eu à répondre que de leur vie, et qu'il n'y a pas eu contre eux le jugement que je redoutais. J'ai prié pour eux avec ardeur. Les prières que j'ai faites ne seront pas perdues, elles ne les tireront pas des flammes du purgatoire, mais ils connaîtront par là mon amour. Ils m'en sauront gré de quelque manière que la notion leur en arrive et qu'ils en profitent.

Et puis, dans mon changement d'idée, je jouis encore d'un autre bonheur que je trouve bien grand. J'abandonne le catholicisme au moment où tout lui sourit, où il est vainqueur et où la peur est venue jeter aux pieds de l'Église une foule d'esprits troublés, préoccupés de l'avenir du siècle. Les exigences qu'on aperçoit, et qui sans se dessiner complètement tendent à un bouleversement de fortune pour les heureux du monde, font chercher dans la religion un refuge et un secours contre les insurgés de la société actuelle. J'aurais eu plus de peine à quitter le catholicisme dans la situation subalterne qui lui avait été faite par le gouvernement et par la bourgeoisie de Juillet.

Quel parti prendre? La morale du christianisme est en définitive la vraie morale. Les cérémonies du culte sont belles, il y a là un foyer de lumières qui se répandent par des milliers d'orateurs, depuis la chaire de nos grandes cathédrales jusqu'à celle de la plus humble des églises de campagne. Le catholicisme est la seule religion actuelle possible; elle règne encore en souveraine sur les femmes et les enfants, et elle maintient dans l'ordre un grand nombre de populations. Elle est un frein, un joug nécessaire et utile ; laissons donc aller les choses, et recevons le christianisme comme une sauvegarde, comme un instituteur, afin qu'il remplisse la fonction d'initier les populations à des mystères de plus en plus dégagés de voiles, jusqu'à ce qu'elles puissent supporter la vérité pure et toute nue.

C'est là, on peut le dire, ce que pense le monde officiel, l'immense majorité de tous ceux qui sont riches, savants, et qui ont ce qu'on appelle une position. Ceux qui croient à un christianisme vrai, conséquent, pratique, sont peu nombreux. Je doute même que l'on puisse ranger parmi eux tous les membres du clergé. Chacun se fait un christianisme plus ou moins mitigé, philosophique, littéraire, inconséquent, qui n'oblige qu'à quelque vague conformité d'action et de profession, à quelque cérémonie banale et de convenance. On part du vrai catholicisme en esprit et en pratique pour arriver à une philosophie plus ou moins panthéiste, pour laquelle il n'est qu'une phase du développement de l'idée divine, de l'Absolu.

Faut-il faire ainsi? Non. C'est, dit-on, le moyen le plus sage, le plus prudent, le plus utile à la société. Cela se pourrait; mais, arrière de nous toute considération qui écarte ou dissimule la vérité! Attachons-nous à elle, faisons ce que nous devons, et advienne que pourra.

Mais que pouvons-nous? écrire ces pages qui ne seront jamais lues; jeter à l'oreille de quelques-uns quelques paroles sans suite et sans effet? La propagande active, conséquente, n'est pas permise. Il faudrait aller dans les ténèbres des sociétés secrètes; et puis, à quoi cela aboutirait-il? Ce serait prêcher à des gens convaincus et qui ont d'autres préoccupations. Si vous vouliez vous adresser autour de vous, les vieux ont des routines, des préjugés, ils n'ont ni oreilles, ni intelligence pour comprendre et surtout pour suivre vos raisonnements; les jeunes ont l'esprit plus ouvert, mais pourquoi éclairer des imaginations de jeunes personnes qui ne peuvent qu'à leurs risques et périls, souvent au prix du ridicule, passer pour instruites, éclairées, un peu philosophes?

On peut ainsi faire des martyrs de la vérité sans bénéfice pour son avancement. L'effort individuel est peu. Le renversement de tout ce qui est vieux, faux, mauvais, n'arrivera pas d'une manière isolée, par une main seule ; il faudra que tous se mettent à l'œuvre de tous côtés. Mais quand cette chute du vieil édifice et notamment du christianisme arrivera-t-elle? Il y en a qu'on accuse d'avoir dit que cette religion n'avait pas pour trois siècles d'existence. D'autres ont trouvé que c'était trop, et ont ajourné sa chute à la fin du siècle. Il est difficile de fixer le jour et l'heure. Peut-être que cette génération ne passera pas sans que cette révolution s'accomplisse. Le royaume des cieux est proche. Mais peut-être aussi que nos enfants verront reculer indéfiniment devant eux l'empire de la vérité. En attendant soyons fermes, dignes, abstenons-nous des œuvres de superstition. L'inconnu, le vrai, viendra comme un voleur au milieu de la nuit de l'indifférence et de l'abandon. Tenons-nous donc prêts, ayons les reins ceints et le bâton à la main.

En présence de cette perspective, il y en a qui croient à un immense bouleversement, tel qu'on n'en a jamais vu depuis le déluge, qui pensent qu'il y aura des pleurs et des cris tels qu'on n'en a jamais entendu depuis la captivité et la dispersion. Si l'on veut parler des intérêts matériels, on a raison. Tout ce qui tient à la sacristie, à l'église, à l'autel, tout ce qui vit du commerce de chapelets, de statuettes, d'indulgences, de livres de piété, paroissiens, catéchismes, journaux à miracles, verra ses affaires gravement compromises; mais c'est ce qui a lieu à chaque nouveau progrès de l'industrie, à chaque découverte d'une voie nouvelle. C'est à la société d'adoucir les maux de la transition; relever les victimes, ce sera de la politique, non plus de la religion.

Dans les esprits, le changement sera plus sensible et plus pénible, j'en conviens. Cependant pas autant qu'on veut bien le dire et le croire. D'abord, le protestantisme a porté un rude coup au catholicisme. Il est vrai que pendant un moment, il a réchauffé la foi et la pratique, relevé les études sacrées; mais il a donné lieu aux terribles guerres religieuses, un des arguments populaires les plus forts qui soient aux mains des adversaires de cette religion. Si par sa naissance il a causé ce mal, par sa doctrine il servira à adoucir la chute des croyances traditionnelles. Sa mission a été d'amoindrir la distance qui sépare la philosophie de la religion. En effet, chaque protestant est son église à lui-même; sous peine d'être inconséquent, il faut qu'il supporte toutes les conséquences que chacun tire de la Bible. Aussi les interprétations n'ont-elles pas manqué; il y en a tant que l'on ne sait plus où trouver la limite entre la raison et la foi, et les chrétiens rationalistes allemands peuvent donner la main à leurs confrères les philosophes.

Nous avons vu aussi que le christianisme des personnes du monde était peu de chose au fond, et lorsque la forme aura disparu, elles auront bien vite pris leur parti.

Il n'y a que les gens convaincus, dévoués, qui seront à plaindre. Je sais ce qu'il en coûte de perdre ses espérances spirituelles. Il y aura aussi des retardataires. Les Juifs n'ont pas vu la folie de leur attente toujours trompée; il en sera de même parmi les chrétiens. Le moment arrivant, il y aura des prêtres, des moines, des religieuses, qui auront fait des sacrifices à leur cause, à leur conviction, les vieux dont les longues privations n'auront abouti à rien, les jeunes qui se verront un avenir fermé. Quels dédommagements pourra-t-on leur offrir? La compassion, le respect pour le courage malheureux. Il faut savoir supporter les défaites lorsqu'on veut la victoire. Nous-mêmes, nous sommes accoutumés à savoir ce que c'est que d'être vaincus; nous pouvons dire aussi *non ignari mali*.

Le christianisme finissant, il est certain qu'il en sortira pour la société un inconvénient grave; ceux qui sont retenus aujourd'hui par ce frein ne le seront plus. Cependant il faut observer que lorsque l'idée religieuse était dominante dans le monde, au moyen âge, à la Renaissance, il n'est pas certain que les mœurs fussent meilleures. L'ordre était plus troublé dans le cours ordinaire des choses. A mesure que la religion tombait, la civilisation marchait, et la surface de la société conservait son même aspect. Les crimes et les désordres étaient aussi grands dans les immenses insurrections du moyen âge que dans les insurrections des capitales de nos jours.

Enfant, on suit sans choix, sans faire attention à ce que l'on nous enseigne. Arrivé à un certain âge, l'exemple de la plupart dessille les yeux, l'esprit voit les contradictions, les endroits faibles de la doctrine et de la conduite. On passe ainsi tout à coup de la soumission et de la crainte au mépris et à l'insoumission que l'on exagère. Ne pouvant croire des absurdités, on ne croit à aucune religion, à aucune vérité, à aucune morale. On est traité d'impie quand on n'est pas dévot ; on veut mériter cette injure, et de religieux on devient blasphémateur. On a peur d'être chrétien, d'être bigot, et on devient athée. On ne veut pas croire à un Dieu-homme et l'on ne croit plus en Dieu. La fuite de l'erreur jette dans une erreur cent fois pire que la première.

Néanmoins, dans l'esprit de l'humanité désabusée, il restera un grand vide. Que faut-il y mettre ? Rien, viennent de répondre les philosophes ; il ne faut de religion d'aucune espèce. La seule vraie est la religion naturelle ; mais celle-ci ne peut avoir de formes extérieures, et il faut se contenter de la laisser dans le cœur de l'homme. Tous ceux qui ont voulu lui donner une forme sensible ont échoué d'une manière pitoyable. C'est vrai jusqu'à un certain point ; mais, ce qui a été fait est possible, et d'ailleurs les temps, les circonstances changent. Si le culte de l'Être Suprême n'a eu qu'un jour, ce n'était pas un jour heureux que celui où le sang coulait. Il ne faut point se rebuter à la première chute, et il faut essayer de nouveau.

Je sais qu'il y a un côté dans l'esprit français qui paraît incompatible avec tout ce qui est sérieux. Il y a gros à craindre que beaucoup d'essais tomberont sous la raillerie. Mais depuis quelques années, les Français ont été si bien sanglés de toute manière que le sang-froid commence à leur revenir et que leurs grands éclats de rire convulsif deviennent plus rares. Ils se font, eux aussi, un peu moins ridicules.

Religion naturelle.

La conclusion de nos études est qu'il y a une force, une puissance, une intelligence, une volonté, une justice, par qui nous sommes; cette cause première, être suprême, infini, absolu, éternel, dans le monde ou hors du monde, existant seule ou associée, fondue avec les êtres, enfin quelle que soit sa nature, cette cause existe et nous l'appelons Dieu. Nous ses créatures, nous lui devons amour, reconnaissance et soumission. Il faut que nous le priions, non pas pour lui demander des choses meilleures ou injustes, hors de propos; mais, pour nous élever à lui, nous soumettre à sa volonté, nous exciter au bon et au beau dans toutes nos actions, nous fortifier par la contemplation de sa force souveraine, pour nous aider ainsi à remplir nos devoirs envers nous-mêmes et envers notre prochain. C'est ainsi que nous tendrons tous ensemble vers Dieu, pour être par lui reçus après cette vie suivant nos actions, nos pensées, nos efforts, nos remords, notre repentir, pour devenir meilleurs, plus grands, conformément à sa justice et à sa bonté. Ces vérités ne sont pas nouvelles, elles existent depuis que l'homme est homme; plus ou moins obscurcies et pratiquées, elles ont guidé l'humanité dans sa marche, et c'est à leur flambeau qu'elle continuera de remplir ses destinées.

Il y a en dehors de ces croyances une fraction de l'humanité. Mais vaut-il la peine de la compter? L'homme ne devient digne de porter ce nom que lorsqu'il a l'usage de sa raison. L'enfant qui se traîne à peine sur la terre ne s'élève pas à Dieu; l'idiot, l'abruti, reste toujours animal, privé de l'idée de Dieu; ni les uns, ni les autres ne seront hommes que lorsque la raison sera venue ou recouvrée.

Il est encore des gens qui vivent absorbés dans la matière, le besoin physique, sans aucun sentiment de la divinité; mais s'ils sont ainsi, c'est le plus souvent la faute de la société qui a laissé en eux, sans le développer, l'instinct du beau et du vrai.

Ceux-là sont malheureux, mais ne sont pas coupables; nous allons trouver loin de Dieu deux catégories d'hommes, qui s'en sont séparés volontairement. Il y a des esprits malades qui à force de regarder le soleil ont été éblouis, aveuglés, se sont perdus dans l'obscurité de leurs créations métaphysiques pour expliquer l'inexplicable.

Puis, il y a ceux qui succombent à leurs passions, endurcissent leur conscience, ne veulent pas s'avouer coupables; ils se font une philosophie, un monde, où le mal et le bien ne sont pas, ne durent pas plus qu'eux, et ils espèrent que, heureux et puissants ici-bas, ils n'auront nul compte à rendre ailleurs.

Mais, ces exceptions faites, l'immense majorité de l'humanité, le Français et l'Européen, le sauvage et l'homme policé, se donnent la main et tombent à genoux devant le principe de toute vie, de toute sagesse et de toute moralité. Cela posé, est-il si difficile d'avoir un culte extérieur, une religion qui puisse exprimer sans mensonge ces grandes vérités? La société peut bien se donner un culte comme elle se donne un gouvernement. Il n'est besoin pour l'établir ni de prêtres, ni d'ordre constitué, l'homme seul suffit. Que faut-il? Accueillir avec joie l'enfant à sa naissance et prier; le recevoir avec sérieux dans la cité, et prier; voir l'homme s'unir à la femme pour fonder la famille, et prier; accompagner l'homme au tombeau, et prier!

TABLE DES MATIÈRES

	Pages
Préface de M. A. Réville	I
Introduction	1
Sens commun	7
Dieu	9
De la Providence	14
Du culte et de la religion	18
De l'essence de Dieu	23
L'homme	31
De l'âme	33
Des idées	41
Immortalité	47
Destinée de l'homme	52
Du mal	55
Du mal physique	57
Du mal métaphysique	61
Du mal moral	64
Philosophie	76
Définition de la philosophie	81
De l'Histoire de la Philosophie	87
Platon	104
Aristote	128
Cousin	155
Religion. — Révélation	201
Usage de la raison	202
Objections générales sur la possibilité des Religions	208

TABLE DES MATIÈRES

	Pages
Objections prises de la nature de Dieu	210
Objections particulières prises du dogme chrétien.	218
Guerres de religion.	228
Preuves du christianisme.	232
Établissement de la religion.	232
Utilité de la religion	236
Nécessité de la révélation.	244
Preuves de la révélation par les faits.	250
De l'authenticité et de l'inspiration de la Bible	262
Objections contre les preuves de faits.	266
Choix.	269
L'auteur catholique.	273
Ancien Testament	281
Livres perdus.	290
De l'inspiration des livres saints	296
Contradictions.	297
Exagérations	309
Des miracles	312
Visions de Dieu	313
Création. — Déluge.	318
Personnages. — Faits de l'histoire juive.	324
Moïse et sa doctrine.	330
Livres historiques	351
Les Rois.	355
Épisodes de l'histoire juive	365
Retour de la captivité	367
Des Psaumes	370
Ouvrages didactiques	371
Du Cantique des cantiques	373
Prophéties.	374
Dates des prophéties	379
Leur inspiration	380
Prophéties sur Jésus-Christ	382
L'Église de Jésus-Christ	399
Nouveau Testament.	404

	Pages
Des faits de l'Évangile.	410
De la doctrine du Nouveau Testament	427
Jésus-Christ	431
De l'établissement du Christianisme	436
Durée du Christianisme	443
Conclusion sur le Christianisme.	448
Religion naturelle	457

Original en couleur

NF Z 43-120-8

www.ingramcontent.com/pod-product-compliance
Lightning Source LLC
Chambersburg PA
CBHW050238230426
43664CB00012B/1751